经济高质量发展
与人的现代化

JINGJI GAOZHILIANG FAZHAN
YU REN DE XIANDAIHUA

叶青海◎著

中国财经出版传媒集团
经济科学出版社
Economic Science Press
·北京·

图书在版编目（CIP）数据

经济高质量发展与人的现代化／叶青海著. -- 北京：
经济科学出版社，2025. 4. -- ISBN 978 - 7 -5218 -6903 -3

Ⅰ. F061. 3

中国国家版本馆 CIP 数据核字第 2025PH6807 号

责任编辑：宋　涛
责任校对：刘　娅
责任印制：范　艳

经济高质量发展与人的现代化

JINGJI GAOZHILIANG FAZHAN YU REN DE XIANDAIHUA

叶青海　著

经济科学出版社出版、发行　新华书店经销
社址：北京市海淀区阜成路甲 28 号　邮编：100142
总编部电话：010 - 88191217　发行部电话：010 - 88191522
网址：www. esp. com. cn
电子邮箱：esp@ esp. com. cn
天猫网店：经济科学出版社旗舰店
网址：http：//jjkxcbs. tmall. com
北京季蜂印刷有限公司印装
710×1000　16 开　16. 25 印张　240000 字
2025 年 4 月第 1 版　2025 年 4 月第 1 次印刷
ISBN 978 - 7 -5218 -6903 -3　定价：88. 00 元

CONTENTS 目 录

第一章

导　　论

我们生活在一个伟大的时代，没有一个时代像今天这样，如此多的人拥有广阔的发展空间，如此多的人富有创新、创造和创业精神，人民发展更加专业化、拥有更富个性化的发展之路，每一个人都被更多的物质文明和精神文明所拥抱。从来没有一个时代像今天这样，国家的竞争力源于每一个人的全面发展，人的发展价值对社会更加重要，国家需要每一个人的更全面更高阶的发展。从来没有哪个时代像今天这样，个人的可塑性拥有无限的空间，个人的发展面临更多的机会，国家和社会给予个人这么多的发展平台和发展路径。伟大的人民铸造了伟大的时代，伟大的时代成就了伟大的人民，在这个伟大的时代，我们有条件去关注每一个个体的发展，可以让时代的力量惠及每一个人，让所有人都实现现代化，我们也更需要唤醒最广大人民的能动性和创造力，塑造更具活力的经济体。在新发展阶段，经济高质量发展和人的现代化应协同推进，需要从经济学的视角探析如何同时解决好两个问题，即如何释放最广大人民的发展潜能？如何让经济发展成果惠及最广大人民？这是本书写作的初衷。

第一节　本书的研究背景、研究目的和逻辑体系

中国式现代化是我们这个时代的主题，在本书中，我们希望从经济

学角度，探索如何以人的现代化为目标提升我国经济发展的质量，以经济高质量发展推动人的现代化。在中国式现代化的目标下，在发展新阶段，我国经济发展面临一系列新的挑战，人民对经济发展有更高的期待，经济质量的提升尤为关键。人的现代化发展是国家进入高质量发展的基础支撑，国家的强大和繁荣取决于每一个人的发展，大国竞争越来越倾向于人的发展程度的竞争，经济竞争已经从传统的成本竞争力、产业竞争力升级为创新竞争力、财富竞争力、人口与人才竞争力、福利经济竞争力、消费竞争力等多维度的较量。传统意义上发展的驱动力是资本、劳动力、资源等要素，但新的时代下，"全面发展的人"成为经济发展的核心驱动力。

在我国经济发展新阶段，面临诸多新的挑战，突出表现在：第一，经济发展进入新阶段后，人对自身的发展有更高的期待，人对就业、社会保障、消费、个人可支配时间、休闲、健康、运动等个人发展有更高的需求，而我们传统的经济体系并不能完全匹配，如何通过经济体系的优化来充分释放广大普通群众的发展价值？第二，个人消费、家庭传承对经济良性循环的价值比以前更加重要，经济发展的质量不仅取决于供给侧经济生产效率的提高，也取决于经济需求侧如何更好地让经济发展的成果满足人的发展需要。那么，如何让经济价值更有效地转化为人的发展价值？第三，在经济持续扩大开放的背景下，以产业竞争力为基础的国际经济竞争力形成模式正在转化为以"人本"为基础的全方位经济竞争力形成模式，财富竞争、企业家竞争、人才竞争等问题正在深刻影响国家经济开放的收益，如何从吸引财富流入、福利竞争力、人口人才竞争力全面塑造国家的综合经济竞争力，是需要思考的新的问题。第四，经济增长在追求收入提升的同时面对竞争成本不断上升，人们深切地感受到"内卷"的压力，如何降低竞争成本？如何提升竞争给人的发展带来的正面收益，降低竞争的副作用？第五，人口结构问题突出，生育率的快速下降正在深刻地影响着我国经济的供给结构和需求结构，如何应对人口竞争力的下降？第六，公共服务对人的发展的贡献越来越重要，如何提高政府的公共服务质量，优化公共服务结构？等等，以上这些问题既影响着人的现代化，也在制约着经济的高质量发展。需要提出有效的理论分析范式，来揭示产生这些问题的缘由，并寻找解决问题的对策。基于以上研究背景，强烈的使命感驱使我们通过本书构建一个理论范式，尝试构建一个分析框架，并提出一系列对策。

本书试图构建一个人的现代化的经济学分析框架，分析如何以人的现代化的目标来优化经济发展政策，如何从人的现代化角度选择更佳的经济发展路径。本书采用经济学的研究方法来剖析人的发展和经济社会高质量发展的关系，构造一个人的现代化与经济高质量发展一致性的理论范式，解读如何让经济发展更好地服务于人的发展，以人的现代化价值追求来提升经济发展质量。经济高质量发展归根结底仰赖于每一个人的高质量发展；高质量的发展应以人的发展作为评价准则，社会应该为人的高质量发展创造更多的机会、以人的标准创造更好的工作环境和生活环境；个人的幸福来自人的更高质量的发展，更好的消费体验，更好的精神体验，更有成就感的人生，获得更多的社会尊重和更具个性化的发展，有更多的选择权利，有更好的社会安全感和归属感，有健康强健的体魄，有更强大的精神力量。如何衡量经济发展的高质量，归根结底在于能否在更高的程度和更广的空间释放人的价值，实现人的高质量发展。

在逻辑体系上，本书尝试从高质量发展和中国式现代化两个理论体系的相关性出发，挖掘经济发展与人的现代化之间的关系，从经济学的角度去阐释经济发展与人的发展之间的关系，从理论上探讨经济发展与人的发展的逻辑联系，探寻二者一致性的内在逻辑。我们的研究目的是构建一个从经济高质量发展理论出发，落脚于人的现代化的分析范式，根据中国发展所面临的实际经济问题，来提出人的现代化的系统性对策。

经济学的视角是本书的主要视角，经济学的逻辑是本书的基本逻辑支撑。人的现代化问题，可以从不同的学科进行不同视角和不同范式的研究。经济学虽不能替代哲学、社会学、政治学对人的现代化问题的研究，但经济学有极其强大的解释力，在这项研究的学科竞赛中具有独特的优势。因为人的现代化所面临的问题，很多都可以转化为经济学问题，并且现代宏观经济学、发展经济学、制度经济学、福利经济学等理论体系发展非常成熟，为我们提供了丰富的研究方法和研究工具。

第二节 人的现代化是经济高质量发展的根本目的

一、人的现代化的经济学内涵

人的现代化是中国式现代化的关键，中国式现代化的最终目的是实现人的现代化，人的现代化要依托于经济社会的全面现代化，而中国式现代化的本质是人的现代化。在中国式现代化的历史进程中，促进人的全面发展，就是要把握好人的发展的重点与演进规律，在积极提升和完善人的全面素质和能力中实现人的物质财富积累和精神财富积累，实现人的全面自由发展。从客观标准角度看，人的现代化由一系列衡量指数如衣、食、住、行等的水准构成，这些方面必须以经济的高质量发展作为客观物质基础，同时包括人的思想观念、素质能力、行为方式、社会关系等精神财富的积累水平。从人的主观标准来看，实现人的现代化，既包含人自身发展能力和发展水平的现代化，也包含人的外部发展条件的现代化。从经济学的视角看，人的现代化既包含人自身所能获得的外在经济发展水平，包括经济收入水平和财富积累水平，也包含人自身的受教育水平、专业素养、预期寿命、兴趣爱好等内在发展能力；既包含人在经济生活中所具备的主观发展条件，比如就业可选择性、职业发展的空间、个人可支配时间、预期收入的可持续性等，也包含支持人的发展所应具备的外部客观条件，比如就业质量、劳动保护程度、公共服务水平、社会保障质量、生态环境质量、国家竞争力等一系列国家整体经济发展质量。

二、人的现代化是经济高质量发展的价值追求

以人的发展为目的，即经济发展的最终目的是实现人的更高程度的

发展。经济高质量发展的最大价值就是彰显人的发展价值，更好地服务于人的价值的成长。习近平总书记强调："为人民谋幸福、为民族谋复兴，这既是我们党领导现代化建设的出发点和落脚点，也是新发展理念的'根'和'魂'。"① 中国式现代化区别于以往西方现代化的一大显著特征在于"以人为本"的基本逻辑，形成了具有中国特色的人本逻辑的现代化发展模式。只有坚持以人民为中心的发展思想，坚持发展为了人民、发展依靠人民、发展成果由人民共享，才会有正确的发展观、现代化观。中国式现代化作为人类社会发展的一个质的飞跃阶段，必然要以人的现代化、人的全面发展为中心和目的，要为人的现代化提供基础和条件，其中，现代化建设的方式、步骤等，都要以是否有助于实现人的现代化为根本判断标准，不能与这一价值标准背道而驰。

发展价值观是我们经济政策与制度设计的出发点，是我们处理各项经济问题的立场与落脚点。"以人为本"发展价值观的深入人心并成为经济发展的主流价值观，将会极大地优化政策和制度体系，极大地提高经济发展的质量，但"以人为本"发展价值观的深入人心需要一系列客观的社会体系支撑。社会价值观的构建并不是单纯的思想问题，我们经常会说，要树立正确的发展价值观，但人的价值观并不是"树立"那么简单，通过改造人自身的思想并不能必然实现人的价值观的进化，人们的思想结构往往被现实的经济基础所左右，社会竞争体系与竞争规则、经济结构、分配结构与分配方式等经济体系都在深刻地影响着人的价值观。在《政治经济学批判》序言中，马克思指出："不是人们的意识决定人们的存在，相反，是人们的社会存在决定人们的意识。"马克思进一步强调："思想、观念、意识的生产，最初是直接与人们的物质活动，与人们的物质交往，与现实生活的语言交织在一起的。"因此，发展价值观的建立与经济发展有相辅相成的关系，如果我们的经济发展目标、经济发展动力、经济发展秩序与人的现代化进程有很好的协同性，则有利于人的自由全面发展价值观的建立，反之，则不利于"以人为本"发展价值观的建立。因此，弘扬人的全面自由发展价值观是经济

---

① 资料来源：习近平总书记 2021 年在省部级主要领导干部专题研讨班中的讲话。

发展的重要使命。

人的现代化是经济发展质量不断提高的方向指引。经济增长是实现人的自由全面发展的基础，是手段不是目的，人的自由全面发展才是目的。如果经济发展不能促进人的发展，那这样的经济增长不是我们想要的经济增长。如果经济增长禁锢了人的自主性和独立性，如果经济增长没有生产效率的提高和资源配置的优化，如果经济增长以牺牲自然环境为代价，如果经济增长以人的恶质竞争为代价，那这样的经济增长更不是我们想要的经济增长。只有那些能促进人的全面发展、提高人的价值的经济增长，才是我们所要追求的经济增长。

把人的现代化作为经济发展质量的第一标准。不是企业发展好了、产业发展好了，经济发展质量就高，而是企业发展好了、产业发展好了，然后在此基础上人发展好了，才是真正的高质量发展。比如在工业化初期，企业要走出去，参与激烈的全球分工竞争，所以我们实施宽松的劳动力制度，允许企业实施加班制度，同时我们实施较低的汇率制度，也就是低汇率政策，来获得竞争优势，并融入全球经济体系。在这个阶段，我们的企业和产业获得了较快的发展，但并不等于我们的经济发展质量就高，只有我们实施更严格的劳动保护制度，保证了人们的休息权和个人可支配时间，经济才能真正走向高质量发展。坚持以人为第一位的价值观。尽管优质的企业、优质的产业是人发展的平台，但说到底这些都是第二位的，要让企业的发展、产业的发展服从和服务于人的发展，把人的高质量发展和企业高质量发展、产业高质量发展结合起来。如果没有人的全面发展，如果没有人的创造能力、人的创新能力、人的合作能力、人的消费能力、人的自我发展能力、人的选择能力，发展平台的建设质量提升就成了无源之水。

经济发展质量的根本内涵在于降低"人的发展成本"，提升"人的发展收益"。什么是降低人的发展成本？从理论上看，就是要降低人的个性化发展的风险成本、降低人的合作发展的交易成本、降低人的发展的竞争性代价；从具体生产生活来看，就是要降低人的就业成本、公共服务成本、社会保障成本、居住成本、教育成本、医疗成本等。降低人的发展成本对社会整体发展质量的提升有极其重要的意义。人的发展质量是由全体人民的发展质量决定的，而其中大多数的中低收入阶层，其发展质量与人的发展成本有极大的关系，这部分人收入相对较低、负担重，如果能降低人的发展成本，对他们的发展有极大的促进作用。所以，社会教育成本降低、医疗成本降低、养老成本降低、住房价格降低、惠民性公共设施成本降低等对他们的发展有重大作用。人的发展体现在收入水平的提高和物价水平的降低，物品的价格越便宜，物品的价值越低廉，人的价值就越高。高物价水平的形成一方面是因为生产成本高，供给能力受限，另一方面是竞争性使用导致价格走高，形成了超额利润，供给方从社会总量收入中获得了大量的分配，形成不公平的分配。

经济高质量发展要降低经济竞争成本。竞争能实现资源的优化配置，并激励企业不断提高效率，实现优胜劣汰，但若竞争成本太高，则会导致社会进步动能变弱，甚至内卷。竞争成本太高有很多原因：竞争如果不能使资源流动，竞争的成本就会很高；竞争如果形成了某种超市场的权力，就会阻碍竞争并形成垄断，竞争的成本就会很高；竞争如果只是带来价格的上升，却没有增加供给或替代，竞争的成本就会很高；竞争如果没有促进技术进步和结构优化，则意味着竞争只是在原地转圈，竞争的成本就会很高。竞争成本是经济运行成本的重要组成部分，经济高质量发展的一个重要方面，就是要建立低成本、高效率的经济竞争体系。

经济高质量发展要不断提高人的发展收益。人的发展收益体现在各个方面，不仅要实现物质生活的改善，而且要实现精神生活的富足。物质给人们提供了生活必需品，并能满足人的更高水平的消费需要。但物质对人的发展的最大意义不仅在于为人提供了消费品，还在于能让人拥有更加丰富多样的选择，从而实现人的自由程度的提高。从精神生活看，发展收益就是要充分展现人的发展价值。高质量发展能使知识和人力资本创造的价值越来越多，彰显人的创新价值；高质量发展使人拥有更充分的发展机会和就业机会，彰显人的多样化发展价值和自由选择价值；高质量发展使单个物品生产消耗的劳动时间减少，人们有更多的时间进行个性化发展，从而使人有更好的幸福体验；高质量发展还能在社会保障、公共服务、基础设施、法治环境等方面推动人的发展和进步，使人拥有更高的社会价值；等等。以上这些都是经济高质量发展给人类发展带来的收益。

三、人的现代化是经济高质量发展成果的最终体现

中国式现代化的核心是人的现代化。马克思指出："个人是什么样的，这同他们的生产是一致的，既和他们生产什么一致，又和他们怎样生产一致。"人的发展程度、生产力状况同社会现代化水平具有一致性。评价中国式现代化水平，可以从经济、制度、治理水平进行衡量，但是，人的现代化是最活跃的因素、最重要的制约因素，是衡量中国式现代化水平的最重要的发展成果。改革开放以来，我们锚定"人的发展"，不断优化发展路径和政策选择。正是我们始终坚持把人的发展作为经济社会发展的中心，"三个有利于"、生态发展政策、科学发展观、为人民谋幸福等观点和立场，这些锚定"人的发展"的重要体现，才能够不断反省、调整、优化，实现中国特色社会主义理论体系的创新与成熟。

经济高质量发展有两个指向，一个指向是收入和财富等具有市场属性的经济价值的增长，这种价值具有交换价值；另一个指向则是不具有市场属性的非经济价值的增长，非经济价值不具有市场交换价值，比如居民健康状况的提升，生态环境的改善，社会文化环境的提升，更和谐的人际关系，政府和民众更信任的政治氛围，更强大的社会保障能力等。无论是具有市场属性的经济价值还是不具有市场属性的非经济价值，都是人的发展的重要支撑。只有促进人的发展，并能实现人的现代化，才能体现出经济高质量发展的成就。如果把社会中的所有人口分为两部分，一部分是生存型群体，另一部分是发展型群体，社会发展应该是越来越多的人进入发展型群体里边。经济发展质量越高，发展型人口越多，发展型人口有较充足的时间实现个性化发展，其追求和自己的努力相契合，在工作中能获得很强的成就感和满足感，对自己的生存环境满意，有较强的安全感，对未来有充足的信心。

人的现代化是经济发展新阶段增长质量提升的集中体现。经济发展新阶段是全面回应我国社会主要矛盾变化、不断满足人民日益增长的美好生活需要的发展阶段。在经济发展新阶段，经济建设目标的最终指向

是人，包括劳动者素质的全面提升与就业岗位质量的提高，消费者审美的提升和消费结构的优化，人的发展潜力的拓展与发展平台的高质量化等。

如果说在经济增长的初级阶段，我们更重视物品数量的增长和物品的经济价值，那么在经济发展新阶段，应更重视人的价值的增长。人的价值和物品的价值是相对的，如果物品的价值越来越低，则人的价值越来越高；如果物品的价值越来越高，则人的价值是不是就越来越低了？好比房地产，房子的价值越来越高，人越来越难获得它，所以人的价值相对就越来越低；如果房子的价值越来越低，人越来越容易获得它，是不是说明人的价值越来越高了？在经济发展初级阶段，我们通过基础设施建设、大规模的城市化和人口集聚，使房子价值增值，土地价值增值，大城市依靠土地财政吸引大规模投资，实现城市增值，形成经济循环，经济通过"物"的增值来实现增长。而在经济高质量发展阶段，我们通过更加均衡的发展政策，以满足人的高质量发展需要作为发展经济的出发点，实现消费结构的优化和升级，同时带动产业结构的升级。因此，坚持房住不炒的价值定位，服务和服从于人的发展，为人们提供高性价比的住房，让人们拥有更多的获得感，才是房地产发展最根本的方向。

第三节　人的现代化是经济高质量发展的强大动力

经济高质量发展最根本的动力来自人的现代化，人的价值的释放成为"高质量"的核心要素。人的发展将决定经济发展的广度与深度，人的发展将决定消费的结构与质量，人的发展将决定人的合作性发展的质量与效率，人的发展将影响国家的综合竞争力，人的发展将成为现代经济最强大的驱动要素。

一、人力资本成为经济发展的重要推动力

更高质量的经济增长要依靠人的发展推动，没有人的高质量发展，

经济增长的动力就不足。人的价值更大程度地释放，才能为经济增长、经济竞争力的增强作更大的贡献。习近平总书记在党的二十大报告中指出："新时代的伟大成就是党和人民一道拼出来、干出来、奋斗出来的！"人民是历史的创造者，是真正的英雄。在推进现代化的过程当中，人民群众既是物质财富的创造者，也是推进物质现代化的主体力量，还是创造精神财富、提升文化现代化水平的基础力量，更是推动制度变革、实现制度现代化的决定力量。党的二十大报告把人才工作放在第五部分单独来讲，彰显了将人才工作摆在治国理政全局中重要位置、中国式现代化推进过程中不可替代的重要地位的深刻考虑。

人力资本已经超越物质资本和土地、资源等自然要素，在经济发展中的贡献比例日益提升。人是产业科技创新、生产率提高和管理效率提高的源泉和动力，在知识更迭加速、新产品创新加速、新技术更新周期缩短的知识经济时代，现代化的企业和现代化的人员团队对提高产业的竞争力至关重要。我们发现，资本市场中企业的估值越来越与企业的研发团队及管理团队密切相关，其重要性甚至超过企业的产品、规模以及所处的行业，"人"对企业的价值已超过资本，某个关键人物的出走可能会导致企业一蹶不振，而某个关键人物的加入，可能会使企业起死回生。当然，人的价值更多地体现在团队上，而不仅仅是某一个人，团队合作对创新和效率提升的贡献更大。在资本过剩的时代，人是企业边际生产力提高的关键因素，由于团队合作所产生的巨大创新与聚合效应，产业的竞争力最大限度来自人的创新与人的合作。所以现代产业发展的最大动力是深入挖掘人的价值，提高人的创新与创造能力，以及知识创造、转化、利用能力，以人的现代化推动产业的现代化，从而获得源源不断的发展力和竞争力。

二、对人的发展的投资是一个国家最具投资回报价值的一项投资

对人的发展的投资是一个国家最具投资回报价值的一项投资，因为人是最具有经济价值的经济活动主体。人有欲望、聪明、进取、能组建

家庭、拥有社会关系等，是最活跃的生产要素，长期看人的边际投资回报永远在上升。相比于基础设施、企业、各种平台，投资人才是最重要的，也是最有前景的，但是，由于投资人具有长期性，所以短期往往不容易见成效。另外，投资人的最大的受益主体是个人，但投资渠道往往是国家的财政，如教育、劳动保护、社会保障和福利制度等。国家公共投资能实现投资的长期化和无差别化，最直接的受益者是个人，国家和民族也能从对人的长期投资中得到巨大的回报。这二者的一致性恰恰需要我们秉持"人民的幸福就是我们奋斗的方向"这样一个执政理念。

对人的发展的投资有极强的外部正效应，尽管受益最直接的是个人，但个人的发展会通过外溢对社会的发展产生极大的推动作用，个人的发展会通过家庭、学校、企业、社会对周边的人和群体带来正向影响作用。要通过全面实施人的现代化工程，让更多的人融入现代化，最终会形成良性循环，并对经济的高质量发展起到巨大的推动作用。当前，发达国家非常重视对人的投资，这些国家的人们普遍享有高质量的教育、医疗、社会保障等公共服务，政府投入大量资源来支持这些服务的发展和完善。此外，发达国家还注重培养和吸引人才，通过提供良好的工作环境和福利待遇，吸引高素质的人才留在本国或前往发展中国家工作和创业。这种对人的投资不仅可以提高人民的生活水平和幸福感，还可以促进经济社会的发展。高素质的人才作为创新和发展的源泉，一方面可以不断带动其他群体的现代化，另一方面可以推动经济的转型升级和竞争力的提升。

三、人的现代化是人的"高阶化"的递进发展过程，能带动经济的高质量发展

人的现代化有丰富的内涵，对经济发展和社会发展有广泛且高端的诉求，这些诉求恰恰是经济高质量发展的初始动力。人的发展既依赖GDP，又超越GDP，即人的发展不能完全以收入提高为目的，要贯彻人的发展优先于经济增长的方针。在工业化发展初期，民族国家的竞争和更全面、更深入地参与世界经济分工非常重要，因此会出现经济增长优

先的情况，但在高质量发展阶段，人的发展应该高于经济增长，因为人的发展是目的，经济增长是手段。

人的现代化目标会牵引经济发展实现均衡化、包容化、多样化、创新化发展，同时带动国家经济体系在供给侧和需求侧的改革和优化，并促进政府公共财政支持结构的优化和政府公共服务的改善，比如，人的创新能力提升的诉求会要求国家加强对基础研究和高新技术产业发展的支持；人的就业质量提高的诉求会要求国家加大劳动保护，并提供高质量的社会保障；人的代际传承和家庭发展的诉求会要求国家实施生育补贴政策，促进人口的可持续发展；低收入群体的发展诉求会促使政府对落后地区和农村实施均衡发展战略；人的高质量消费诉求会促使国家将经济发展的重心从供给侧转向供需平衡发展；人的发展路径多元化的诉求会促使社会保护和支持民营经济发展、尊重企业家的价值等。人的现代化是经济高质量发展最大的驱动力，可以推动实现经济质量的不断提升，真正为人的发展服务。

第四节　高质量的经济发展要为人的现代化撑起广阔的空间

一、高质量的经济发展要推动人的收入水平和财富积累水平的提升

经济发展的首要意义在于收入水平的提高，高质量的经济发展当然要实现收入水平的提升，也要实现财富积累水平的提升。如果没有收入水平的提升，其他各个维度的发展就失去了基础。存量财富是个人获得安全感的重要保障，高质量的经济发展一定要帮助更多的家庭拥有一定的财富积累，"藏富于民"是经济发展质量的重要维度，如果我们的社会能让普通群众都拥有殷实的财富，人的现代化程度与之前相比自然不可同日而语。

二、高质量的经济发展要推动人的高质量消费

高质量的经济发展一定要在消费端呈现高质量的消费形态。高质量消费可以促进精神文明的发展，有利于社会群体的形成与社交生态系统的完善，人的交往会更加丰富，人们在消费中交流审美、分享快乐、寻找人的价值；高质量消费中的文化内涵会越来越丰富，能极大地推动人的发展。高质量的经济发展要让社会大众享受到高水平的生活水准，这是发展质量的重要体现，如果普通群众也能享受较高质量的消费，人的现代化水平将随之提高。

三、高质量的经济发展要为人们提供高质量的社会保障

高质量的社会保障是政府对人的发展的长期投资，是保障低收入群体收入来源的重要手段，是低收入群体获得平等发展权的国家支持体系，是中国式现代化"不让一个人掉队"的基本实施机制。高质量的社会保障体系还能提高人的独立性和安全感，促进人的平等，减少内卷，提高就业质量。高质量发展的经济体应该为每一个群众提供高质量的社会保障体系，这是现代化的重要特征。

四、高质量的经济发展要为人民提供更优质的公共服务

在中国式现代化进程中，人的发展具有更广泛的含义，人的现代化需要更广阔的空间。政府作为全社会最大的合作性组织，从过去社会的管理者和秩序的维护者转型为公共物品的提供者，经济发展程度越高，政府提供的服务越多，并且更优质。政府公共服务在人的现代化进程中起到越来越大的作用，体现在公共教育、公共医疗、公共交通、基础研究、社会保障、生态环境等多个方面。政府在人民的现代化进程中有着不可替代的强大功能，高质量的经济发展体系要派生出强大且优质的公共服务体系。

五、高质量的经济发展要促进人的均衡发展

高质量的经济发展要促进人的均衡发展。市场经济是以效率优先的资源配置机制，但高质量的经济发展一定需要收入调节机制、地区均衡发展机制、公共服务均衡发展机制等均衡发展机制，因为共同富裕本质上追求人的均衡发展，人的均衡发展是人的全面自由发展的重要基础。要通过均衡发展机制来"适度矫正"市场过大的两极分化，在发挥市场机制的效率功能的同时，高质量的经济发展要通过均衡发展机制实现对低收入群体和落后发展地区的"人的关怀"。

六、高质量的经济发展要丰富就业机会、提高就业质量

经济发展使社会可以容纳更多的市场主体，从而为人的合作发展提供了更多的机会，更高的经济发展水平意味着有更丰富的就业岗位，就业岗位的多样化意味着个人拥有更多的选择，而更多的选择恰恰是人的高质量发展的基础。高质量的经济发展还要提升就业岗位的质量：高技术化、高收入化、高质量的劳动保护和社会保障等，高质量的经济发展要努力提高每一个就业岗位的含金量，使更多的人在劳动中实现自己的人生价值。

七、高质量的经济发展要促进人与自然和谐共生

人的现代化的一个重要特征是人与自然的和谐共生，即人与自然和谐相处、共同发展。高质量的经济发展包含着强大的生态发展机制，生态经济已成为世界主要经济体经济结构升级的主要驱动力，高质量的经济发展需要建立强大的生态发展机制，包括化石能源减量使用机制、碳交易机制、环境税机制、国际气候合作机制等。高质量的经济发展要通过人与自然的和谐共生获得经济增长的动力和竞争力。

八、高质量的经济发展要促进社会关系的现代化

高质量的经济发展要促进社会关系的现代化。人是社会关系的总和，经济高质量发展的一个重要维度是促进社会关系的现代化，就是要求在社会的多元化变革转型中，人与人之间的关系更加和谐：开放、流动、包容、协作、平等、关爱等社会文明充分展现，减少内卷，减少特权。高质量的经济发展要构建和谐的雇主与雇员关系、政商关系、干群关系等社会关系，使每一个社会成员都感受到社会的温暖和力量；各种利益主体的需求能得到较充分的兼顾，弱势群体享有越来越多的机会；各种社会利益主体之间的矛盾能得到有效疏解，在和谐发展中实现共同现代化。

第 二 章

人的现代化指数的衡量

——一个经济学视角的指标体系

只有科学理解人的现代化的内涵，才能正确把握经济高质量发展的方向。如何衡量人的现代化发展程度？从经济学的视角来看，人的现代化是一种更高的状态，这种状态在不断地改善。人的现代化特征既包括人所拥有的客观条件，如物质生活水平和生产生活环境条件等，也包括人主观的心理感受、精神体验及人自身具备的品德、素质与能力等。虽然经济学研究的是客观的经济发展水平，但经济发展中的就业、收入、劳动时间、消费水平、生态环境、福利经济、社会保障等都极大地关乎着人的主观心理感受和精神体验，所以，本章试图构建一个基于经济学视角的多维度的人的现代化分析框架，包括主观和客观两个方面的细化指标体系。

第一节 衡量人的现代化发展程度需要把握的四个关系

一、既要衡量个人的发展水平又要衡量全社会整体的发展水平

（一）释放每一个人的主观能动性和发展价值，是全社会集体现代化的基础

人的自然属性与人的需求是人的发展价值的逻辑起点。人的自然属

性和自然需要是社会进步和发展的动力本源。每一个人都具有巨大的发展潜力，我们看到，在蓬勃发展的今天，即使是最底层的"个人"，都展现了极强的智力和个性化的魅力，每一个人都具有极强的学习能力、模仿能力、思考能力、表达能力、创造能力，每一个人都有着平凡但又能不断上升的审美需求，以及各种普通但又充满差异化的需求，这是人这个物种区别于其他生命体的特质。关于人的自然属性，马克思指出，"人直接地是自然存在物"，人的自然属性表现在两个方面，一方面，具有自然力、生命力，是能动的自然存在物，这些力量作为天赋和才能、作为欲望存在于人身上；另一方面，人作为自然的、肉体的、感性的、对象性的存在物，同动植物一样，是受动的、受制约的和受限制的存在物，就是说，他的欲望的对象是作为不依赖于他的对象而存在于他之外的。这段话清楚地表明马克思的立场，把人看作"自然存在物"，人是拥有身体、拥有自然的各种力量的人，人的自然属性直接派生出自然需要。肉体存在的需要就是一种生理的需要，人要生存就有衣食住行的需要、繁衍后代的需要、两性的需要、基本生态环境的需要等，自然需要构成人的生存发展的基础，同时是不同个体不断发展并展现人的价值的原始动能。

人的自然属性和自然需要决定了"个人"是人的现代化进程中的核心变量，我们要实现现代化，首先应追求每一个人实现现代化：拥有更高的受教育水平，更高质量的就业岗位，更高的收入水平和财富积累水平，更强有力的社会保障体系，更富有特色的个性化发展，更强的幸福体验和获得感等。

（二）社会整体发展水平决定了个人发展的平台、空间与层次

人的社会属性和社会需要决定了人的发展是以社会整体发展为基础的。人是社会性的存在物，人在与他人和社会的相互交往中从事物质资料的生产和社会关系的再生产。人的社会属性决定人的社会需要，需要不仅以个体为主体，还以社会整体为主体，派生出社会需要。首先，社会整体的发展为人的社会交往需要提供了宽广的平台。个人的有限性、非自足性、不完整性，决定了人的存在和发展需要以

与他人交往并在此基础上形成一定的社会共同体为前提。马克思指出："只有在共同体中，个人才能获得全面发展其才能的手段，也就是说，只有在共同体中才可能有个人自由。"高度文明的社会给个人带来平等、自由、尊重、亲情、爱情、友情等一系列温暖的感受，这是每一个人在现代化进程中所强烈追求的。其次，社会的总体发展为个人的发展创造了良好的物质基础，如更高的收入、更多的就业岗位、更多样化的发展空间等。改革开放以来国家经济的增长为每一个人创造了更多的发展空间：收入成倍增加、就业形式更加多样等。最后，社会生活产生出共同利益和共同需要，这些共同利益和需要具有很强的整体性。比如，国家的整体经济发展水平和竞争力决定了我们高新技术就业岗位的数量，每个人都会从中受益；当我们构建起完整的社会保障体系时，大部分中低收入阶层及其下一代都会受益，虽然高收入阶层会面临更高的税收，但他们的下一代或者亲朋好友也会享受到社会保障带来的实惠和获得感。人的社会交往产生社会的共同需求，其作用在于引导、调节和规范人与人之间的依赖关系，表现在精神现象中，就是社会规范和伦理道德，表现在正式制度中，就是各种规则条文和实施机构。

人的社会属性和社会需要决定了"个人"的现代化需要以社会的整体现代化为前提，只有社会整体的现代化水平处在更高层次，"个人"的现代化才有基础。社会整体的发展包括国家人均 GDP 水平更高，国家竞争力更强，社会保障体系更健全，经济结构更优化，科技创新能力更突出，教育事业发展质量更高，生态环境更优良，国家治理体系和治理能力现代化等，每一个人都会因为国家和社会的整体发展而拥有更好的发展基础。

综合以上两点，我们在评价指标的选取上，既要关注全社会整体的平均发展水平，比如人均收入、人均消费水平、人均寿命等，也要考虑基于个体发展差异的指标，比如社会的就业质量差异、收入差异、地区差异、社会保障差异、预期寿命差异等。

二、既要衡量人的经济发展程度又要衡量人的全面自由发展程度

（一）经济发展是人的现代化的物质基础

经济发展是人的发展的基础，收入的增长和财富的积累是社会发展的基础，是社会各项事业发展的物质支撑。马克思、恩格斯指出："个人的全面发展，只有到了外部世界对个人才能的实际发展所起的推动作用为个人本身所驾驭的时候，才不再是理想、职责，等等"。马克思还指出："生产力或一般财富从趋势和可能性来看的普遍发展成了基础，同样，交往的普遍性，从而世界市场成了基础，这种基础是个人全面发展的可能性。"收入的增长为人的生活水平提高提供了经济基础，较高的收入和财富使人拥有更高的消费能力，从而丰富了人们的消费形式，提高了物质生活的质量，使人的精神生活更加多元化。人们在消费的过程中获得体验感，获得快乐、激情、满足感，同时提升了某项技能，发展了某项兴趣。较高的人均收入水平和财富积累水平意味着人拥有的经济权利更多，人们就业选择的余地更大，人们能更自由地选择居住的区域，能更加轻松地应对生活的物质难题：吃、穿、住、行等生存问题，减少对未来的物质焦虑，从而更专注于事业的发展、职业的发展和生活的体验，并能更大限度地释放个性发展的力量，从而实现人的全面自由发展。

（二）人的全面自由发展是人的现代化的目标，是引领经济发展的价值观

个人的发展质量体现在两个方面，一方面是个人的经济收入水平，即收入和财富水平，另一方面是非经济收入水平，个人有四大非经济收入水平，即个人可支配时间、身心健康、友谊与爱、公共环境质量，这些非经济收入水平不具有交换价值，不具有市场属性。虽然这些财富可以间接进行有限的交换，但不能直接进行交换，比如身心健康，显然不

能在两个人之间进行直接的交换，这就使得人的发展质量并不能完全用市场价值、收入、财富来进行度量。人的全面自由发展是人的现代化的目标，经济发展和收入提高只是手段，虽然这个手段非常重要，但毕竟只是手段，人的全面自由发展才是我们真正的追求。怎么界定全面自由发展？全面自由发展不是空洞的理论，它体现在人们有更自由的就业选择、居住选择、生活方式选择，更充足的个人可支配时间，更多的发展机会，更和谐的社会关系等。以个人可支配时间为例，马克思认为："时间是人类发展的空间，一个人如果没有一分钟自由时间，他的一生如果除睡眠饮食等纯生理上的需要所引起的间断之外，……他就连一头载重的牲口都不如。"经济发展的目标是为人的全面自由发展创造更好的收入基础、更优质的就业岗位、更多元化的发展空间、更多样化的生活方式等，从而在更高程度上解放人、发展人，实现人的高质量发展。经济增长的收入效应只是增长人的物质反馈，但如果能有较长的可自由支配时间，有更多可选择性的工作机会，有更好的社会保障体系，更具选择性、更有想象力的生活方式，则意味着经济增长对人的全面自由发展的反馈。我们的现代化之路不仅要实现收入的增长，还应该懂得利用经济增长的成果为人的全面自由发展铺垫宽广之路。

综上所述，以经济学的视角衡量人的现代化，既要衡量人的经济发展程度，因而设置了人均收入、人均财富积累水平、社会经济结构、社会就业结构等指标；也要衡量人的全面自由发展程度，因而设置了人的就业可选择性、阶层流动、人口在区域间的流动、城乡均衡发展和区域均衡发展水平、人的自由可支配时间等指标。

三、既要衡量人在生产领域的发展程度又要衡量人在消费领域的发展程度

（一）生产领域是人的自我价值实现的场域

生产领域是人的发展的最重要的场域，拥有较高的收入、创新型的工作岗位、显著的工作业绩等都会使人获得极大的成就感。劳动是人类

社会生存与发展的基本前提，劳动创造了人，劳动创造了社会，劳动创造了文明；劳动是商品价值的源泉，复杂劳动和创新型劳动含有更多的知识、技能和智慧。生产的发展能不断提高劳动的创造性和增强劳动的智能化程度，从而不断提高经济增长中的科技贡献率和劳动生产率，在发展人的同时能使人充分展现自身的价值，并获得成就感。人在生产领域的发展还能使人融入团队和集体，通过集体合作进行工作与创新，迎接各种挑战，充分释放人的创造性，并享受集体给人的发展带来的团队力量，使人在融入集体的同时获得更好的发展平台和发展空间，从而不断提高人的发展价值。生产领域是人类获得自我价值的主要场域，通过生产的进化，人的发展程度越来越高。

（二）高质量消费是实现人的现代化的重要支撑

消费的多样化、差异化、群体化、个体化、创新化等本身会促进人的个性化发展和合作性发展，人的发展不仅仅是工作和事业，还有兴趣、爱好和精神追求，经济发展要满足人的精神追求。消费是人的价值实现的重要部分，相比于投资、就业、科技创新等生产性活动，消费活动同样也在提升人的价值。要促进健康、可持续地消费，为普通群众的发展提供支撑。消费是个性化发展的前提条件，个性化的发展能充分释放每一个人独特的价值，找到成就感，点燃生命的激情和动力。消费拓展了个性化发展渠道，个性化的发展给人提供了独特的价值，为人的高质量发展扩展了空间。消费发展是普通群众在非事业领域和非职业领域发展的重要支撑。市场经济条件下，大多数高收入群体是事业上的成功者，他们能从事业发展中获得极大的成就感，但普通群众未必能从事业和职业发展中取得很大的成就感，因而需要从消费中获得另外一种满足感，实现人在非事业领域和非职业领域的发展。

从经济学视角看，人是生产和消费的综合体，人的价值既体现在生产领域，也体现在消费领域，生产领域的指标在前文已有阐述。在消费领域，我们选取的指标包括消费水平、消费差距、社会保障强度以及家庭生活满意度等。

四、既要衡量人的发展"水平"又要衡量人的发展"能力"

衡量人的现代化程度，一方面要衡量现实中发展所实现的层次，即客观上达到的"水平"，比如收入水平、财富积累水平、社会保障水平、人均预期寿命等，另一方面也要衡量人的发展"能力"，这种"能力"是人的长期发展所具备的个体素质与社会条件，比如人的受教育程度与创新素养、人口结构、社会均衡发展水平等。"水平"反映了人的现代化发展的静态程度，而"能力"则反映了人的现代化发展的动态前景和潜力，人的现代化发展程度是静态发展水平和动态发展能力的综合展现。

人的现代化进程中要兼顾"水平"和"能力"。没有实实在在的人的发展"水平"的提升，人的现代化就是空中楼阁，只有切实提高广大群众的发展水平，让他们拥有更高的收入、获得更多的财富积累、更高的社会保障水平、更好的健康状况和更长的预期寿命，人的发展才能扎扎实实地推进。同样，如果没有人的发展"能力"的提升，人的长期可持续发展则会面临后劲不足的问题。因此要高度重视受教育程度与创新素养、人口结构、社会均衡发展水平等指标，这些指标虽然在经济统计上并不是重要指标，但对人的长期发展至关重要。

第二节　经济学视角下人的现代化发展指数的指标体系

我们构建了 11 个指标组成的人的发展指数的指标体系。包括：收入水平与收入差距；财富积累水平、财富结构与财富分布；居民受教育程度与创新素养；就业质量和就业的可选择性；劳动保护、劳动时间与个人可支配时间；消费水平与消费的多元化发展；健康状况与人均预期寿命；社会保障强度；家庭生活质量和满意度；生态环境发展质量；人口结构与人的可持续发展能力。

这些指标既包括反映社会整体发展程度的指标，也包括反映个人差异性的指标；既包括物质收入类指标，也包括精神收获类的指标；既包括生产领域的指标，也包括消费领域的指标；既包括发展"水平"的指标，也包括发展"能力"的指标。这些指标中有些是客观指标，有些是主观指标，因为人自身的快乐、幸福以及体验对人的发展都非常重要。这些指标具有很强的互补性，单个指标只能反映在某一个方面人的现代化发展的成就，全部指标则能全方位反映人的现代化发展的成就。

一、收入水平与收入差距

人均 GDP 和人均可支配收入是反映收入水平的两个主要指标，更高的收入是人的发展的物质基础。个人收入增长后，才能有物质条件去获得更多的教育，支撑更高质量的消费，才能有更丰富的生活方式；国家收入提升了，社会产业才能多元化，分工才会更加精细，社会科技创新能力才会更强，才能拥有更强的国际竞争力，才能支撑社会各项事业发展。较高的收入是促进人的现代化的基本条件，也是人的现代化的成果和体现。

合理的收入差距是低收入群体享受经济发展成果的重要前提，如果经济增长很快，但收入差距很大，低收入群体的收入将大幅落后于平均收入，低收入群体的消费、生活自由度等都将严重滞后于中高收入群体，这显然不利于低收入群体的发展；合理的收入差距也是体现"人人平等"的社会价值观的重要前提，没有合理的收入差距，"人人平等"的价值追求很难实现；合理的收入差距还是一个社会分配调节能力的重要体现，收入差距控制在合理范围之内，意味着财政税收机制能够控制住两极分化，富人的发展能对社会形成有效的反哺，低收入群体也能从经济发展中共享繁华，实现富人和低收入群体的共同现代化。

二、财富积累水平、财富结构与财富分布

财富积累水平反映社会总体的富裕程度。现代社会发展的重大成果是家庭财富普遍增加，财富的价值在于提升人们应对风险的能力。人在

发展中面临各种各样的风险，如创业的风险、创新的风险、生活方式选择的风险、自由职业的风险、生育的风险、疾病的风险等。如果没有财富的支撑，人们的选择会很保守，缺少创新精神和冒险精神，缺少多样化发展的动能，也会因为缺少消费的动力而追求高储蓄率。财富积累能在一定限度上解放人，使人有能力去追求全面自由发展的人生，而减少对养家糊口的担忧。

财富结构是衡量社会财富构成的指标。财富结构主要是指社会主要财富种类，包括股权、债权、房产、土地、保险等的构成比例。从总体来看，人的现代化程度越高，高质量股权、长期社会保险的占比越高。社会最重要的财富是什么？高质量的股权很具有代表性，因为高质量股权背后是强大的创新型企业和未来持续稳定的收益回报，而企业是人的发展的合作性平台，所以高质量的企业团队和平台是社会最大的财富。由于股权大多持有在政府和中高收入阶层手中，因此用这个指标衡量中高收入阶层的财富水平很有说服力；而长期社会保险是低收入群体最重要的财富，因为低收入群体大多缺乏财富积累的能力，而社会保障就是其财富的主要来源，也是实现低收入群体支付能力提升的重要支撑，因此用这个指标衡量低收入群体的财富积累有很强的现实意义。

财富分布是社会各阶层财富所占的比例。财富在社会群体中的分布具有重大的意义，大众阶层的财富拥有水平以及他们在全社会财富中的比例能很好地反映社会贫富差距，也能很好地反映大众阶层的自我发展水平与能力。"家庭财富普遍增加"的关键是"普遍"两字，如果没有大众阶层财富的增加，而只有富裕阶层财富的增加，财富对人的现代化的支撑作用就大大弱化了，因此财富分布是否合理、大众阶层的财富是否稳健增长是我们需要考虑的一个重要指标。

三、居民受教育程度与创新素养

理性的发展是人的发展的重要维度，理性的发展具有无限性，是人最富发展空间，也最具发展潜力的维度，教育和创新都可以看作理性的发展。人的最大价值是充分展现理想，通过努力学习、创新创造价值，获得社会的认可，并实现个人充分发展。

在知识型时代，知识积累速度呈现指数化发展趋势，人的平均受教育时间在不断拉长，高学历群体的比重在不断提高，人的受教育程度对人的终身发展具有基础性作用，教育对人的专业能力的培养是使人融入社会的重要条件。教育不仅能培养人的专业素质，还能塑造全面发展和个性化发展的个体，文化的繁荣使人们对自己生活的追求和兴趣的发展更个性化，需要通过精细化的教育培养差异化的个体，从而使社会的群体发展更加丰富多彩。在知识社会，每一个人都可以，也应该通过不断的学习，使自己更聪明、更能干、更文明、更高尚，更充分地发挥自身的潜力。平均受教育时间、教育质量是受教育程度主要考虑的指标。

科技发展日新月异，创新素养是人的价值挖掘的重要方向，经济的多元化和科技的纵深发展使创新的方向更加精细，更多的普通人可以成为创新者，人们能从创新中得到快乐、成就感、可观的收入和社会的认可。创新成为人的发展的最大动力，使更多的普通人成就非凡的人生；创新使社会的竞争更加良性，人们在创新中互相合作，彼此成就，不再像以前，在有限的资源和有限的产业中残酷竞争，创新拓展了社会边界；创新真正使每一个人的发展成为社会本身发展的内在源泉和动力，使普通人从社会的边缘回到了中心，千千万万的普通个体通过创新推动了社会巨大的发展，每一个人的生命价值充满了各种可能。所以，创新素养在我们的指标体系里有很重要的地位，创新素养可以通过专利和创新型岗位的数量来进行衡量。

四、就业质量和就业的可选择性

就业对人的发展有着巨大的意义，劳动是释放人的价值的主要路径，是人们获得收入、发展智慧、锻造能力、塑造素质、加深人与人的交往的载体。拥有高质量的就业岗位意味着劳动者可以在劳动岗位上更好地成长，身心得到更好的发展。如果社会能给个人提供更多高质量的就业岗位，我们社会的现代化程度就越高；如果人们在高质量就业岗位中的比例越高，人的现代化发展程度就越高。如何衡量一个岗位是不是高质量就业岗位呢？我们可以从以下五个维度进行判断。一是就业岗位的技术含量。高质量就业岗位能使人实现"干中学"，在劳动过程中实现知识积累和技术积累，并能允许创新，培养和展示人的才能。二是岗位的收入水平。高质量就业岗位一定拥有较可观的收入，这些收入能够支撑个人和家庭的消费需要。三是高质量就业岗位有较好的劳动保护，可以充分保障劳动者的各项权益，劳动者拥有较充裕的个人可支配时间进行自我发展和照顾家庭。四是高质量就业岗位能给劳动者提供充足的社会保障，诸如职工医疗、养老保险、失业保险、住房公积金等福利保障。五是高质量就业岗位能给劳动者提供向上发展的空间，劳动者只要在该岗位上有贡献、有创新，就应该能有加薪或升职的空间。以上五点是衡量就业质量的五个方面，我们可以通过对劳动者的满意度调查和企业提供的客观就业条件进行评估。

就业的可选择性是衡量人的现代化发展程度的一个重要维度。个人的选择是个人获得幸福感和成就感的基础，是个人理想实现的有效方式，也是个人利益和社会利益相统一的必要条件；给予个人足够的就业选择是实现人的专业化发展和个性化发展的重要条件，正是因为在就业上有多元化的选择，人生的价值才能更加丰富多彩。社会要为人的选择提供更多的"菜单"，社会也需要为人的进步提供更多的路径去努力，这是社会高质量发展的方向。社会需要设计一套完善的系统，使个人选择的方向与社会发展方向尽可能具有兼容性，使更多个人努力的成果能给社会带来进步；社会也需要设计一套有效的机制，能让社会发展的成果转化为人们就业的更多元化的选择，赋予个人在事业上更多的发展空间，人的现代化之路才能更宽广。在衡量就业选择多元化的指标选取上，我们会选择个人就业的跨区域和跨就业单位的时间作为流动性的基本衡量指标，把个人选择是否具有主动性、个人就业流动后的收入变化、个人就业流动后的就业满意度作为有效选择的依据。

五、劳动保护、劳动时间与个人可支配时间

人的现代化程度越高，劳动保护就会越严格，劳动者应当从经济增

长的"工具"中解脱出来,成为全面自由发展的主人。劳动者是经济社会发展的中心,尊重和保护劳动者,就是尊重劳动者的劳动价值,就是尊重劳动者的创造性和主观能动性,就是真正把"人"作为生产力的第一要素。保护劳动者,要保护劳动者的正当权益,比如休息权、收入权、健康权、自由选择权等。每个劳动者背后都有家庭,保护劳动者权益,也是对"家庭"的重视。严格的劳动保护需要通过制度来构建劳动者与雇佣者的平等关系,国家可以通过强大的法律体系赋予劳动者与雇佣者对等的权利,通过强制性的法律确保劳动者获得正常的工资、休息、社会保险、良好的工作环境以及职业自由流动权利。

劳动时间长度是衡量劳动者发展程度的重要指标。劳动时间过长,意味着艰辛、家庭陪伴的缺失以及对个人自由发展的制约。在高科技工作岗位,尤其是创新性特别强的工作岗位,存在大量的自愿性加班,这种自愿性加班由于需要深度思考和持续地工作,劳动者能获得极大的成就感,我们另当别论。但若是非自愿性加班,即企业为节约成本降低时薪而鼓励延长工作时间,劳动者以提高收入为目的的加班,则意味着对劳动者个人发展的制约。以日本为例,日本企业中广泛存在加班现象,加班是很多日本企业的文化,过度劳动是日本的一种社会问题,很多人因为劳动而患上了心理疾病,甚至过劳死亡的新闻不断被爆出,一些企业甚至还存在无薪加班。长时间的劳动使日本人缺乏消费时间,也缺少个性化发展的时间。日本长期的消费低迷、生育率超低与劳动者普遍较长的工作时间有很大关系。相对于日本人而言,欧洲人会更加注重个人的可支配时间,比起工作更注重和家人一起度过的生活,欧洲的节假日很多,欧洲国家的幸福指数也较高,很多国家走出了低生育率的泥潭。

个人可支配时间是一项非常重要的非物质收入。时间是既定的,经济发展再好,每个人每天也只有 24 小时,这就给我们带来一个问题,经济发展越好,说明我们应该得到更好的回报,回报是什么?收入和时间。如果全是收入,没有时间,这样的回报没有意义;如果全是时间,没有收入,也没有意义。关键是如何在收入和时间之间进行平衡。在收入较高的前提下,若还有较长的可自由支配时间,则意味着个人的发展会更充分，因为有更多的时间休息或进行个性化发展、照顾家庭。工作性质的应酬时间不是可支配时间，许多日本人工作完之后要去居酒屋团建，严格讲这个时间不能算作个人可支配时间，因为那不是个人可以支配的时间，下班后的团建在一定程度上是对个人时间的一种剥夺。经济增长的理想结果应该是收入越来越高，而个人可支配时间也应该越来越长。"996"工作方式最大的意义是降低了生产成本，提高了企业竞争力，但代价是个人个性化发展和家庭合作性发展的损失，就业者个人可支配时间的损失，同时会减少就业量，减少消费。那些呼吁对"996"持包容态度的人，其出发点很可能是为了提高经济竞争力，但殊不知，这是舍本逐末，并不符合人的现代化的诉求。

我们可以通过劳动合同执行的严格程度、平均工资水平、职工保险与公积金覆盖比例、裁员赔偿、平均周工作时间、工作性应酬时间等指标来评价劳动保护、劳动时间和个人可支配时间。

六、消费水平与消费的多元化发展

消费是人的发展的重要维度，消费水平的提高是人的现代化的重要支撑。对于大多数人来说，人的职业发展是有限的，个人在就业单位的岗位晋升和收入提升终究具有极限，人的职业发展受制于社会岗位总量，不可能所有人都成为职场精英，收入总会存在差距，大部分人的收入增长更多的是依靠全社会 GDP 的增长及劳动力市场平均工资的提高而水涨船高，所谓的相对高收入群体永远是少部分。但人的运动、娱乐、文化、休闲等个性化的兴趣爱好及其发展具有无限性。人的发展并不完全体现在收入的提高和就业岗位的晋升上，消费也是人的发展的重要路径，千万不要以为收入高了才能消费，收入高了不一定能消费，时间、身体承受能力、审美、兴趣、习惯等都是消费的重要前提条件，同样收入的人生活会有很大差别，原因就在于有些消费并不需要多少收入，消费受多种因素的制约。

消费水平高了，物质生活和精神生活更丰富，人的发展程度才更高。消费水平可以用恩格尔系数来衡量，当然，要比较不同群体的恩格尔系数，并测度不同群体的恩格尔系数的差距。

消费多元化是消费发展的重要特点，消费多元化意味着个体发展更富个性化，如果社会消费热点集中在少数产业或少数品种，则极易引起竞争性消费，使价格走高，提高消费者的消费成本，降低消费者的效用和幸福指数。消费多元化可以用各类消费支出占总消费支出的比例来衡量，并且需要比较不同个体间消费的差异化程度。

七、健康状况与人均预期寿命

健康是人的发展的第一需要，拥有健康的体魄是人的现代化的重要维度。古希腊有位哲学家曾说："如无健康，知识无法利用，文化无从施展，智慧不能表现，力量不能战斗，财富变成废物。"可见健康是一切价值的源泉，是个人实现高质量生活的前提，没有健康的体魄无法体验丰富多彩的人生。健康不仅是个人资源，更是社会的重要资源，是经济发展、社会进步、民族兴旺的保证。达到尽可能高的健康水平，是世界范围内的一项重要的公共性目标。健康、高素质的劳动力人口是生产力的重要组成部分，是社会经济建设与发展的重要保证；各种疾病、伤残不仅造成人民大众的疾苦，同时会造成高额的经济负担，有些疾病还会影响社会的稳定。追求健康是每一个居民的权利，促进和保护健康是社会的责任和义务。健康是人的现代化发展的重要目的，健康是社会与经济发展、物质与精神文明发展的重要体现。

人均预期寿命是衡量一个国家、民族和地区居民健康水平的一个指标，可以反映出一个社会生活质量的高低。社会经济条件、卫生医疗水平限制着人们的寿命，在不同的社会、不同的时期，人的寿命的长短有着很大的差别，同时，由于体质、遗传因素、生活条件等个体差异，个体的寿命长短悬殊。从群体角度来看，经济发展水平和人的发展水平是影响人均预期寿命的主要影响因素。经济发展水平影响着收入水平、医疗支出、医疗条件、生态环境等变量，从而影响人均预期寿命；人的发展水平影响着消费习惯、休息时间、生活方式、劳动强度、生活质量、精神状态等变量，进而影响人均预期寿命。

健康状况与人均预期寿命可以使用政府公布的指标进行衡量，此外，我们还应该比较不同群体健康状况的差异，特别是重点观察低收入群体的健康状况。

八、社会保障强度

社会保障是人的发展的极其重要的工程，是人的发展的重要社会性合作机制。社会保障使人在真正意义上实现了自主发展的一次超越，是合作性发展机制对个体性发展的推动。社会保障体系是社会经济合作性发展最具代表性的体系，从不确定到确定，从不稳定到稳定，从体制外到准体制内，从生存的忧患到生存无虞，社会保障体系的完善为人的发展实现了一次飞跃，为人的个性化发展和竞争性发展铺就了一条康庄大道。

市场机制对人的发展的贡献主要表现为收入的提升和消费的满足。市场机制能很好地提升收入和消费水平，但并不是所有的人都能通过市场机制实现收入的提升，因为市场的竞争机制会有淘汰，有残酷性的一面。市场效率的提升是以一部分人的失败为前提，我们看大多数人遵从市场机制去选择发展自己的人生，被市场所认可、接受，获得高薪岗位，继续奋斗，然后有成功的人生和高品质的生活，但还有相当一部分人，会面对许多不确定性的风险，会经历企业破产、裁员、生意失败、重病等遭遇。尽管这些人可以在市场中流动，重新奋斗，但毕竟人生短暂，每个人的时间和精力都是有限的，如何应对市场打击带来的生活困难？社会保障体系就必不可少。要应对人的发展中的各种风险，需要构建一套国家层面的合作性发展机制——社会保障体系，国家通过构建完善的社会保障体系来帮助人们应对竞争风险，并保护好弱势群体。从现代国家的发展来看，随着经济发展水平的提高，社会保障水平在不断地提高，公共财政中更多的支出会流向社会保障体系。社会保障体系在人的自由选择、生活水平的提高、劳动者社会地位的提高、社会的均衡发展、家庭的可持续发展、促进人口和劳动力的流动等方面作出了巨大的不可替代的贡献。

衡量社会保障水平可以通过社会保障支出占公共财政支出的比重以

及占 GDP 的比重来衡量，还可以参考医疗保障、失业保障、养老保障、住房保障、生育保障等覆盖群体的比例。同时比较不同群体在社会保障中的差距，特别要关注弱势群体社会保障的水平。

九、家庭生活质量和满意度

家庭是人的发展的重要支撑，家庭幸福是人的现代化的重要维度。家庭是人生活的中心，家庭生活的满意度在一定程度上反映了人的发展水平的主观感受。家庭生活满意度与许多因素相关，但从经济学视角看，许多经济因素会影响到家庭生活满意度，比如收入水平的高低会影响到家庭的支出压力，工作的稳定性会影响到家庭结构的稳定性，劳动时间的长短会影响家庭成员的休息时间长短以及家庭成员之间的关系，社会保障水平会影响家庭应对风险的能力，个人可支配时间会影响家庭文化的建设和父母对子女的照顾时间，均衡发展和就业可选择性增强会减少两地分居和留守儿童，年轻人就业机会的增加会提高父母育儿的成就感，等等，这些指标都在影响家庭成员对家庭生活的满意度。人的现代化目标取向应该推动"家庭友好型"经济增长，经济增长不仅要提高人均 GDP，还要为家庭幸福创造条件，比如提高居民可支配收入，提高社会保障强度，促进均衡发展，为劳动者提供更多元的就业机会，增强就业的流动性，加强劳动保护，提高社会保障强度，让经济增长为人的发展服务。

家庭生活满意度可以通过抽样调查进行数据采集，需要对比不同群体间的家庭生活满意度数据，以厘清群体经济因素差异对家庭生活满意度的影响，并综合衡量全社会的家庭生活满意度。

十、生态环境发展质量

习近平总书记深入总结并系统规划了中国式现代化道路，指出中国式现代化包括要建设人与自然和谐共生的现代化。人与自然和谐共生的中国式现代化道路符合中国国情，顺应世界潮流，是中国共产党在现代化进程中努力探索的生态现代化道路。人与自然和谐共生的中国式现代化道路，是人的现代化进程和生态环境保护相辅相成、共生共进之路，是人的发展高阶化的标志性特征。

人的发展质量越高，人们越重视生态环境的发展质量，也越在意生态环境对生活质量的影响。调查显示，97%的居民非常在意居住环境和空气质量对生活的影响，甚至有60%的居民愿意通过每年缴纳一定的污染治理费来大幅度改善空气质量和开展环境治理。在工业化高速推进的历史进程中，空气污染、水污染、土壤污染等对生活质量和人的健康造成了巨大的负面影响，经过我们多年的环境管理和污染治理，各种污染的治理已经取得了巨大的成就，但环境和生态发展问题依然突出，特别是碳排放的管控问题，已成为头号环境问题。今天，尽管我们已经充分认识到环境和生态保护对人的发展的重大意义，但由于面临巨大的经济增长压力、能源供给压力、能源成本压力，我们依然在高比例、大规模地使用化石能源，要实现碳中和目标，需要我们以更大的决心来推动能源结构调整和经济结构调整。

生态环境发展质量是人的现代化进程中极具代表性的指标，因为重视环境和生态发展意味着我们真正将"人类"的长期发展利益放在第一位，尽管我们会付出较高的经济成本，甚至会削弱短期的经济竞争力，但我们依然会坚持从以人为本出发，去关心我们的生存和发展依赖的空气、水、土壤、森林、海洋等资源。

生态环境发展质量的衡量指标包括空气质量、水质量、土壤污染情况、城市绿化情况、碳排放数量等指标。

十一、人口结构与人的可持续发展能力

人口结构是人的现代化发展程度的重要衡量指标，包括年龄结构、性别结构、家庭规模等。年龄结构反映了人口长期发展趋势，如果年龄结构偏老龄化，则会给社会带来沉重的负担，使社会发展在一定程度上缺少活力。性别结构在一定程度上反映了女性的社会地位，而男女平等是人的现代化的重要标志。年龄结构是其中的重点，生育率是影响年龄

结构的主要因素，稳定的生育率是现代国家的一个重要挑战。生育率在一定程度上展现了人对未来生活的憧憬和期待，也能在一定程度上反映家庭经济负担的高低，以及人的发展所面临的压力。影响人口出生率的重要指标是人的收入、育儿成本和劳动时间。现代国家都面临生育率下降的共性问题，女性职业化、现代育儿成本的增加以及人的个性化发展使生育孩子的难度在提高。我国生育率下降的主要原因包括以下三点：一是父母面临很大的工作压力，没有充分的时间生育；二是低收入父母对于孩子未来的发展存疑，育儿成本上升使更多的家长选择少生或者不生；三是孩子的竞争压力持续增大，学位竞争、就业竞争以及孩子的婚姻竞争成为孩子们成长的巨大压力，这使父母对生育非常谨慎。合理的人口结构是人的现代化进程中的一项艰巨任务。

人的可持续发展能力是人的发展的重要目标，包括财富积累能力、抗风险能力、终身学习与发展能力、家庭代际传承能力、身心健康管理能力等。财富是人的发展的经济基础，终生的财富积累能力意味着人能更从容地应对生活与事业；抗风险能力意味着人能应对偶然的"旦夕祸福"，即使出现不可控的病痛、灾祸，人都能有效应对；终身学习与发展能力意味着人能不断地适应时代发展，更好地提升自己并融入社会，利用社会平台不断实现更好的发展；家庭代际传承能力重视家庭在人的发展中极其重要和不可或缺的地位，优质的家庭文化使人能够更好地从父母和亲人那里得到关爱、知识与感情，一代胜过一代；身心健康管理能力意味着能更好地调整自己的身体状态和心理状态，能更好地面对荣辱得失，从容地应对生活。人的可持续发展能力衡量选取的指标包括不同群体财富积累状态、财富在不同年龄群体的分布、疾病与失业对个人和家庭生活的影响状况、父母对下一代的培育与影响状况、身心健康管理情况调研数据等。

第三节 人的现代化目标与经济发展的价值

改革开放以来，我国成就了人类历史上最宏伟的经济发展奇迹，经济发展极大地提高了人民的收入，增加了社会财富积累，也极大地提高了我国的综合国力，并实现了人的发展。习近平总书记提出"为人民谋幸福"的执政理念，具体到经济发展中，就是要在新的发展阶段，提高人民的收入水平，增加财富积累，为人的发展开拓更广阔的空间，充分释放人的发展价值。经济发展要为人的发展提供发展动力，满足人的发展的物质需要，提高人的发展能力，拓展人的发展道路，容纳更密集的技术创新，提供多样化、专业化、高质量的就业岗位，提供更强大的社会保障，获得更强大的国际经济竞争力，等等，为每一个人的自我价值的实现，开辟更广阔的空间，从而实现人的现代化。

一、经济发展能满足人的发展的物质需要

经济增长是人的发展之基础，长期以来我们会有这样的共识：收入的增长和财富的积累是社会发展的基础，是社会各项事业发展的物质支撑，没有收入和财富，谈人的发展，是空中楼阁，有了收入和财富，人的发展才有了经济基础，因此经济增长是实现人的发展的最重要路径。较高的收入和较高的财富积累既是人的高质量发展的结果和体现，同时能促进人的高质量发展。

收入提升和财富积累可以使人的生活方式更加多样化。如果一个社会保持较快的经济增长速度，则可以减少恶性竞争，但如果一个社会经济增长停滞不前，无法满足人民对社会不断进步的期待，就会引发更多的内卷竞争。因此，保持足够的创新速度和经济增长速度至关重要。较高的收入水平意味着人拥有的经济权利更多，选择的余地更大，人们能更自由地选择居住的区域、从事的职业，能更加轻松地应对生活的物质难题：吃、穿、住、行等生存问题，减少对未来的物质焦虑，从而更专注于事业的发展、职业的发展和生活的体验，并能更大程度地释放个性发展的力量，从而实现人的更全面自由的发展。

消费发展可以促进精神文明的发展，有利于社会群体的形成与社交生态系统的完善，人的交往会更加丰富，人们在消费中交流审美、分享快乐、寻找人的价值。高质量消费中的文化内涵会越来越丰富，人们更

注重在消费中的文化体验，比如运动联赛、文化旅游、文化社团等，不仅带动了社会商业发展，也能极大地推动人的发展。

二、经济发展能提升人的经济价值、提高人的发展能力

经济增长能提高人们的收入，但获得金钱并不是经济增长的根本价值。虽然金钱让人兴奋和渴求，每个人都不会嫌弃金钱的增加，金钱能拓宽人的选择范围，如购买物品或服务时有更多的选择、拥有更宽泛的就业选择和生活方式选择。但金钱只是实现人的更高程度发展的一个手段，经济增长的根本价值在于提升人的经济价值，提高人的发展能力，拓展人的选择空间。

人的价值的提升和经济物品价值的贬值在逻辑上是一致的，人的价值的提升过程是经济增长对稀缺性经济物品的征服过程。人通过科技创新不断地创造新的经济物品，而经济物品的价值刚创造出来时是稀缺的，比如从渔猎社会进入农业社会，人们刚开始播种粮食的时候，人的生产生活方式发生了天翻地覆的变化，人的价值得到一次极大地提升，但粮食极度稀缺，粮食的价格就很高，粮食是经济的中心。后来，经过种植技术的革命，包括铁器的大规模使用、开展种子革命，到后来的运用化肥农药技术、引入机械化生产，等等，粮食不再是昂贵的稀缺品，而成为一种普通大众都能享受的廉价消费品，所以人的价值经历了又一次飞跃。工业革命后，随着电力、电器、汽车的广泛应用，人的经济价值进一步提高。现代社会的经济增长带来了城市化、自动化、信息化，更高的生产效率和更便捷的物流使人们能占有更多的经济物品，更高质量的生活服务、教育服务、金融服务、公共服务等也在极大地提高人的经济价值。

经济增长在不断地创造新的物品，这些新的物品尽管在初期价格较昂贵，但随着生产效率的提高，人类总是在创造一个又一个的物品，使其成为大众消费品，因此，人的价值一开始会随着新产品的创造而提升，而后会因为新产品经济价值的不断下降而再一次提升。因此，在前一阶段，人的价值因物的价值提升而提升，在后一阶段，人的价值因物

的价值下降而再一次提升。

社会财富的储存形式是人的价值在提升的一个重要标志。股权成为现代国家最重要的财富形式，土地、房产、机器、厂房等有形的物质财富的相对价值在降低，而企业团队成为最有价值的财富形式。股权背后是无形的专利、人才、科学家、品牌等价值，最根本的是企业团队，而股权价值总量是人的现代化发展水平的直接体现。因此，经济增长的最终成果是人的价值的提升，塑造全面自由发展的个体和具有创新力和高度组织能力的团队。

三、经济发展能容纳更密集的技术创新，为人的知识积累和技术进步提供力量

科技创新仍然是人的发展最具拓展力的一个维度，在这个领域，人能积聚更多知识、实现专业化发展、搭建合作发展平台、构建竞争场域。目前，没有任何一个领域能容纳这么多专业人才、企业和产业，并且其拓展的速度也是其他行业不可企及的。制造业是科技创新最密集的领域，因此制造业的发展对人的发展尤其重要。当然，科技创新只是人的发展的其中一个维度，人在其他方面的维度和其他领域的发展也非常重要。

经济增长意味着生产的扩张和生产效率的提升，生产的扩张和生产效率的提升意味着需要更多高素质的劳动力，更多的知识积累和技术进步，而这些都仰赖于人的科技素养和创新能力。我们经常说科技创新推动了经济增长，但反过来说更有价值：经济增长带动了人力资本积累并促进了人的发展。

制造业是效率提升最快、产业成长最快、创新能力最强、人力资本最密集、产品最多样化、全球化程度最高的产业，全球分工合作为制造业发展提供了强大动力。为什么发达国家和发展中国家都需要强大的制造业？发达国家也在通过制造业在全球分工中的地位，实现创新、获得高额附加值、推动技术进步并提高劳动生产效率；而发展中国家通过制造业能更快地融入全球化，迅速完成产业升级和人力资本积累。制造业

可以促进发展中国家的知识积累和技术创新，并吸纳更多的人口从农业转移到工业，再转移到第三产业，倒逼人们接受高等教育，不断学习，成为专业化的劳动者参与经济分工，或创业成为职业化的人才，从而实现人的更高程度的发展。

服务业的发展也在日益科技化。科技服务业、信息技术服务业、现代物流业、智慧旅游业、电子商务服务业、现代金融业等服务业的发展越来越依赖科技进步，科技创新为服务业发展提供更加专业化、高效化的服务，促进服务业的升级和发展。服务业已经改变了过去一对一的产业模式，信息技术和人工智能的发展已经使服务业成为高附加值产业和全球化产业。现代服务业容纳的高技术人才和专业化人才越来越多，服务业已成为人高质量发展的重要平台。

农业的发展也日益依赖科技进步。规模化经营、信息化生产是现代农业的基本特征，现代农业使农民真正成为与城市居民有着同等发展机会的群体，只有实现农业部门的经济增长，提升农业生产效率，农业才能容纳更多的高素质、高质量发展的农民。

四、经济发展为人的发展提供多样化、专业化、高质量的就业岗位

GDP 的增长使社会可以容纳更多的市场主体，从而为合作发展提供了更好的基础，为人的合作发展提供了更多的机会，因为更高的 GDP 意味着更高的经济发展水平，更高的经济发展水平意味着有更丰富的就业岗位，就业岗位的多样化意味着个人拥有更多的选择，而更多的选择恰恰是人的高质量发展的基础。多样化的就业机会为人们提供了更多的就业选择，使人们能找到最适合自身发展的工作机会，从而更好地实现高质量发展。但多样化的就业是否意味着个人的价值能得到更好地实现呢？就业多样化只是一方面，就业岗位的优质化、高技术化、创新化、高收入化也很重要，经济增长能使就业岗位质量提升，促进产业结构和技术结构的升级，并提高每一个就业岗位的含金量。

制造业是全球化程度最高的产业，也是生产效率高、技术创新程度

高、人才密集且技术容纳力最强的产业，所以发展制造业能提供众多高质量就业岗位。改革开放以来，我们集中力量发展制造业，凭借聪明才智、勤奋进取的精神，依托丰富的人力资源和人才资源，在众多高质量产业链中占据一席之地，创造了非常多的高质量就业岗位，这是我们的成功经验。

现代服务业也能创造很多高质量的就业岗位，从发达国家高收入岗位的分布来看，教育科研、医疗服务、法律服务、金融服务、互联网、文化体育等现代服务业中提供的高收入岗位已经远远超过制造业，也是高收入高学历群体的主要就业行业。当然，制造业是国家获得对外竞争力的拳头产业，其他产业与其不可同日而语，但这些现代服务业创造的附加值和对国家经济竞争力的重要性也日益凸显。所以，经济增长带来的产业结构升级和服务业发展也能为社会创造很多高质量的就业岗位。

经济增长还能带动传统产业的技术升级，实现信息化、自动化、绿色化，从而创造更多的高质量就业岗位。传统的劳动密集型、资本密集型制造业和农业等产业都在进行转型，在信息技术和人工智能技术的加持之下，这些产业正在升级为现代制造业和现代农业，这些产业中高技术岗位和高收入岗位的比重正在迅速增加。经济增长的力量正在"普惠"到社会各个行业，创造更多的高质量就业岗位。

五、经济发展为人的发展的各项事业提供更强大的财政保障

社会保障事业和教育事业是经济社会高质量发展的重要支撑，也是人的现代化的重要保障。社会保障为人的发展提供了"稳定的收入"，收入稳定对人的发展至关重要，有了优质的社会保障，即使收入水平不高，也可以缓解社会群体对未来风险的担忧，从而使社会个体能更从容地追求自我发展，不至于过度陷入生存的竞争而失去理想，因为对未来的不确定性会动摇他们对生活质量的追求，也会让他们缺少动力去追求"远方"的人生乐趣和自我价值。教育投入也是关乎人的长期发展的事业，发达国家非常重视在教育上的投入，因为优质的教育为人的长期发展提供了强大的动力。

经济增长为国家发展提供了不断增长的财政力量，公共财政能力的增强为教育、社会保障等人的发展的各项事业提供了强大的财政保障。改革开放以来，我国经济高速增长，财政收入也随之高速增长，教育事业和社会保障的财政投入总规模不断扩大，使这两方面取得了巨大的成就。其中，义务教育实现全覆盖，教育质量大幅度提高，高等教育已实现大众化，硕博士人才培养规模已居世界第一，人的发展取得了巨大的进步，这些都依赖于大规模增长的财政投入。虽然我国的社会保障投入和教育投入规模可观，但与发达国家相比，还有较大的差距。以德国为例，较高的人均GDP为德国教育事业和社会保障事业提供了强大的经济支撑。根据经济合作与发展组织（以下简称经合组织）的数据，2021年，德国的社会保障支出占GDP的比重为20.9%，远高于我国的3.21%；德国教育开支占GDP的比重为4.5%，也高于我国的3.29%。德国在社会保障和教育上的高支出源于其强大的经济规模，虽然德国社会保障开支规模巨大，但德国的财政赤字占GDP的比例只有4.2%，低于我国的5.8%。发达国家在教育和社会保障方面的投入规模都很大，据经合组织的数据，经合组织国家社会保障支出占GDP的比重平均为17.3%，教育支出占GDP的比重平均为5.2%，这些国家较好的人均GDP水平为人的发展提供了坚实的基础。

经济增长仍然是我们未来财政能力最基础的保障，较快的经济增长速度仍然是人的发展事业的基础工程。

六、持续的经济发展能使人民共享"国家竞争优势"

经济增长具有极强的竞争力效应，全球经济竞争具有"胜者效应"。在激烈的全球经济竞争格局中，一个国家要从落后国家成长为先进国家，不仅需要解决阻滞自身发展的各项矛盾和问题，还需要面对外部世界的激烈竞争。随着发达国家的队伍越来越庞大，高端产业链的有限性使国家间的经济竞争加剧，发展中国家要赢得高端产业链、挤进发达国家俱乐部，会面临更严峻的经济竞争。经济增长会推动人力资本积累、知识积累，并夯实工业基础，随着不断增长，优质产业链和高收入就业岗位会更多；若经济停滞，优质产业链和高收入就业岗位就会流失；经济增长能使国家具有更强的内部市场优势，经济规模扩张和收入水平提升能培育国内消费市场，使国内产业发展具有更佳的成长环境，为文化产业和高科技产业的发展提供市场空间；经济的提升还为教育、基础研究、科学创新提供了经济基础，为人才的成长提供了实践机会。

当今世界，很多发展中国家的技术水平和产业发展程度并不比美国和欧洲 30 年前差，但是收入水平却赶不上 30 年前的美国和欧洲，本质原因是这些国家的产业不高端，先进产能少，且在同类的产业方面，其他国家也很多，激烈竞争使这些发展中国家在出口贸易中获取的利益较少，而发达国家利用在高端产业的独占优势，可以获得巨大的贸易利益，从而可以维持较高的本币估值。

全球经济竞争的结果是极端的两极分化，全球的发展差距远远大于国家内部的发展差距，长期显著的经济增长会使人民共享"竞争优势"和"胜者效应"。发达国家占据全球价值链的顶端，拥有高附加值的产业优势，并且利用优越的生活条件、高质量的就业岗位、优质的社会保障吸引发展中国家的人才和资金，为本币汇率提供厚实的支撑，而强劲的汇率反过来又为其居民提供了强大的购买力；而那些经济增长缓慢、人均 GDP 较低的国家，汇率不稳定且长期走弱，只能是国际分工体系中被收割的韭菜。经济增长是民族国家获得产业竞争力、国际贸易地位以及国际财富地位的长期"钥匙"，没有长期显著的经济增长，人的现代化就无从谈起。

第四节 人的现代化目标"匡正"经济增长的路径

一、人的现代化目标下需要反思经济增长的副作用

改革开放以来，我国社会主义经济建设取得巨大成就，经济增长对人的发展的积极作用有目共睹，虽然经济增长的积极作用是主要的，但

经济增长对人的发展的副作用也不容小觑，具体表现在以下几个方面。

（一）过度"职业化"问题

经济增长的目的是为人服务的，但是由于经济增长的竞争性特质，人们在参与经济活动时，容易被带入竞争螺旋，比如，企业需要劳动者有更长的劳动时间来降低企业的成本，劳动者需要付出更长的劳动时间来获得更高的收入，人们需要更高的收入来拥有竞争性的稀缺资源，等等，这些都会压缩个人的可支配时间。勤奋是我们的传统美德，但是劳动时间过长，个人可支配时间就减少，从全社会来看，经济增长带来的竞争会对个人可支配时间形成挤压，人的自由发展因为过长的工作时间而受到限制，人们在追逐经济利益的过程中一定程度上被"异化"。人的能动性降低了，受到物质力量的支配，陪伴家人的时间减少了，自己追求兴趣爱好的时间减少了，阅读时间减少了，运动时间减少了等。我们看到劳动和学习时间延长，工作和学习占据了我们大部分时间，很多企业加班成为惯例。除了加班延时以外，各种具有工作性质的活动在占用休息时间，比如学习（培训）、单位应酬、通勤等，人的闲暇时间和个人自由支配时间被严重压缩。

对个人可自由支配时间的挤压导致人过度职业化，人的过度职业化意味着人的全面发展的缺失、个性化发展的缺失、家庭文化的缺失。低生育率是日本、韩国在经济发展中人过度职业化的后果，尽管日本和韩国取得了很好的经济增长成就，但这种增长最终会反噬自身。家庭是个性化发展与合作性发展的重要平台，也是人类精神诉求的主要场域，经济政策一定要维护家庭在人的发展中的中心地位，避免工作、企业对家庭生活和家庭关系造成挤压。

过度职业化会影响我们对人生的完整认识和体验，使人陷入一种固定的认识框架中，缺少多维度的人生实践和认知体验，从而对人的创造性造成一种变相的遏制；过度的职业化会不同程度地忽视人的精神需要，使人缺少自我调适的个体环境和发展空间，有可能导致个体的心理危机；过度的职业化还意味着人际关系仅仅限于工作关系，而其他关系有可能会疏远，最终可能导致个体及下一代发展缺少感情支持。

（二）经济增长的分化效应

经济增长的分化效应主要体现为收入分化效应。第一个原因是市场经济坚持按要素分配原则。经济增长以效率提升为前提，因而要遵循按要素分配的原则，为市场做出更大贡献的群体获得更多的回报，而对市场贡献较小的群体获得的回报较小。由于资本、技术、信息、土地、劳动力等要素的所有者在占有要素数量和质量上的巨大差距，要素所有者从市场获得的回报也会有巨大的差距，并且这种差距具有马太效应，高质量要素的所有者在获得更多回报的同时，会积累更多的要素并使要素质量不断提高，从而使要素的回报更多，而低质量要素的所有者提高要素的数量和质量就要困难很多，所以会导致两极分化越发严重。第二个原因是市场经济坚持优胜劣汰原则。优胜劣汰会导致一部分市场主体在市场中获得"胜者全得"的回报，即不仅获得可观的要素回报，还会得到更高的产权估值，而被淘汰的市场主体不仅没有回报，还有可能其全部成本将无法收回，市场主体的两极分化不可避免。在数字经济发展浪潮下，我们看到互联网平台企业在数字要素上的优势，这种优势在不断地强化。这些企业拥有的人才、用户、技术、数据等要素资源互相加持、紧密捆绑，使其他企业很难与之竞争。与此同时，这些企业的员工依托高阶的平台，能够获得远高于其他企业的收入回报。

经济增长的分化效应还体现为区域分化效应和城乡分化效应。改革开放以来，我们实施非均衡增长战略，推动要素向城市和东部地区积聚，通过要素积聚促进产业升级和技术升级。城镇化战略、城市群战略、增长极战略、都市圈战略等都是非均衡增长战略的实施机制。非均衡战略极大地提高了我国区域和大城市的经济发展动能，显著提高了经济效率，推动我国经济实现高速成长。大城市和城市群不仅成为中国经济的增长极，更成为中国参与国际竞争的核心力量，大城市群所积聚的跨国公司、产业链、创新载体、人才队伍等极大地增强了我国的经济竞争力。大城市群培育的高端产业链媲美发达国家城市群，使我国成为世界经济中最具竞争力的国家之一。非均衡增长战略为中国经济的崛起立下汗马功劳。但非均衡增长战略带来的区域分化效应和城乡分化效应也显而易见，东西差距和城乡差距仍有加剧的趋势，城市人均收入是农村人均收入的 2.5 倍以上，东部人均收入是中西部人均收入的 1.9 倍以上。经济增长的分化效应客观上使落后地区和农村居民的收入增长滞后于经济增长速度，导致他们在人的现代化进程中远远落后于发达地区和城市居民，成为现代化进程中尤其需要关注的重点。

(三) 稀缺资源的竞争性加剧

经济快速增长会促使要素边际收益率提升，而要素边际收益率的提升又使资源的市场价值大幅提升，从而形成财富效应。改革开放以后，经济的快速增长让人们的收入成倍增加，而财富的增长速度远远快于收入增长速度，社会上涌现出众多富豪群体，股权价值和房产价值急剧攀升，人们在经济增长浪潮中享受财富带来的狂欢，在集体的创富热潮中难免会产生"财富崇拜"心理。

经济的快速增长还会形成资源竞争的加剧，特别是当人口城市化、集聚化之后，相当多的资源在有限的空间内供给弹性较低、稀缺程度较高，在强劲需求的拉动下，价格会飙升，短期内市场价值大幅增长，难免导致人们对这种经济物品进行抢夺性购买，加剧该消费品的稀缺程度，而对该种物品的炒作和增值效应，催生了"物欲"，甚至形成物质崇拜。物质崇拜其实是对人的价值在一定程度上的挤兑，因为人和物的价值存在相对性，当物的价值被抬高到很多人没有购买能力时，人的价值就会显得相对较低。

资源竞争加剧显然会导致中低收入阶层生存和发展成本的上升，特别是大量低收入阶层，面临住房、医疗、教育等资源的紧缺和高价，低收入群体的生存和发展压力会大幅度增加，最显著的效应是结婚率和生育率的下降。在经济不断增长的背景下，如何在现代化的进程中降低低收入群体的生存和发展成本，是我们需要面对的重大课题。

(四) 经济增长对生态环境的挑战

我国的现代化是人口规模巨大的现代化，十几亿人口要走上现代化征程。我国长期以来经济较发达，但是经济增长的同时也消耗了大量的资源，经济增长产生的污染物排放给生态环境带来了不利的影响。最典型的是碳排放，我国是全球最大的碳排放国，"双碳"目标已经提出，而经济增长的任务依旧繁重，碳减排和经济增长的矛盾日益突出。由于我国的产业结构和工业结构与发达国家还有一定差距，高能耗、高排放产业比重依然较高，在未来相当长一段时间内，高能耗、高排放产业仍然将是我国的支柱产业之一，在兼顾经济稳定增长和碳减排上，需要我们付出巨大的努力。

经济增长优先还是环境优先，是我们所面临的重大问题。工业化初期，我们以牺牲一定的环境质量来获得较快的经济增长，而到了工业化后期，我们要更加审慎地对待生态环境，将生态优先作为处理经济增长和环境保护之间关系的原则。但生态保护优先的原则面临诸多挑战，生态优先原则会影响某些特定产业的发展，比如煤炭产业链、石油产业链、有色金属产业链、黑色金属产业链，甚至房地产业链都会经受严峻的挑战，因为这些产业都是碳排放的主要来源，而这些产业的发展受约束将会影响 GDP 和就业岗位；生态优先原则还会对国家的经济竞争力带来冲击，在我国工业经济中，以煤炭为主的能源结构为我国提供了相对廉价的能源，低能源成本使我国工业在对外竞争中能展现较大的成本优势，而生态优先的约束不可避免地会带来能源成本的上扬，从而影响我国国际竞争力。

尽管面临经济增长的冲击，环境优先原则不可动摇，习近平同志提出，中国式现代化要"坚持可持续发展，坚持节约优先、保护优先、自然恢复为主的方针，像保护眼睛一样保护自然和生态环境，坚定不移走生产发展、生活富裕、生态良好的文明发展道路，实现中华民族永续发展"。所以宁可增长慢一点、收入少一点，我们也要保护好生态环境，宁可在国际经济竞争中损失一点竞争力，损失一些外汇收入，也要坚持环境约束，把生态环境优化作为人的现代化的一个重要维度。

二、坚持"以人为本"，消解经济增长的副作用

"以人为本"的价值取向，就是要让我们的经济增长将人的发展置

于其他目标之上，不能以牺牲人的发展来换取"指标"上的增长，人的现代化发展程度应该是衡量经济增长质量的关键指标。经济增长应该有利于人的要素回报最大化、人的选择多样化、就业质量提升、生活质量提升、社会平等与均衡发展。要通过有效的机制，来消解经济增长的副作用，让经济增长成为人的现代化的强大动力。

（一）加强对劳动者的保护，坚持劳动者作为"职业人"和"生活人"的双重发展

拥有更多的自由可支配时间是人的现代化的重要前提条件，是人的全面自由发展的时间保证，减少过长的劳动时间对个人和社会的高质量发展都有重要的意义。保证闲暇并不是要降低人们对工作的热情和对职业发展的努力，而是强调人作为"职业人"和"生活人"双重定位的协调发展。部分职业工作者，比如科学家、企业家等群体，取得成功必须付出巨大的努力，休息日几乎也在岗位上工作，但这种工作具有很强的成就感，并且具有自愿性。而普通的劳动者，尤其是体力劳动者，需要放松，需要在其他兴趣爱好上实现更好的个性化发展，有充足的闲暇时间对他们来说是全面自由发展的前提，有了充足的闲暇时间，他们才能更好地兼顾职业和生活。

"996"工作时间是对普通劳动者生活的巨大挑战，虽然某些科研型就业岗位时间的投入意味着效率的成倍提高，但"996"绝不应该成为社会大多数劳动者的工作状态。很多人反对加强对劳动者的时间保护，认为劳动者加班有三倍工资，加班是劳动者和企业的双向选择，有利于企业降低成本，提高劳动力收入水平，并增强国家在国际上的产业竞争力。这种观点只看到了眼前利益，并没有看到劳动者长期发展的重要性，也没有看到国家的竞争力不仅来自产业竞争力，还来自消费竞争力和人的现代化。经济发展到高质量阶段，劳动者休息权的保证能促进消费，提高全社会的消费率，劳动者加班时间缩短还能对企业的要素使用轨迹形成约束，促使企业更加依靠资本、技术创新等要素的投入，推动资本积累和技术创新。国际竞争力的损失只是暂时的，任何一个国家不可能永远固守劳动密集型产业的竞争优势，必须实现竞争力的升级，

摆脱依靠低成本的劳动力和较长的工作时间来获得国际竞争优势的传统路径，部分劳动密集型产业也必然会随着经济结构升级而转移到其他发展中国家，因此，我们必须顺应经济结构升级不断推动人的高阶化发展。

（二）重视人的现代化进程中的平等性，减小经济增长的分化效应

人的现代化是全体国民的集体现代化，共同富裕是社会主义现代化进程的应有之义，经济增长的分化效应会导致人的发展的巨大差距，中低收入群体收入不足会导致这部分群体在人的现代化进程中成为社会整体现代化的短板；收入不足还会导致居民消费不足，社会整体消费率偏低，进而导致社会总需求长期滞后于总供给，消费不足成为长期制约经济发展的短板。降低经济增长的分化效应，要完善收入分配调控机制。市场经济按要素分配的原则必然会导致收入分化，但如果能建立完善的税收机制、社会保障机制，社会收入差距会控制在合理范围之内。

税收机制是抑制分化效应的第一个重要手段。我国目前对富人的税率总体偏低，特别是财产税没有建立起来，如前所述，现代经济的发展使富人的财富增长远远超过经济增长速度，如果不对富人的财产增长进行税收调节，就无法遏制扩大的两极分化，征收财产税是国际通行做法，适度开征财产税也是与国际接轨的需要。反对征收财产税的观点主要认为财产税会打击房价、抑制投资及增加税负负担。关于打击房价，我们认为房地产税应采用超面积征收准则，对一定面积之内的家庭可以免征，把房产税的征收对象主要限定为富裕阶层。房地产的住房保障功能是第一位的，而其经济增长功能是第二位的，房产税只会使房地产价格合理回归，并不能打击对高稀缺房地产的过度竞争和炒作。关于抑制投资，我们认为，资本所有者投资的根本动力在于资本未来的收益，而资本的收益需要市场需求支撑，征收财产税并将其转移给低收入群体，有利于社会消费需求扩张，从而有力地支撑产业需求，提高资本未来收益，因此并不矛盾，只要财产税对所有的富人具有一致性，并不影响资

本的预期收益。关于增加税收负担，我们认为可以通过适度降低增值税和所得税税率来降低整体税负，从我国前几年的税改趋势来看，整体宏观税负在下调，增值税还有进一步下调的空间，因而可以通过财产税的征收来填补税收的不足。

社会保障机制是抑制分化效应的第二个重要手段。社会保障机制是现代社会低收入群体获得收入的重要来源，失业保障机制、养老保障机制、医疗保障机制、生育补贴机制都具有极强的收入差距调节功能。失业保障机制要进一步扩大覆盖范围，提高覆盖强度，将社会所有失业群体，无论是城市居民还是农村居民，无论是国企职工、私企职工还是个体劳动者，只要无收入来源，皆应纳入失业保障。养老保障要强化城乡居民养老保障的力度，减少职工养老保障与居民养老保障的差距。医疗保障可以进一步提高报销比例，提高财政对医疗的支持力度。生育补贴机制要全面建立起来，我国目前已全面进入低生育时代，少子化对社会冲击巨大，应尽快从无到有构建起全面覆盖的生育补贴机制，这不仅能促进生育率的提高，而且能极大缓解低收入群体收入不足的困境。中央财政应是社会保障支出的主要承担方，中央财政社会保障支出对地区收入差距调节、城乡收入差距调节有极其重要的作用，有利于地区之间、城乡之间的均衡发展，减小地区差距、城乡差距。社会保障的转移支付使低收入群体更愿意在农村地区、欠发达地区生活，因为同样多的社会保障收入，在大城市面临很高的物价，而在农村地区、欠发达地区物价很低，社保收入能更好地改善生活，因此全国统筹的社会保障机制将极大地增强农村和中西部地区对人口的吸引力，从而有利于抑制分化效应。

（三）降低人的生存发展成本

经济增长本身能带动收入增长和财富积累，从而提高我们生存发展的物质自由度，但若生存发展的成本增长得更快，或者经济增长给我们带来更大的物质压力，我们仍然需要解决生存发展成本增长过快的问题。

降低人的生存发展成本，能使人从紧缺的金钱和物质中解放出来。

人的现代化的重要维度是人能更从容地应对金钱和物质，并不是我们不需要金钱和物质，而是我们不必为了金钱和物质过度地牺牲我们的时间和自主选择，降低我们被金钱和物质支配的程度。由于金钱和物质在社会群体中的分配存在很大差距，如果我们过度地被金钱和物质所支配，那我们社会中的多数人会被社会中的少数人所支配，不利于社会的平等。市场经济承认社会收入差距和财富占有差距的合理性和必要性，但我们亦要强调人不能过度地被金钱和物质所支配，以使社会中的每个人实现全面自由的发展，提升人的现代化发展水平。

经济增长引致的人口集聚和产业集聚是我们生存发展成本提高的重要原因，这是增长的副作用。我们显然不能阻止人口集聚和产业集聚的趋势，但是我们可以通过减少资源的竞争强度来改变资源的稀缺程度以及少数人对高稀缺资源的囤积，比如房地产限购。另外，如教师教育资源的流动，摇号入学等机制，都降低了稀缺资源的过度竞争，也降低了金钱在资源配置中的话语权。未来我们应更加强化对高稀缺资源的公平性配置，比如降低户籍制度对学籍获取的支配力，对持有三套以上超面积房产的家庭开征房产税，缩小地域间因为财政能力而导致的悬殊的社会福利差距，等等。

我们还可以通过减少"无效"的人口集聚和产业集聚来降低人的生存发展成本。什么是无效集聚？有些产业不必集聚在特大城市或大城市，在中小城市甚至农村，一样可以获得竞争力和持续发展；有些群体也不必流入大城市，在中小城市和农村，也要让他们享受到高质量的就业岗位和生活水平。怎么减少无效集聚呢？关键是要降低劳动者对大城市和特大城市的偏好，要提高中小城市和农村地区的就业质量，通过强化劳动保护和社会保障，使这些地区的就业具有较好的稳定性和保障性，强化失业保障、养老保障、生育补贴力度，减少居民的后顾之忧，这样就能增强这些地区对劳动者的吸引力，有效吸引产业投资流入。

（四）走绿色增长之路

经济增长带动人类文明的繁荣，但经济增长带来的环境副作用却使地球面临严峻的生态压力。在中国式现代化进程中，强调人的现代化，就是要强调人与自然的和谐共生，而不是只追求收入的增长罔顾生态成本。从现代经济增长的路径来看，生态环境友好型的绿色增长之路虽然会有更高的成本，但这条路对人的发展的贡献远大于所付出的经济成本。如果站在人的现代化的角度去评判我们的经济增长收益，绿色增长对人的发展有许多无法用 GDP 来衡量的价值：改善人居环境，促进资源的永续利用，提升人的生态体验，等等。如果用 GDP 来衡量绿色增长的价值，则绿色增长可以拓展经济发展空间、促进绿色技术创新、促进经济的多元化，等等。

第一，绿色增长能拓展经济发展空间，培育新的经济增长点。首先，国家和社会推动绿色产业的发展，例如，驱动新能源设备、新能源汽车、资源循环利用设备等绿色制造业的发展，会带动投资规模扩张，增加就业机会。其次，保护生态环境会倒逼产业转型升级，一些高能耗、高污染的企业将被淘汰，绿色环保的高新技术产业、高级服务业将得到更快发展，这有助于增强我国企业和经济的国际竞争力。最后，绿色增长能驱动消费的多元化，培育新的绿色消费热点，从而带动经济的多元化。

第二，绿色增长会带动生物、材料、能源、电子等一系列高新科技的发展和应用，从而促进科技创新及创新成果产业化，推动技术密集型经济增长。生态环境友好型增长会催生大量新科技发明、新技术应用，绿色技术还会扩散到其他行业，为经济发展注入新动能。

第三，绿色增长能使经济增长适应世界发展大趋势，抢占世界经济增长制高点。绿色增长已成为经济全球化的主导价值观，谁率先实现经济的绿色化，谁就能抢占世界经济贸易的话语权，并在人的现代化进程中成为先驱。中国作为超级经济体，有实力、能力和必要条件成为绿色增长的典范，并将获得先发优势。绿色增长在全球竞争力构建中具有极大的优势，这些优势包括贸易壁垒优势、人才和人口吸引优势、绿色金融优势。

绿色增长之所以面临阻力，主要原因是人们仍然难以割舍低成本的竞争优势。以能源转型为例，传统的化石能源依然拥有成本低、供给稳定的优势，高碳排放意味着低成本，这种低成本仍然是国际竞争力的重要来源。另外，人们的绿色生活方式仍然没有普遍建立起来，人口集聚的城市化生活方式要求有较高的能耗和物耗作为支撑，高能耗和高物耗依然是我们生活水平提高的基本前提。要实现绿色增长，必须以更大的决心构建起对化石能源消耗和污染排放的约束机制，并坚持城乡均衡发展，追求人与自然和谐共生的绿色生活方式。

第三章

个性化发展、合作性发展的
经济动能与人的现代化

人的现代化进程是个体发展和社会发展的统一。社会发展以人的合作性发展平台为基础，合作性发展依赖高水平、高素质发展的个体；个人发展以个人理性发掘和精神成长的个性化发展为基础，而个人理性发掘和精神成长又依赖社会提供的合作平台与机制。个性化发展和合作性发展存在对立统一的关系，经济发展中要处理好个性化发展和合作性发展的关系，不可偏颇。我们要让 14 亿多人的每个个体的发展潜力发挥到极致，同时将其系统集成为全社会合作的力量，并反哺个人发展，实现个性化发展与合作性发展的统一。

第一节　人的个性化发展的经济动能

在经济学的视角中，我们习惯以收入来衡量人的发展，但单独以收入水平来衡量人的发展程度是一个严重的误区，收入只是人的发展的一个维度。人的全面自由发展是在经济基础不断增强的前提下，实现差异化、特色化的发展，要充分发掘每一个人的独特价值。个性化发展是开启人的现代化发展的一个重要维度，也是人的现代化的重要动力。

一、个性化发展与人的发展价值

个性化发展是人的现代化的重要维度。在资源稀缺背景下，个性化发展解决了资源稀缺的困境，人们不必再从绝对的收入增量和财富增量中寻求自我价值的实现，而是通过差异化发展和独特性发展，寻找人在天地之间的价值。个性化发展是一种奢侈品，需要社会有扎实的经济基础，并且有足够的包容力，能包容个体的差异化和多元化。

马克思认为，人的个性的自由发展即人的一切天赋得到充分发展。在他看来，人的自由发展是建立在个人全面发展这一基础上的自由个性的发展。马克思特别强调和提倡个人的独创性和自由，他在《共产党宣言》中指出，一切人的自由发展的条件是每个人的自由发展。事实上，人的能力的发展以及社会关系的发展都是与人的个性的发展分不开的。在某种意义上可以说，人的个性的发展，是人的其他方面发展的前提和基础，只有人的个性得到充分的发展，才能促进其他方面的发展。

人的自主与个性化是指个体通过学习和社会实践，逐步形成独具特色而又相对稳定的知识结构、专业特长、意识倾向、兴趣爱好等的过程。知识结构是人在学习过程中形成的对社会规律和自然规律的认知水平；专业特长是人在工作与职业发展过程中塑造的专业实践能力；意识倾向是决定一个人对现实的态度和行为的动力系统，主要包括一个人的需要、动机、信念、理想和世界观；兴趣爱好是人在个人发展中形成的对某种特定知识、事物、运动、文化的偏好。这四个部分相互联系、相互影响、相互制约。人的自主与个性化是个体发展中的差异化特征，其发展和形成取决于自身的努力与偏好，也受到外部生活条件和工作条件的影响。

自主与个性化发展是人的发展的基础。每一个人的自我学习、自我激励、自我实践都为社会的发展提供了丰富多彩的动力，而不同的家庭环境、工作环境、社会环境造就了差异化的个体。个人的个性化发展不仅释放了每一个人的独特价值，也组成了我们多姿多彩的社会，使我们的社会更加具有创造力和多元化发展能力。我们要为每个人的自主与个性化发展创造积极、开放、包容、鼓励的环境，为每个人的全面自由发展创造更好的社会条件。

（一）自主与个性化发展是激发"群众"力量，推动人的高阶发展的基石

第一，中国式现代化是人口规模巨大的现代化，我国十四亿多人口要整体迈进现代化社会，规模超过现有发达国家人口的总和，而不仅是一部分人迈进现代化社会，在共同富裕的路上"一个也不能掉队"，要实现如此多人口的现代化，必须充分释放每一个群众的发展价值；第二，资源环境对现代化的约束正在增强，我们要走出一条高质量的发展之路，需要依靠群众的聪明才智去找到一条资源消耗低、环境污染少、人民幸福指数高的绿色发展之路，需要在精神世界寻找发展的空间和价值，走出一条高质量的现代化之路；第三，在 14 亿多人口中，虽然我们取得了脱贫的历史性胜利，但社会的相对差距依然较大，尚有相当比例的人口发展水平不高，当前的社会发展结构离"橄榄型"的理想社会构型还有较大距离。因此，我们需要激发最广大群众的主观能动性，通过自主与个性化发展增强其发展意识，释放其发展潜力，强化其发展动力，提高其发展水平，为实现最广大人民的现代化奠定坚实的群众基础。

自主与个性化发展是外向发展与内向发展的统一，不仅体现在外部显性成就，如收入、财富、权力、名望，还体现在内在自我世界的完善，如运动、兴趣、娱乐、知识与能力。个人发展是社会发展的基石，是人的现代化的根基，人的现代化最终体现在每一个人的物质世界和精神世界的极大丰富。人的现代化不是少数人和少数群体的现代化，而是社会全体人民的现代化，社会越发展，普通人对社会发展的贡献越彰显。社会越重视最普通群体的发展价值，社会发展的动力就越强劲，强调人的全面自由发展，就是要使每一个人在自主与个性化发展中释放自己的发展潜能，并使每一个人都有较大的发展空间和独特的发展价值。

（二）自主与个性化发展能降低社会的内耗、拓展人的发展边界

资源的稀缺性使现代社会的竞争无处不在，人们疲于应付各种各样的名利场，适者生存的法则在激励人们发展的同时，也在侵蚀着人们自由发展的时间和空间。个人外在的发展总是具有极限，虽然社会总量的绝对收入和绝对财富可以持续增加，高质量的就业岗位也可以持续增加，但能获得高收入、高财富积累、权力、名望的人永远只是其中的一部分，好比清华、北大在全国的招生名额是有限的，即使每个学生都很努力，也永远是极少数人能上清华北大。要实现人的全面自由发展，必须给个人的自主与个性化发展腾挪空间，因为兴趣和爱好具有无限的发展空间，并且具有非竞争性，在非竞争性的场域中，人们可以畅游人生，全面发展，个人对自身兴趣与爱好的挖掘可以让人获得低成本的幸福感和收获感，这应当是人在现代化进程中的一个重要维度。

自主与个性化发展拓展了人的发展边界。在物质生活水平不断提高的背景下，我们应通过追求更具差异化的生活方式，彰显更加鲜明的个人风格，寻求内心精神世界的满足，避免外部世界的"内卷"。工业社会一个突出的现象是人的物化，物对人的统治，使人成为自己创造的物的奴隶。社会外在功利性的诉求和外部世界给个人形成的约束在一定程度上塑造了机械化和程式化的个体。我们需要从过度竞争的资源争夺中解放出来，人的现代化最重要、最深刻、最根本的意义，正在于它开始了人向自身的复归。自主与个性化发展的意义不仅满足了个人自身的发展需要，也在一定程度上解决了社会资源的稀缺性难题，降低了社会竞争激烈程度，通过更有人性、更富情感、更善思考、更为完美的个人发展，降低社会内耗，实现自我进化。

（三）自主与个性化发展能培育"创新型"个体

创新需要创新欲望和创新能力，而创新的欲望和能力以人的自主与个性化发展为基础。个性化发展造就更丰富、更多元化的创新型个体，让创新的主体从社会精英扩散到普通大众。自主与个性化发展顺应了社会与人自身的发展规律，也体现了认知规律的内在要求。教育心理学领

域中颇有影响的建构主义认为，尽管世界是客观存在的，但每个人都是以自己的经验为基础来建构和发展的。个人的自主性与个性化发展造就了具有独立性和差异化的个体，独立性和创新性的前提是人自身的充分发展，而每个人的创造力和创新素养则来源于其独特的气质与思维方式。因此，要顺应个人原有的心理结构、个性特征、人生经验等，来建构差异化的知识结构、兴趣爱好和思维方式，从而塑造有个性化特质和创新精神的个体，推动社会整体的创新欲望和创新能力。

日本社会尽管有较高的 GDP 支撑，有较好的合作性发展机制和文化，同时有很强的竞争机制，但日本的集体文化导致个人自主发展的相对不足。工作时间太长、自主性发展不够使日本相对于其他发达国家而言缺少原创力和文化力。高强度的工作、经常性的加班、年功序列制和团队文化是日本获得经济竞争力的要素，但这些恰恰在反噬日本。很多日本人缺少时间、缺少个性化发展、缺乏原创性的创新。我们应该吸取日本的教训，加大对劳动力的保护，鼓励个性化的发展。2016 年以后，日本才开始重视并解决过度加班的问题，但日本的加班文化和应酬文化依然在侵蚀着人的自主与个性化发展空间，依然在抑制日本社会的创新性。

（四）自主和个性化发展能优化个人的消费效用函数

自主与个性化发展机制能极大地优化人的效用函数，因为每个人的效用函数都存在差异。如何优化一个人的效用函数，使其摆脱稀缺性的束缚，走向自然、运动、健康的审美以及积极的态度？毫无疑问，人的自主与个性化发展是建构并优化个人效用函数的重要机制。自主与个性化发展会形成差异化的发展群体，其中一个重大差异是消费偏好的差异，有些人喜欢运动，有些人喜欢诗词，有些人喜欢旅游，有些人喜欢艺术，消费的差异化能优化个人的效用函数，使个人在个性化发展中找到属于自己的快乐和幸福。即使将来机器人的智商超过了人类，机器人依然无法与人类相比，为什么？因为机器人无法实现自主与个性化发展，并形成差异化的人格。机器人并不是社会化的个体，没有家庭与传承，机器人无法形成具有自我奋斗目标、兴趣爱好、审美偏好、个性情感的独立个体，而人类能从自主与个性化发展中获得独立的价值观与偏好，展现人的消费能力和消费欲望，并从消费中获得幸福感和体验感，实现人的发展，这些是机器人无法比拟的。

个性化发展促进消费的多元化，减少社会消费的趋同性和重叠性，减少对特定稀缺资源的竞争，比如对某些大城市房产的消费偏好、对实木家具的消费偏好等。消费多元化有利于避免人口过于集中，拥挤在高密度空间，高强度竞争某些特定的资源，有助于人们寻找自然和社会，减少对高稀缺资源的集体狂热，从而降低人们的消费成本，选择更富精神内涵的消费方式。

二、经济学视角下人的个性化发展的场域

（一）供给侧的个性化发展

1. 市场经济、经济多元化、分工与人的个性化发展

专业化是推动人的个性化发展的重要动力，市场经济能促进经济结构的多样化和分工的精细化，职业越来越多样，人的发展路径也越来越多元化，这无疑为人的个性化发展提供了更丰富的路径。封建时期社会有"三百六十行"，而现在"三万六千行"也不止。因为专业化，我们可以看到更多的人在各自行业中成为骨干和精英，并且受到他人的充分尊重与认可，我们可以看到一个更加丰富多彩的专业化世界。试想未来，如果只有极少数人从事某种独特的职业，我们会发现每个人都会绽放出独特的光芒。人们将通过专业化的发展之路，满足对尊重的需要、社会交往的需要以及自我价值实现的需要。

制造业是推动人的专业化发展最有力的产业，制造业需要的科学研究、制造技术是科学创新的主要场域，因此在供给侧大力发展制造业是促进人的个性化发展的最有效路径。由于制造业存在大量体力劳动者，且发达国家的劳动力成本偏高，所以发达国家的中低端制造业正在流失，而中国通过制造业的高度发展，在国际分工体系中的地位越来越突出。富有弹性的劳动力制度使中国在人均 GDP 接近 1.5 万美元时，仍

能保持制造业的强大竞争力。在新质生产力加速形成的人工智能时代，我们见证了密集的技术创新、层出不穷的新产品、持续推出的迭代产品以及不断涌现新制造业形态。制造业对中国人的现代化之路将作出极其重要的贡献。

2. 收入增长、知识积累、创新与人的个性化发展

收入增长既是供给侧的经济问题，也是需求侧的经济问题，但收入增长的直接动力是供给侧劳动边际生产效率的提升。供给侧的经济增长表现为劳动生产效率和劳动价值的提高，直接引致收入的增长。收入增长是推动人的个性化发展的重要动力，收入增长后，人们有更强的经济保障和经济基础去追求更好的教育，增加知识积累，而知识积累是促进人的个性化发展的基本力量。高学历群体往往都是专业化的人才，这些群体带动全社会增加知识积累，从而促进创新，而创新是人的个性化发展的基本动力，并最终推动人的个性化发展。

收入增长会激发个人更强的个性化发展意识，使人们更强烈地追求兴趣爱好，并具备更高的风险承受能力去追求创新发展。个性化发展要求企业不断创新，以满足消费者日益增长的个性化需求。这促使企业加大研发投入，推动产业升级，提高产品和服务的质量和附加值。个性化发展还能推动企业在技术创新、模式创新等方面的探索。通过引入新技术、新模式，企业能够更好地满足消费者的个性化需求，同时为自身的发展注入了新的动力。这种创新驱动的发展模式有助于形成更加丰富多样的生产形态。

人的个性化发展的最大束缚在于缺乏足够的经济安全感，对未来收入的担忧使人们缺少冒险精神，倾向于稳定和保守，从而导致供给侧的创新动力不足，而收入增长会使人们从"金钱焦虑"中摆脱出来，有更强的动机和意愿去追求全面自由的发展。

3. 城市化、人口集聚与人的个性化发展

中国作为世界上最大的发展中国家，其城市化进程尤为显著。近年来，中国城市化率不断提高，预计到2035年将达到75%以上，全国60%以上的人口将集中在珠三角、长三角、京津冀等七大城市化区域里。

人口集聚能够促进产业的集中和升级，提高生产效率和创新能力；人口集聚还能够推动城市基础设施的完善和社会服务的提升，改善人的全面自由发展的硬件环境和软件环境。人口集聚为个体提供了更多的机会和资源来发展自己的个性和才能。在城市中，个体可以接触到更广泛的信息和人群，从而拓宽自己的视野和思维方式。同时，城市中的多元文化和价值观也为个体提供了更多的选择和可能性，使个体能够根据自己的兴趣和特长来发展自己的个性。

人口集聚有利于促进产业结构的升级和产业的多元化，丰富经济业态，从而促进人的个性化发展。然而，人口集聚也可能对个性化发展产生一定的负面影响，在城市中，由于土地资源的稀缺性，人们工作和生活的自然空间比较狭窄，这可能会限制个体的个性和自由。另外，城市中的竞争压力也可能使个体更加注重功利和实用主义，而忽视对个性和精神层面的追求。

（二）需求侧的个性化发展

1. 人的需要的高阶化与人的个性化发展

需要的进化是经济需求升级的基本动力。经济需求来自人的需要，人的需要可以理解为一种饥饿感，饥饿感是我们奋斗动力的来源，如果没有饥饿感，哪有奋斗的目标？人们饥饿感的来源不一样，有生理的，物欲的，有自我价值实现的。正是这种无处不在的饥饿感，使我们有经济需求，饥饿感的升级也在推动着经济需求的升级。个性化发展是拓展人的需要的重要动力，个性化发展激发消费者对生活方式的多样化追求，也会导致消费者审美观念的差异化，并促使消费者的消费观念逐渐从低级消费向高级消费转变，对产品和服务的需求不再局限于基本功能，而是更加注重个性化、特质化。这种消费观念的转变直接推动了需求结构的升级。个性化发展使得消费者的需求更加多样化、细分化，不同消费者基于自身的个性特点、能力特征、兴趣爱好和情感特质，对产品和服务提出不同的要求，从而促进市场需求的多元化发展。

2. 收入稳定与人的个性化发展

收入稳定是推动人的个性化发展的重要力量。从人的需求层次来看，生理需要和安全需要具有基础性作用，如果生理需要和安全需要的满足存在不确定性，人们很难去追求高阶的自我价值实现需要。个性化发展是实现自我价值的重要路径，要促进个性化发展，首先要满足人的生理需要和安全需要，而收入稳定是满足生理需要和安全需要的基石。依此逻辑，收入稳定可以视为实现人的个性化发展的基石。

收入稳定的重要基础是经济增长，经济增长可以提供充足的就业岗位，并且让经济富有弹性，即使在经济下行周期，经济体仍能富有弹性地为居民提供较充足的就业岗位。虽然如此，但失业总会存在，且市场经济的两极分化一定会让一部分人收入较低，还有一部分是残疾人家庭或者遭遇重大变故的群体，这类群体的家庭收入也很少。此时，社会保障便成为收入稳定的防线。当社会的经济发展水平能够为最广大人民群众提供基本的收入保障时，国家应该建立覆盖最广大人民群众的失业保障和养老保障，使失业群体和老年群体拥有基本的生理保障和安全保障。当人们的预期收入有了保障，人们便会追求更高层次的个性化发展需要。因此，收入稳定是促进人的个性化发展的基石，是实现人的全面自由发展的需求侧基础。

3. 国民经济总需求的稳定与人的个性化发展

为什么总需求稳定对人的个性化发展十分必要？从经济周期来看，总需求稳定能稳定就业率，这对弱势群体非常重要，这些群体是经济波动和经济衰退的极大受害者，就业和收入的不稳定会使他们面临极大的生存困境，更何谈个性化发展？失业会敲碎一个人的梦想和热情，收入没有保障会使人心力交瘁，哪有个性化发展的勇气？从长期总需求扩张的角度来看，现代经济体的一个基本特征是总需求不足，这种总需求不足的主要原因是结构性原因，非均衡增长、收入差距拉大会带来投资过剩和消费不足问题，结构调整是解决长期总需求不足的根本路径，但当结构调整进展缓慢时，总需求的长期扩张便成了应对总需求不足的另一条对策。

总需求管理是应对总需求波动的主要手段，包括两个方面的内涵：一个方面是应对经济周期的逆周期调节，以稳定就业率，抹平经济的宽幅波动，减少极端经济波动对人们收入和就业的冲击，使收入更稳定，减少人们遭受外在风险的冲击；另一个方面是长期总需求管理，国家承担了信用扩张的重任，通过国家信用的扩张，提振社会的长期总需求，从而使总需求匹配总供给的增长，提高全社会的经济总量。

长期总需求扩张通过政府信用的扩张来支撑全社会需求扩张，进而提高全社会经济总量。此外，长期总需求的扩张还提高了低收入群体在总收入中的比重，稳定了低收入群体的收入水平和消费支出，为低收入群体的个性化发展夯实了经济基础。

4. 家庭政策、非市场价值的创造与人的个性化发展

家庭是实现人的个性化发展的重要场域，家庭发展是人的个性化发展的基础。家庭发展能培育人的良好的审美和良好的个性化意识，并使人展现自信、独立、自强的优秀品质，而这些品质是人的个性化发展的重要基础。

自信意识意味着人对自我的肯定及对个人特质的坚持发扬，从而坚定个人的个性化发展。自信意识的培育需要家庭的肯定与支持，父母对孩子的充分认可、父母的满足感和幸福感可以给孩子传递一种自信的力量，挫折感满满的家庭很难让孩子找到充分的自信。父母对自身职业的充分认可与肯定会增强孩子的自信和个性化发展意识，并能给孩子传递独立意识，促进孩子提升自强意识。社会的平等化有利于多数家庭的父母增强职业发展的成就感和获得感，在一个相对平等与均衡的社会，大多数就业者能从自身的职业中找到自我价值和被尊重的感觉，从而提升自我认可度，这些自我肯定会传递给家庭的其他成员，每一个成员能从中获得自信感，并能驱动个性化发展。

家庭是非市场价值创造的主要场域，家庭政策能极大增强家庭对人的个性化发展的支持。促进家庭的发展能大幅增加全社会的非市场价值，反过来，非市场价值也能够促进家庭的发展。家庭成员较充足的个人可支配时间可以增加非市场价值的创造。父母时间充裕，则可以通过代际传递培养孩子的兴趣爱好，可以引领孩子体验自然、欣赏艺术，打开孩子心灵的窗户，为孩子的个性化发展打下基础；反之，如果父母每天都在加班，则无法创造温馨温暖的家庭环境，更无法推动孩子的个性化发展。

三、促进人的自主与个性化发展的经济机制

（一）降低人的个性化发展成本

自主与个性化发展符合人的全面自由发展的原则，也是人类自然进化、基因优化的发展选择，所以，社会应为人的个性化发展降低成本，并创造更好的条件。自主性和个性化发展需要三个基本条件：个人可支配收入与财富、个人可支配时间和个人可选择性。可支配收入和财富是经济基础，收入的稳定、高水平及财富的积累使人拥有物质基础去实施自主的发展计划，并且有能力去承担因此而需要付出的成本；可支配时间的数量决定了人能有多少时间去思考、行动，去实施自主发展计划；可选择性是个人发展的选项，有更多的选项意味着可以选择更多的兴趣爱好，可以有更多的运动、受教育、消费、研究、工作、创业等发展机会，为人的自由解放提供更多的可能性。

要提供更多的公共产品，提供更多个性化发展的公共设施和公共平台，给予个性化发展更多的空间，比如体育健康设施、娱乐休闲设施，这些空间应该是免费的，并且向全民开放。这样可以降低消费成本，而消费成本的降低会使人获得更多的自主发展空间。

要降低人的自主与个性化发展的经济成本。成年人自主与个性化发展的一个主要障碍是劳动时间长、家庭压力大，要为成年人提供更加严格的劳动保护，避免劳动者在劳动市场的过度竞争，降低住房、医疗、教育等生活成本支出，为自由职业者提供一定的社会保障，降低成年人的经济收入压力，减少自主与个性化发展的后顾之忧。成人阶段的个性化发展一方面体现为职业能力的提升，但另一方面与职业无关，因此可能会带来矛盾。工作时间的缩短、休息时间的延长为成人个性化发展提供了更多的时间。在高质量发展阶段，劳动时间的延长应该充分尊重劳动者的意愿，不应该随意延长工作时间。延长劳动时间虽然令产业和企业的竞争力增强了，这是积极的一面，但不利于人的个性化发展。因此，在高质量发展阶段，需要通过严格的劳动时间管理为人的个性化发

展创造更好的条件。

（二）建立包容个性化发展的经济机制

一个良性的社会必须鼓励人的自主与个性化发展，那么，什么样的经济状态能鼓励人的自主与个性化发展呢？个人的可选择性是个性化发展的基础条件，如果我们给人的发展赋予更多的可选择性，则人的自主性发展的动力就会更强；而个人没有可选择性，则人的自主性发展动力就会弱化。社会需要足够的包容力去容许个性化发展，当然这种发展必须在法律和道德的允许之下。

首先，要保持人的独立性，如何保持人的独立性？经济发展的一个最大成果是人的解放和自由，不仅能给予个人更多的发展能量，还能给予个人更多的选择权。因此，衡量一个经济体质量的高低，一个重要的指标是人的自主发展的可能性和自主发展的能力，所以经济政策的制定，要给予个人更多的选择权利。政府要减少对经济活动的干预，因为政府对经济活动的干预可能会导致政府对个人选择的挤出效应，即政府取代了个人，占用了发展机会，若政府减少干预，则可以把机会留给个人。

其次，社会对自主与个性化发展的包容很重要，不应用单一标准来衡量人的发展。很多自主性发展是中性的，作为个体能不能被社会所接纳和认可甚至成为主流，取决于社会的选择机制。人的自主与个性化发展的多样性和探索性是推动个人发展的重要动力，现代经济的发展动力更源于个体发展的差异性和多样化，这不仅可以提供更丰富的文化业态，也能带来更高的个人体验和生活价值。

最后，要鼓励个性化消费和个性化经济形态的发展，只要不违背法律和道德，社会就应予以尊重和包容。个人自主性选择的发展会形成不断创新的洪流，虽然其中有精华也有糟粕，但社会可以通过选择机制取其精华，去其糟粕，让优秀的文化成为社会的主流。如果不鼓励个性化发展，经济形态怎么能不断创新？个人的选择未必一定与社会的主流完全一致，但我们可以用选择机制来扬弃，所以，我们应该对个人的个性化发展有足够的包容度。低欲望社会的根源是人的全面发展不足，人的个性化发展不足，人无法找到自己的兴趣点，生活中缺少努力的激情，社会缺乏多样化发展。日本是个很好的例子，日本社会的刻板和单一化导致了低欲望社会。近年来新媒体的发展是一种全新的个性化发展的经济形态，主播在平台上展示其极富个性的人生，极大地激发了草根群体的个性化发展，也促进了个性化的消费。新媒体经济成为草根群众发展的新经济形态，使更多的人找到了自我发展的空间。因此，我们要尊重和保护个人的知识创造和文化创新，破除文化垄断和因循守旧。

（三）要建立个性化发展的支持机制

要建立人的自主与个性化发展的支持机制，这些支持机制包括完善的社会保障机制和社会均衡发展机制。政府的社会保障是自主性发展的重要经济基础，良好的社会保障使人民没有后顾之忧，而可以去追求更高的自我解放和个性化发展。社会保障极大地提高了人的独立性，极大地保障了人对基本生活的需求和对生活必需品的需求，从而为人的自主性和个性化发展提供了物质基础。

未成年人的学业竞争日趋激烈，考研热、考公热、考教师热背后反映的是体制内与体制外社会保障的差距，年轻人希望到社会保障好的部门工作。要为未成年人的自主与个性化发展创造更好的教育环境，未成年人是自主与个性化发展的最重要阶段，要给予孩子们更多的自主发展的时间和空间，减少作业负担，减轻孩子们的学习压力和竞争的外在压力，为孩子们的自主与个性化发展创造条件。升学竞争日趋激烈的根本原因是就业竞争压力增大，家长把优质的教育作为提高就业竞争力的筹码，要创造好的教育环境，必须创造好的就业环境，减少体制内体制外的劳动报酬差距和社会保障差距，减少就业竞争向教育领域的延伸。所以劳动保护和社会保障机制是自主与个性化发展的一种支持机制。

均衡发展能提高低收入群体的收入，也能提高落后地区群众的收入，从而提高普通居民的个性化发展能力。特别是要支持地区之间和城乡之间的人口双向流动，这有利于降低人口过于集中带来的高发展成本，减少住房、医疗、教育、养老等消费支出，从而增强自主与个性化发展的经济支撑。

第二节　人的合作性发展的经济动能

　　人的进步依靠发展，依靠社会团队的合作，人的价值需要通过团队的力量进行展现，合作是人的发展的基本动力。人类的群体性是人的发展的基本动力，马克思认为，人是社会关系的总和。每个人的发展都仰赖家庭、学校、单位和国家，人在与其他社会成员的交往合作中不断地成长，获得知识、提高学习能力、收获经验、纠正失误、得到平台。随着现代化进程的加快，团队对人的发展的意义更加重要，长期磨合的具有创新性的优秀的团队是社会最宝贵的财富，比实物资产更有价值。

　　高质量发展的社会要为人的现代化创造更高质量的合作性发展平台和合作机制，以优质的平台提高人们的合作效率，使每一个人更快速地成长，并把个人的力量聚合成强大的团队力量。现代化的社会能孕育出优质的家庭、学校、企业和政府，这些机构都是我们发展进步的基本平台；现代化的社会也能孕育出优质的文化科技，这是我们合作性发展的润滑剂和能量来源；现代化的社会还能创造出高质量的制度体系，这些制度体系规范我们的合作行为与合作秩序，激励我们为社会作贡献，同时从社会中获得正反馈和回报。

一、合作性发展对人的现代化的意义

（一）人的发展需要合作性组织的社会关怀

　　人是一切社会关系的总和。每个人从生下来那一天起，都在合作性社会的关怀下成长，经济增长的一个重要目的是建设更多高质量发展的社会组织，增强社会对人的关怀力。以人类进化史中智人与尼安德特人的竞争为例，考古学家认为尼安德特人的群落分布是十分零散的，一个尼安德特人群体的数量通常不会超过 20 人，而同一时期的智人已经具备了相当的团队合作能力，有的群居部落超过 100 人，大部落产生了较

为先进的种群结构，形成了更密切的合作关系，这是智人能够战胜尼安德特人的关键。合作性发展能增强人的自尊心和自信心，当人们感受到社会的关心和支持时，会找到自我价值，从而更有勇气去面对生活中的各种挑战；合作性发展能改善人的生活质量，社会关怀可以帮助弱势群体获得更好的医疗、教育、住房等基本生活条件；合作性发展可以促进社会公平和正义，社会关怀可以减少社会不公和歧视，使人们更加关注和保护弱势群体，让更多的人享受到社会的福利和机会；合作性发展可以促进社会的团结和增强社会凝聚力，让人们更加关注彼此的需要和利益关切。如果一个社会能容纳更多的高质量的合作性组织，则社会发展的空间就更大。

（二）合作性发展是人获得创新能力和提高生产效率的主要路径

合作性发展是团队力量的体现。在合作中，成员可以从彼此的经验和知识中学习，不断提高自己的技能和能力，有利于个人更快地获得专业技能；合作能促进团队、组织或个人之间的资源和知识共享，通过交流和合作，可以更好地利用现有的资源和知识，更快地推进创新；当多个人在同一个项目上合作时，能发挥每一个人的聪明才智，他们可能会产生更多的创意和想法，这些创意和想法可以在后续的讨论和改进中得到更好的发挥和完善，最终提高项目的创新质量；合作还能分担风险和压力，创新总是伴随着不确定性和风险，通过合作，可以将风险和压力分摊到不同的个人身上，从而减轻个人的压力；合作还能提供基于不同视角的看法以及不同的经验，不同的人或团队可能具有不同的知识背景、经验技能，通过合作，可以为项目带来不同的视角和经验，从而帮助项目更好地解决问题和推进创新；合作可以帮助人们共同学习和成长，在合作过程中，人们可以从其他人的经验和教训中获得认知，从而不断提高自己。总之，合作激发了集体的力量，使每一个人更优秀，缩短了个人学习时间，使个人快速获得创新能力，提高生产效率。

（三）高质量的政府型合作平台是现代社会发展的重要支撑

政府本身就是一个最大的合作性组织和平台。我们可以把政府看成全国人民的一个中心合作型组织，这个组织为民所有，为民服务，是全体人民合作共建的国家级组织，高效率的政府不仅能维护社会良性的运行秩序，维护公平正义，还能为人的发展提供大量的公共服务和合作型平台。从现代政府的职能发展来看，政府在社会发展中的功能越来越强大，在人的现代化发展中，承担着许多不可替代的功能。政府不仅要负责卫生、治安、国防、公共安全等社会性管理事务，还承担了教育发展、科技发展等公共服务功能；在现代经济管理体系中，政府不仅负责税收和财政支出的功能，还承担了调节社会收入差距、提供公共物品、实施宏观调控、促进投资与消费等经济职能；政府还是社会保障体系的实施者，通过社会保险和财政体系，构建起强大的社会保障体系，为医疗、失业、养老、住房、生育等提供强大的社会保障体系，极大地提高了人的可持续发展能力，维护了社会公平正义，促进了社会和谐。政府为人的发展提供了各类发展平台，高效运转的政府对人的发展具有极其重大的意义。

二、人的合作性发展的经济平台与组织

（一）高质量的市场机制与人的合作性发展

市场机制是人的现代化发展的重要合作机制，体现市场合作性的关键词是"交易"，交易机制本质上是一种合作机制，通过商品和服务的交易，让生产和消费社会化。市场通过价格机制、竞争机制和供给机制在全社会优化配置资源，鼓励高效率的企业在市场竞争中脱颖而出，提高全社会人员的边际生产率。交易机制让更多的个体和企业纳入社会合作体系中，在市场竞争中发展壮大，个人、企业等市场主体彼此成就，共同发展。

市场的深化是我们经常讨论的一个问题，更多的个体、更多的产品、更多的服务、更多的产权进入市场交易，通过线上、线下的产品创新，让更多的市场主体充分享受市场带来的收益，并回馈整个市场。市场的深化像空气中的水分子，渗透到我们生活中的方方面面，它促进了

生产的专业化，让每一个个体在生产中为社会作贡献，在消费中享受社会的服务。

虽然我们在市场深化中取得了很多成就，建成了全球最大的市场体系，并且深度参与全球市场，但市场深化的道路漫长且需要继续开拓。阻碍市场深化的因素依然有很多，突出表现在几个方面。

第一，市场主体的风险承担能力有待加强。市场主体要深度参与市场运行并融入市场分工体系，需要较强的风险承受能力。由于我国市场中部分个体的社会保障力度还不够大，尤其是失业保障体系没有建立起来，个人创业参与市场的风险承受能力受到限制。此外，个人的破产机制没有建立起来，个人创业面临的债务风险压力很大，导致个人创业的积极性受限。

第二，市场竞争的规范性有待加强。要让更多的市场主体和产品进入市场，必须建立统一、开放、完备、发达的市场体系，而完善的市场监管机制是实现公平、公开竞争的关键。目前，市场的规范化运行还存在很多挑战：金融机构的腐败现象仍然存在，线上交易的假冒伪劣现象依然较多，企业运行中的寻租现象经常被曝光。规范的市场竞争能促进市场竞争的深入开展，并能激励高效率的企业发展壮大，激励技术创新，促进新产品的投放，进而推动市场深化。

第三，需要促进经济的均衡发展。如果一个经济体中，广泛存在收缩型地区和收缩型产业，对经济体的市场运行和市场深化会存在较大的挑战。发展中国家的经济腾飞会经历较长时间的非均衡增长，在经济快速增长时期，非均衡增长主要体现为发达地区的快速增长，落后地区也会受益；但在经历高增长阶段，进入平稳增长时期后，如果继续坚持非均衡增长战略，发达地区的经济增长会延续，落后地区发展则会呈现分化态势：一部分区域会向发达地区靠拢，另一部分地区会进入收缩状态。如果收缩型地区扩大，覆盖较多的区域，就会面临较严重的市场衰落问题，相当一部分人口、产业、企业会从市场进程中掉队。所以，当经济发展进入新的阶段后，应该从非均衡增长适度转向均衡发展，让市场深化惠及更多的人口和区域。

（二）高质量的公共产品、公共服务与人的合作性发展

公共产品和公共服务是人的合作性发展的重要领域，公共产品具有共享性，有些公共产品还具有非排他性和非竞争性，公共产品的社会化提供，能推动人的平等与共同发展，对于提高全社会整体的生活质量，实现社会的均衡发展具有极其重要的意义。从现代发达国家的经验来看，公共产品和公共服务的提供占 GDP 的比重在逐步提高，尤其是社会保障和社会福利支出，在全社会中的支出比重逐步提高。

公共产品和公共服务解决最基础的生理性需要和安全性需要，为人的需求高阶化和人的全面自由发展提供了基础。在市场竞争条件下，有一部分居民会由于各种原因收入水平相对较低，如果政府能建立广覆盖，并且针对所有群体的社会保障体系，则能够保障低收入群体的生理性需要和安全性需要。低收入群体依靠公共产品和公共服务获得食物、住房、医疗、教育，从而能为人的全面自由发展提供支持。其实，不只对低收入群体，对其他群体也是一种心理保障，因为谁也不知道，自己或者自己的后代有一天会不会因为一些偶然性的原因而坠入到低收入群体。

私人物品由市场来提供，目的是提高供给侧的生产效率，激励创新，但有些物品无法依靠市场来提供，如非排他性和非竞争性的商品，就无法对产品进行分割售卖。而有些物品私人提供无法解决稀缺性问题，甚至加剧稀缺性，需要通过公共产品和服务来解决。比如海岛型大城市的住房问题，这样的城市土地极端稀缺，私人企业占有土地来提供住房，无法解决土地的稀缺性，甚至会带来资本对土地的控制，加剧稀缺性。如果土地由国家统一开发，采取类似于新加坡的住房供给模式，则会有更多的公民能解决住房问题。所以政府提供特定的公共产品和公共服务能解决稀缺性导致的"内卷"，使人们从稀缺性竞争的泥潭中解脱出来，但对于那些具有高供给弹性的产品，则可以通过市场经济来提供，市场提供这些产品会有更高的效率。

公共物品和公共服务要求有高效率运转的政府，政府是人的合作性发展的最核心的组织，政府利用自身的特殊地位，为全体国民提供高质

量的公共服务，降低特定物品的稀缺性，为低收入群体提供兜底保障，为其他群体提供风险屏障，能为全社会的和谐发展和人的全面自由发展提供支持。

（三）高质量的家庭与人的合作性发展

从经济视角看，家庭是人的合作性发展的基本组织，家庭给人提供收入支持、提供共同的消费联盟、提供风险共担机制、提供跨代的经济共同体。家庭也是财富传承和消费传承的重要载体，家庭使人们更努力地去追求收入和积攒财富，并且通过家庭来实现审美的代际传递，形成消费偏好和审美进化。

所以如果要追求人的现代化，一定要保护和支持家庭的发展，催生高质量的家庭单元。优质的现代家庭具有较稳定且完整的结构，有较强的风险承担能力，有较殷实的家庭财富，有高品质的生活，有较强的家庭文化氛围，当然更应该具有较平等融洽的亲情氛围。

高质量的家庭发展需要国家的家庭政策支持，市场化的发展使家庭面临诸多挑战。首先，是市场深化使劳动者面临更繁重的工作任务，市场收入的提高使劳动者更愿意把时间用在带来收入的工作上，而较少愿意花时间为家庭创造"非市场价值"。女性放弃工作进行家庭劳动的机会成本越来越高，结婚和生育都会在一定程度上影响女性的职业发展，很多女性在不自觉中推迟甚至拒绝了婚姻和生育。男性的工作时间延长后，照顾家庭的时间缩短，家庭陪伴减少，隔代抚养成为普遍现象。其次，市场的深化使人们的商品意识日益浓厚，婚姻的"交换"观念正在冲击人们的婚恋观。人们恋爱会更加看重收入和财富，财富对婚姻的支配在强化。最后，家庭面临更大的经济竞争压力，虽然吃、穿、住、行的条件在不断改善，但是随着就业的竞争压力传递到教育，再传递到住房，人们生育下一代的压力在增加，少生育甚至不生育的观念逐渐在年轻人中蔓延。

家庭在人的发展中具有极其重要的合作性发展价值，代际传承和家庭亲情对人的发展至关重要。家庭是人口繁衍的基地，而人口是经济发展的核心支柱，人口结构的恶化会严重影响经济的竞争力和发展力。家庭的合作机制会产生一种快乐的"增量效应",人们在其中获得温暖,获得精神关怀,并使孩子们获得精神成长,提升审美层次,还能转化为经济供给和经济需求。家庭的弱化会造成人口的收缩,从供给来看,人口的收缩会降低劳动力在人口中的比重,提高劳动成本,降低经济竞争力;从需求来看,人口的收缩会使消费更加"夕阳化",不仅消费羸弱的趋势日趋严重,还会使新兴产业成长缺少需求支撑;人口收缩还会大幅度降低资产的价值,因为需求的收缩会成倍地降低资产的估值,房产、股票的价值都将下跌。

(四)高质量的企业与人的合作性发展

高质量的企业对人的发展具有多方面的价值,这些价值不仅体现在个人的职业成长和收入提升上,还体现在团队对个人综合素质的提升、科研创新能力的提升、社会地位的提升以及团队合作带来的品牌等多个方面。

高质量的企业给社会发展带来巨大的推力,也为人的发展提供广阔且坚实的平台。我们看到像微软、苹果这样的企业在国家财富积累和科研创新中作出的巨大贡献,如果一个国家有很多这样创新性很强的大规模企业,不仅能为社会提供高质量的就业岗位,还能为社会提供高水平的创新平台和强大的竞争力。所以,人的发展的重要推动力量是企业的发展,要通过塑造高质量的企业来塑造高素质的人才,为人的现代化提供合作性发展动力。

高质量企业往往拥有多元化的业务领域和岗位设置,为员工提供更多的选择机会,使不同专长的员工能够根据自己的兴趣和能力找到最适合自己的岗位。高质量的企业具有清晰的晋升路径和完善的职业发展体系,能帮助员工规划职业生涯,明确发展目标,从而激发他们的工作积极性和创造力。

高质量企业通常具有较高的薪酬水平和完善的福利体系,能够为员工提供具有竞争力的薪酬待遇和全方位的福利保障,从而提高员工的生活水平和生活质量。高质量的企业能给员工提供稳定的职业发展机会,裁员的可能性较低,即使裁员,也会提供丰厚的离职补贴。高质量的企业还会通过股权激励等方式，将员工的利益与企业的利益紧密联系在一起，使员工能够分享企业发展的成果，进一步提高他们的收入水平。

高质量企业是技术创新的重要力量，它们通过不断研发新技术、新产品，推动产业升级和转型，为社会进步和发展作出贡献。高质量的企业还通过培养和输出高素质的人才，为其他企业和行业提供智力支持，进一步推动整个社会的发展和进步。

综上所述，高质量企业对人的发展具有多方面的价值，这些价值不仅体现在个人的职业成长和收入提升上，还体现在全社会平台的打造、创新能力的提升、经济竞争力的增强等诸多方面。高质量企业能够促进个人综合素质的提升、社会地位的提高，并增强个人对企业和社会的贡献。因此，选择高质量企业作为自己的职业平台，对个人的发展具有重要意义。

三、促进人的合作性发展的经济机制

(一) 促进生产要素流动，为人的合作性发展提供市场合作机制

我们可以把企业看作市场中的合作单位，高质量的企业是高质量合作发展的主要体现，具有强大创新能力和卓越生产效率的企业是现代经济的重要标志。高质量企业的形成，一方面，需要在国家的经济长期增长中形成，仰赖于国家在全球竞争中获得的高附加值产业链，仰赖于高效公平的市场机制对优质企业的甄别和长期竞争选择，仰赖于开放经济体系使各种生产要素可以流动与优化组合；另一方面，高质量企业的形成也仰赖于具有创新精神和创新能力的高素质企业员工。生产要素在企业间流动，就是人的合作性发展的优化组合，生产要素通过市场机制实现优化配置，是因为市场本身就有促进合作性发展的功能。要为人的合作性发展提供更便利的市场条件，完善市场平台，实现生产要素的自由流动。现实中，当生产要素在不同产业和地区之间流动时，尤其是人在流动时，会遇到各种障碍。因为人口流动涉及家庭的迁徙、子女的入托入学问题、住房问题、社会保障问题等，如果这些问题不解决好，人口

的流动会面临很多问题，所以要降低人口流动的成本，比如建立全国统一的社会保障体系、全国统一的住房保障体系、全国统一的生育保障体系等。

合作的低成本化和便利化是促进合作的重要条件，良好的基础设施、较低的税率、较高的风险承受能力、较低的资金使用成本和土地使用成本等都可以降低合作成本。土地、资本、知识技术等物质要素的流动性增强使要素获得更加便利，可以完善土地的流转制度，在提高对农民社会保障强度的前提下，适当促进土地的资本化，有利于农民的合作性发展；可以适当放松对人口密度较低地区的土地使用监管，赋予地方政府更大的土地审批权限，促进商业用地的流转；可以在竞争性领域适当放开资本管制，在垄断性领域也应当适当放松资本流入限制，促进以资本为纽带的合作性发展。

要为国际人才的流入提供有利条件，国际人才流入是我国人才队伍的重要补充，是推动人的合作性发展的重要力量。要提升社会保障强度和国家福利水平，增强对国际人才的吸引力；适当开放资本流入，吸引国际富人流入；增强中华文化的吸引力，海纳百川、兼容并蓄，建设开放包容的社会文化，促进国际友人到中国投资兴业、安居生活。

（二）弘扬契约精神，完善合作的制度机制

现代社会最宝贵的财富是"合作团队"，苹果公司的市值高达 3 万亿美元，其核心价值在于拥有一支高水平的科学家和工程师队伍，这支队伍通过高效合作，成就了现在的苹果公司。如果我们认识到合作的价值，就必须认识到合作文化和契约精神的重要性。契约精神是推动社会合作的"文化胶带"，它把不同的人聚合到团队中，最终形成最具价值的团队。契约精神尊重人的独立性、团队价值和合作价值，并通过尊重与诚实守信推动人与人之间的合作。

法治体系是合作性发展的基础条件，制度是推动人的合作性发展的"黏合剂"。市场中的企业制度、贸易制度是推动企业和贸易发展的基础。政府管理制度是推动政府性合作的重要基础，比如社会保障制度、国家强制保险制度、税收财政制度、扶贫制度等，这些制度是人的合作

性发展的重要机制，制度优化是提高人的合作性发展的强大动力。

（三）完善现代国家治理体系，建设高质量的政府主导型合作机制

在人的发展中，政府拥有极其特殊的地位，政府是社会合作的中心，本身就是一个强大的合作性发展组织，在合作性发展中具有不可替代的作用，但政府的合作功能是有限的。随着经济发展，市场组织在合作性发展中承担了主体作用，政府有强大的财政力量和行政管制力量，也掌握着制度的供给，强大的政府力量为合作性发展提供了中国特色的机制。政府通过在基础设施建设、国有企业、财政支出等方面为人的合作性发展提供转移支付、公共投资和公共服务。政府本身也是一个大规模的合作性组织，政府派生的权力组织和事业单位也是人们就业和职业发展的重要渠道。中国改革开放的一条重要经验就是以人民为中心，发挥政府在经济发展和民生改善上的强有力作用，政府在基础设施建设、区域产业发展、投资环境改善、城市化进程等方面展现了强大的推动力量。政府是合作性发展的最强有力的形式，应该引导社会朝向高阶发展、高效率发展，在经济社会发展中发挥重要的主导作用。

在经济发展新阶段，政府对人的合作性发展的推动作用将展现在新的方面，要促进国内大循环体系的发展，提高全社会的消费率，搭建全民奔赴共同富裕和共同发展的大合作机制，比如高质量社会保障体系的建设和完善。社会保障体系是社会经济合作性发展最具代表性的体系，从不确定到确定，从不稳定到稳定，从体制外到准体制内，从生存的忧患到生存无虞，社会保障体系的完善为人的发展实现了一次飞跃，为人的个性化发展和竞争性发展铺就了一条康庄大道。在高质量发展阶段，政府还在很多方面发挥其独特的功能，主导全社会合作性发展向纵深推进。

（四）建立完善的家庭发展支持的合作性机制，拓展家庭发展基础和发展路径

家庭是人的发展的基础性合作机制，重新找回家庭对人的发展的支

撑作用，是人的价值走向朴素化与纯真化的基础，是人格特质实现真善美的基础。从经济的角度看，家庭的高质量发展不仅能为社会输送高质量的人才和劳动力，还能提升全社会的需求水平，改善全社会的需求结构，促进经济良性循环，扩张社会财富的库容，提高全社会的经济发展质量。

家庭发展的合作性机制由一系列公共政策、公共产品和公共服务组成。完善的社会保障体系和高水平的福利经济制度、生育支持政策、弱势群体支持政策是家庭合作机制的主要构成部分。完善的社会保障体系是一种重要的合作性发展制度，社会保障能提高全社会对贫困的兜底能力，让家庭从绝对贫困中摆脱出来，无差别的社会保障是对低收入群体和失去劳动能力家庭的极大支持，能帮助家庭重新步入发展的轨道。

高水平的福利经济制度能适度均衡社会的收入分配和发展水平，国家通过财政力量，在税收和财政支出两端增加对富人的税收、增加对低收入群体的支出，从而降低收入差距。最重要的是，这种制度能够改善全社会的收入预期，人们对未来收入的乐观情绪将显著提升，更多的个体能够从金钱的桎梏中摆脱出来。

生育支持政策将加大社会对人口繁衍的投入。家庭作为人口繁衍的主体，能获得来自社会的生育支持，这将提高生育的经济收益，促进结婚率和生育率的提高，并能改变人们的价值观，减轻人们对婚姻生活和育儿的金钱压力，使婚姻减少对财富的依赖。

第三节　个性化发展与合作性发展的协同与人的现代化

一、个性化发展与合作性发展的对立与统一

个性化发展能激活社会的创新与创造能力，构建丰富多样的消费体系，催生社会多样化的经济形态。但个性化发展必须有合作性发展的平台，合作性发展能打造优质高效的企业团队，构筑温暖美好的家庭环

境，提供高质量的公共产品和公共服务。二者之间存在着个人价值和集体价值的对立与统一关系。

（一）个性化发展与合作性发展的对立

从经济的发展来看，个性化发展与合作性发展是矛盾的，个性化发展强调人的独立性和自由度，要给予个人更多的自由发展空间，并且要将社会较多的资源向个人倾斜。合作性发展强调集体发展的价值，强调公共利益，要给予集体更多的发展动力，并且将社会较多的资源向团队和集体倾斜。从经济政策来看，个性化发展要求更好地保障个体的个人权益，比如更高程度的劳动保护，给予劳动者更多的休息时间，但合作性发展强调集体价值和人的现代化发展，追求企业的竞争力和国家的经济效率，所以劳动力保护制度会更倾向于宽松且富有弹性，为企业和产业发展提供较低的劳动力成本；再比如福利经济制度，个性化发展需要稳定的经济基础和收入保证，福利经济显然会为个性化发展提供支撑，但是从国家的产业竞争力来看，福利经济需要的税收会成为产业竞争力的负担，而福利经济也会降低人们工作的意愿，劳动力市场价格将大幅度提高。我们不能回避类似这样的两难问题：是应该站在个性化发展的角度实施更严格的劳动力保护制度、更高水平的福利经济制度，还是站在企业和产业竞争力的角度实施宽松的劳动力保护制度和有限的福利经济制度？

（二）个性化发展与合作性发展的统一

个性化发展与合作性发展具有统一性。如果个人的发展能得到充分的尊重和保护，充分彰显人的生命的张力，激活人的创造能力和创新潜能，则能为合作性发展提供强大的动能。从现代国家的创新来看，个人创新能力的培养是国家创新能力的基础，尤其在青少年时期的创造能力教育，需要充分释放个人的个性化发展潜能，尊重个体的发展差异，激励青少年在不同发展维度的成长。产业发展的多样化也在推动个体的差异化发展，个体的差异化发展使创新生态更加丰富多样，呈现蓬勃发展的态势。而合作性发展则能为个体的发展创造良好的成长环境，由"家庭—企业—政府"构筑的社会合作体系能使个体处在社会发展的大平台之上，家庭的发展能给予个人更多的温暖和力量，企业的发展能给个人提供专业化的发展赛道，政府的公共产品和公共服务能极大地支撑个体从出生到老年各个阶段的发展。强大的合作性发展能减少个体的不确定性、提高个体发展的可持续性、降低个性化发展的风险、增加个性化发展的赛道。

二、从高质量的"企业"到高质量的"家庭""企业"和"公共产品及公共服务体系"，为人的个性化发展提供"三支柱"

市场经济的浪潮和经济增长大大提高了家庭收入，基本解决了家庭劳动力的就业问题，家庭成员的专业化发展赛道极大丰富。这些都归功于我们以经济建设为中心和坚持供给侧高质量发展的政策，通过构筑高质量发展的企业和产业，为个性化发展提供了专业化、多样化的就业机会。在新发展阶段，尽管企业和产业实现了高质量发展，但在家庭政策方面和公共产品与公共服务体系方面，鉴于家庭面临市场经济发展的极大冲击，经济政策需要思考如何构筑强大的家庭支持体系和公共产品与公共服务体系，为人的个性化发展提供坚实的保障。尽管家庭发展本质上取决于家庭成员的努力，但现代社会的发展使政府可以提供强大的公共产品和服务，为人的高阶化发展提供强力支持。比如，养老保障和养老福利可以极大地缓解人们对未来收入不确定性的担忧，使人们更自信且持续地从事自己认可的富有意义的创新、创业、文化创作或兴趣爱好；失业保障和失业救济制度可以极大地缓解家庭因失业带来的生存与发展危机，尤其是降低父母失业给未成年人带来的冲击，对于家庭的完整性和传承性有极大的意义；生育支持的福利政策可以显著提高生育率和结婚率，降低年轻人对婚姻和生育的压力，改善人们的婚恋观和生育观。此外，父母相对稳定的收入会深刻改善家庭的价值观，并对孩子的兴趣培养、价值观形成以及未来职业选择产生重要影响。

以企业和产业为中心的经济发展观重视低成本的经济发展环境，采取低税率、低福利的政策，但代价是家庭发展的弱化和共济性福利经济机制发展的不足，而家庭、公共产品和公共服务是人的个性化发展的强大支柱。在中国经济深入参与全球经济分工的背景下，低福利经济、低强度劳动保护能降低企业的劳动成本，使产业出口拥有较强的竞争力。但低福利经济、低强度劳动保护使中低收入阶层的收入占比相对较低，收入稳定性不够，中低收入家庭会面临较大的收入压力，劳动者工作时间较长，家庭收入的不确定性较大，家庭的生育养育功能弱化，进而影响到消费和财富的积累。国家的消费竞争力、财富竞争力和人口人才竞争力发展落后于产业竞争力。

基础设施建设是我国公共产品服务于人的个性化发展的成功典范。高水平的基础设施建设极大促进了全体居民深度参与市场经济，促进了劳动力流动，使更多的居民能够融入国家发展体系。同时，更多的区域获得市场化的发展动力，进而使更多的个体能够在国家经济体系中实现专业化发展。以移动通信领域的发展为例，4G、5G技术的普及使高速移动通信覆盖到全国几乎每一个地方，短视频和直播的便利化使数百万追求个性化发展的"网红"获得了实现自我价值的机会。然而，相比于基础设施的高水平发展，我国的社会保障体系有待进一步完善，福利经济的力度也有待加强。

福利经济的深化和劳动保护的强化显然会在劳动力市场对企业形成较大的冲击，亦会对国家的产业出口竞争力产生影响，但若持续依靠低成本的劳动力来获得国际竞争力，并不符合经济发展的根本目的，居民收入的增长和收入的稳定性才是我们经济增长的根本目标。如果为了产业的发展而一味地压低社会保障和福利经济在国民收入中的份额，虽然企业在中短期的经济竞争中拥有较强的优势，但是在中长期的发展中，个性化发展仰赖的国家公共产品和公共服务体系、家庭发展支持体系就无法建立起来，必将影响到人的个性化发展。随着经济发展进入高质量发展阶段，一定要建立起完善的社会保障体系、公共福利经济制度和家庭政策支持体系，为人的个性化发展提供坚实的社会平台。

家庭、企业和公共产品及公共服务体系在个性化发展中扮演着不可或缺的角色。它们相互关联、相互支持，共同为个体提供了一个多元化、包容性和可持续的发展环境。为了促进个性化发展的顺利进行，我们需要加强"三位一体"合作性发展支柱的建设,在"家庭""企业""公共产品与服务"三者之间找到平衡,不可偏颇,让三个支柱协同作用,形成合力。

三、塑造充满发展活力的个体,是家庭政策支持体系建设、企业高质量发展、公共产品与服务体系建设的根本要义

家庭政策支持体系、企业发展、公共产品与服务体系的核心目标,在于塑造充满发展活力的个体,让个体具有独立性、发展力、竞争力,并且具有个性化、专业化发展的特质。人们在讨论经济增长的动力时,尤其注重许多中介变量的驱动作用,如 GDP 增长率、资本存量、基础设施、企业和产业发展规模、品牌等,但会忽略一个根本问题,即经济增长背后的人的发展程度,尤其是个性化发展水平。个性化发展水平比人力资本有更丰富的内涵,人力资本更多指向生产侧的知识积累水平、劳动技能和创新能力,而人的个性化发展不仅包括供给侧,还包括需求侧的个性化发展:人的审美水平和理想追求、需求结构、需求偏好。

由于人的个性化发展往往是经济增长的结果,对经济增长的直接推动作用并不显著,因此我们总是忽略经济增长动力中的个性化因素,这导致我们在制定政策目标时,忽略了将人的个性化发展作为经济政策的直接目标。塑造个体的强大发展能力,塑造个性化发展的个体,才能催生强大的经济发展动能,并最终实现人的现代化的根本目标。比如,我们讨论企业竞争力的时候,经常讨论的是企业的经营战略、管理机制、科技创新等的内部问题,但企业的发展不仅取决于企业自身的发展策略,也取决于企业所处的需求环境、竞争环境和企业的人员素质。如果没有人的需求的进阶和扩张,企业的需求环境将变得十分恶劣,企业和产业的持续扩张将严重受限;如果没有人的创新能力的提升,企业的创新将停滞不前,无法在国家竞争中占据领先地位,产业发展的节奏只能是被动跟随;如果没有人(企业家)的持续创业和承担风险,新的经济形态就不会涌现,传统产业内的竞争将陷入内卷。

将个性化发展作为经济政策的重要目标,就是要将与人相关的经济

指标作为更加重要的经济质量衡量指标，如生育率、结婚率、失业率、居民收入增长率、收入差距、社会保障水平、消费者信心、生产信心等与人直接相关的指标。适度淡化中介类指标，如 GDP 增长率、资本存量、基础设施、企业和产业发展规模、品牌建设等指标，这些指标当然也非常重要，但是我们更应该重视与人直接相关的经济类指标。

个性化发展是一种奢侈品，但在高质量发展阶段，我们有条件直接关注支撑个性化发展的指标，因为我们的社会积累了较高的人均 GDP，有较可观的资本存量，有较好的基础设施，在国际经济竞争中有较好的产业竞争力，如果我们能将社会的发展动力更加聚焦于人的全面自由发展，将个体的发展质量作为新发展阶段的动力，经济的发展质量将上一个新的台阶。

第四章

市场价值、非市场价值
与人的现代化

在我们的观念中，经济发展的主要功能是促进市场价值的创造，亦即 GDP 的增长，在 GDP 的创造和 GDP 的增长的逻辑之下，经济发展要围绕关联的产业发展、就业率提升、出口增长等问题展开。但笔者认为，经济发展不仅要解决市场价值的创造问题，还有一类价值，我们将之定义为"非市场价值"，比如家庭劳动、家庭陪伴、个人兴趣满足、心理慰藉、环境价值等，这种价值不具有交易性，但对人的现代化有极其重要的意义。非市场价值与市场价值是构成人的发展价值的两个方面，不可厚此薄彼，高质量发展的经济体一定是市场价值和非市场价值共同发展的经济体。市场价值和非市场价值存在对立统一的关系，需要兼顾二者的发展关系，才能催生现代化的经济体和现代化的个人。

第一节 经济发展与两种价值的创造

一、经济发展中的市场价值和非市场价值

我们可以把社会创造的价值分为市场价值和非市场价值。市场价

值主要体现为可以用货币衡量的收入与财富，最直接的衡量指标就是GDP，具体到个人，最直接的指标是可支配收入。从市场价值的构成来看，包括劳动者创造的工资收入、企业创造的利润收入、其他生产要素（土地、知识、信息等）创造的各种要素报酬以及要素资本化后的资产财富，比如股票价值、房产价值等。市场价值具有可交易性，可以通过市场交易来进行变现。非市场价值无法通过市场来衡量，不具有交易性，不仅包括对人的发展和人的幸福带来效用价值，比如亲情、快乐、激情、宁静、舒适、安全感等个人情感上的需求和满足，也包括对社会长期发展的价值，比如人口结构、人均寿命、社会平等、家庭和谐、文化保护、空气质量、环境质量、生物多样性等社会价值，这些价值虽然无法通过市场交易进行兑现，但对社会的可持续发展具有重要价值。

市场价值是一种"显性"价值，因为可以实现货币兑现，所以给个人和家庭带来可以用货币衡量的价值，并且这种价值可以进行交易，可以获得其他的市场价值，比如股票资产变现后可以兑换为房产，房产变现后可以兑换为股票，所以市场价值具有很好的流通性。市场价值的增加源于要素报酬的提高和资产升值，如果劳动者在市场中能贡献更高的边际产出，则获得的劳动力报酬就更高，即工资水平更高；如果资产获得的边际产出越高，则获得的资产报酬更高，即利润率更高。所以市场价值与生产效率、经济发展水平有密切的关系。

非市场价值是一种"隐性"价值，不具有流通性，通常是个人的专属价值或社会的公共价值，且不可交易。比如，"快乐"无法被出卖或变现为货币价值。非市场价值的获得可以来源于市场价值，也可以来源于其他途径。比如，工资收入可以通过消费转化为非市场价值，如审美、快乐等，人们也可以通过工资收入购买医疗服务，获得健康价值。因此，市场价值能较容易地带来"非市场价值"。但非市场价值很难转化为市场价值，由于非市场价值的不可交易性，人们很难通过"工作"以外的方式来获得市场价值，"工作"某种意义上就是以非市场价值来换取市场价值：牺牲了闲暇、放松甚至健康来获得市场价值。除了工作，非市场价值变现为市场价值很难。非市场价值的不可比较性和隐藏性，使我们对非市场价值的认知不够。

非市场价值的获得除了通过"收入—消费"获得以外，还有非常多的其他影响因素，比如，人的审美水平、家庭的和谐、代际的传递、知识存量水平、创新意识及创新能力、健康状态、闲暇时间等个人生命状态的特质。这些因素有些与"收入—消费"有关，有些与"收入—消费"无关。如果人们拥有较高的收入，就一定能获得较多的非市场价值吗？显然不一定。比如健康，富人的健康状况并不必然比穷人的健康状况要好，因为富人普遍比较忙碌，并且有着资产保值增值的压力，且富人在工作中承受的压力和风险也较大，所以富人的健康状况并不一定比穷人好；再比如快乐，富人的心情状态并不必然比穷人要好，很多富人忙碌于事业，闲暇和消费时间甚至比穷人还少，且富人有较多的欲望，对自己的期望较高，所以并不必然就快乐。所以非市场价值的获取也和劳动时间、工作环境、工作节奏、社会环境、生态环境、经济压力、社会保障、未来预期等外部因素有关。

非市场价值不能交易，所谓"冷暖自知"，是个人的主观感受，不能外化，所以个人拥有非市场价值的多少无法比较。有很多东西不具备市场价值，但依然具有价值，市场价值只是可以交换的价值，但有些价值比如认知价值、家庭价值、健康价值等无法转化为市场价值，有很多创新活动也很难转化为市场价值，并不代表它不具有价值。正因为非市场价值的"隐性"特征，使得人们常常忽视非市场价值的重要性。虽然非市场价值不能转化为市场价值，但市场价值却可以直接通过"收入—消费"提高显性的生活水平，且也能转化为非市场价值，所以人们更重视市场价值的获得。因此，非市场价值不能转化为货币，是一种无形财富，而市场价值是一种有形财富，是一种购买力，可以满足很多需要。非市场价值的不可交易性和不可流动性使我们常常看不到非市场价值的重要意义，我们往往只看到那些可以变现为货币的价值。由于财富在竞争力中的重要地位，人们形成了对市场价值的偏好，而可能会忽视非市场价值的创造和价值提升。

二、市场价值如何促进人的发展？

（一）收入和财富是市场价值的集中体现，收入提高和财富增值是人们改变生活条件，获得更多发展机会的基础

经济发展使人均 GDP 提高，居民获得更多的可支配收入，家庭财富增加，经济增长给给人们带来巨大的市场价值。市场价值为人的发展创造了经济基础，收入增加为消费扩张提供了支撑，收入提升改善了人们的生活条件，提高了生活品质，丰富了消费样式，拓展了生活形态，促进了生活便利化，增加了人们享受生活的维度。收入提高和财富积累还提高了人们对于未来保障的乐观预期，人们更有信心去追逐全面自由发展，为实现自我价值而去坚定地面对各种挑战，从而拓展了人们自我发展的渠道。

市场价值的创造激励人们创新和提高效率，尤其是能促进科技的发展。市场深化使越来越多的产业融入市场竞争，参与社会分工，新产品越来越多，新行业越来越多，在追逐市场价值中不断提升商品和服务的生产效率，毫无疑问也在提高人的价值。

现代商品社会的发展，是市场不断深化的过程，在发展中国家经过经济腾飞进阶发达国家的经济实践中，一个关键的主题是"市场的深化"。商品、劳动力、资本、土地等更多的要素和资源被市场化，意味着通过市场竞争来配置生产要素；劳动力和资本在市场交易中获得回报，意味着参与市场分工，并创造市场价值；那些获得巨大市场回报的个人和企业，意味着经受住了市场的选择，在为社会创造价值的同时，也获得了市场报酬。所以市场价值的创造实现了生产者和消费者的统一，在一定程度上实现了社会发展和个人发展的统一。

（二）市场价值为国家发展提供经济基础

从国家来看，人均 GDP 是市场价值创造的核心指标，人均 GDP 的提升为国家发展提供了经济基础，社会各项事业的发展及政府提供的公

共产品、公共服务为国家的发展创造了巨大财富。经济增长为国家发展提供了不断增长的财政力量，公共财政能力的增强为教育、社会保障等人的发展的各项事业提供了强大的财政保障。改革开放以来，我国经济高速增长，财政收入也随之大幅提升，教育事业和社会保障的财政投入总规模迅速扩大，义务教育实现全覆盖，教育质量大幅度提高，高等教育已实现大众化，硕博士人才培养规模已居世界第一，人的发展取得了巨大的进步，这些都依赖于大规模增长的财政投入。

从经合组织国家的广义财政收入占 GDP 的比例来看，发达国家的财政收入远远高于发展中国家，反映出发达国家有更强的能力承担更多的"国家责任"，会将更高比例的国民收入投入公共支出中。这些"国家责任"包括养老保障、生育补贴、失业保障、医疗保障，以及教育、文化、体育等公共事业的支出，这些支出让更多的国民能享受到经济发展带来的成果，也让更多的低收入群体和低收入家庭得到国家福利经济的巨大支持。市场价值的成长有力地促进了家庭发展、落后地区发展、生育率提高、个性化发展，为人们获得更多的非市场价值提供了经济基础。

（三）市场价值为国家在经济全球化中提供竞争力基础

如果没有外在"显性"价值的竞争优势，一个国家很难融入全球分工体系，无法在全球经济竞争中立足。市场价值是每一个国家在全球竞争中获得竞争力的基础。资本形成需要市场价值的积累，人力资本的积累需要产业扩张和产业结构升级，基础设施的建设需要强大的财政力量，科技创新需要强大的产业和企业发展基础，这些都需要强大的市场价值作支撑，所以市场价值的创造和积累是一个国家在全球获得竞争力的基础。

市场价值具有极强的外在显性竞争力效应，只有那些成功融入全球化产业链的国家，才能在全球分工中获得丰厚的外汇收入。在国家发展的阶梯上升过程中，市场价值的创造是关键力量。产业结构升级会面临其他国家的激烈竞争，只有通过不断创造市场价值，为企业提供强大的研发投入能力、人才培养能力、人才吸引能力，才能持续推动产业结构升级，支撑更高水平的发展。此外，市场价值的创造还能推动人力资本积累、知识积累和产业扩张。

市场价值的创造使经济发达国家用强大的资金实力创造更强大的"非市场"竞争优势。发达国家利用其优越的物质条件创造高质量的生活条件、高质量的就业岗位、优质的社会保障吸引发展中国家的人才和资金，并且虹吸发展中国家的财富和资源。如果没有市场价值的创造和积累，发展中国家在发达国家的强大市场优势面前，无法获得发展动力，更无法与发达国家竞争优质的发展资源和发展成果，人的现代化就无从谈起。

（四）市场价值的增长为人的发展提供专业化的就业岗位

如果社会能创造更高的附加值，就可以容纳更多的产业和市场主体，为人的发展提供更多高质量的就业岗位。人均 GDP 越高，意味着社会分工越精细，丰富且高质量的就业岗位就越多，人的选择余地就会更大，而多样化的选择恰恰是人的高质量发展的基础。多样化的就业机会为人的事业发展提供了更多的选择，能使更多的人找到适合自身发展的工作机会，在差异化、个性化发展中实现自我价值。

现代制造业和现代服务业是高附加值、高效率的产业。其中，现代制造业是全球化程度最高的产业，生产效率高、技术创新程度高、人才密集，发展制造业能提供众多专业化程度高且收入高的就业岗位。现代服务业也能创造很多专业化程度高且收入高的就业岗位，教育科研、医疗服务、法律服务、金融服务、互联网、文化体育等现代服务业的岗位数量甚至超过制造业，是高收入、高学历群体的主要就业行业。

（五）市场价值为个人多样化的生活方式和高质量消费提供了收入基础

较高的收入和较高的财富积累既是人的高质量发展的结果和体现，也能促进人的高质量发展。收入的增长为人的生活水平提高提供了经济基础，人在消费的过程中获得体验感，获得快乐、激情、满足感，同时提升了某项技能，发展了某项兴趣，所以消费发展是人的发展质量提升的重要体现，是人的现代化进程的重要维度。较高的收入和财富使人拥有更高的消费能力，从而丰富人们的消费形式，提高物质生活的质量，使人的精神生活更加多元化。

市场价值的创造可以使人的生活方式更加多样化。较高的收入水平意味着人们拥有更多的经济权利和选择余地，能更自由地选择居住的区域、从事的职业，并能更加轻松地应对生活中的物质难题，如吃、穿、住、行等生存问题，减少对未来的物质焦虑，能更专注于事业和职业的发展，提升生活的体验，从而更大程度地释放个性发展的潜力，实现更全面的自由发展。此外，市场价值的创造可以促进消费，消费发展让人获得满足感和幸福感，也能促进精神文明的进步。消费还有利于社会群体的形成与社交生态系统的完善，使人们的交往更加丰富。在消费过程中，人们交流审美、分享快乐，并寻找自我价值。

三、非市场价值如何促进人的发展？

在经济发展中，个人在创业、就业、分配、消费等各个环节参与经济活动，人们不仅从经济活动中获得市场价值，也获得非市场价值，这些非市场价值虽然并不表现为经济收入，但与经济相关变量高度相关。这些变量包括就业质量、社会保障和福利经济、收入分配、竞争结构、消费水平等。

（一）就业质量、非市场价值与人的发展

就业对劳动者的市场价值是收入回报，这种收入回报既包括即期收入，也包括长期职业发展带来的更高的远期收入回报。但就业除了给劳动者创造市场价值以外，还为劳动者创造非市场价值。这些非市场价值包括以下四点。第一，劳动的成就感。我们非常认同劳动和事业发展能实现自我价值，特别是专业化的劳动和专业化的职业发展能实现人的自我价值；第二，劳动效率提高后劳动时间缩短带来的闲暇增加，可以为个人自由发展和家庭发展争取更多的时间；第三，劳动过程中平等的劳动关系能实现人的社会化需要。人们在劳动和职业发展中获得"社会交

往的需要"和"尊重的需要",促使健全人格的形成;第四,劳动和职业发展过程中团队成员之间互相学习,共同成长,满足了人们求知和自我成长的需要。

我们通常会把收入作为衡量就业质量的核心指标,但就业质量的高低不仅取决于收入,还与其他因素密切相关。

劳动保护是影响就业质量的第一个因素。严格的劳动保护会延长劳动者的休息时间,劳动者有更多时间去运动、照顾家庭、生育养育、发展个人兴趣爱好,等等。闲暇时间实际上是一种非市场价值。从微观经济学的角度来看,劳动与闲暇之间存在相互替代的关系,劳动者会根据二者带来的效用大小进行选择,但如果市场没有足够的劳动保护,劳动者作为弱势群体,很难获得选择权,常常会因企业或单位的各种紧急任务而牺牲掉休息时间。因此,如果没有严格的劳动保护,劳动者往往会面临各种加班。此外,劳动保护权还包括工作环境的改善以及企业严格落实社会保险缴费等权益,这些都能提升劳动者在就业中获得的非市场价值。

就业平等是影响就业质量的第二个因素。市场经济条件下,收入分化是必然现象,就业平等并不意味着收入完全平等,这不符合市场准则。市场的按贡献分配的准则一定会带来收入分化,但若第二次分配能提高低收入群体的收入比重,则能够降低收入的不平等性,更重要的是能够提高劳动群体在国民收入中的比重,强化就业平等性。另外,劳动保护也是增强就业平等的重要力量,如果严格落实劳动者的休息权,劳动者的弱势地位将得到改善,就业的平等性也会随之增强。

社会保障制度是影响就业质量的第三个因素。现代国家普遍将就业和社会保障进行捆绑式制度安排,一方面是为了鼓励就业,另一方面是鼓励企业承担社会责任。企业承担一部分职工医疗保障、失业保障、养老保障等社会保障是国民收入向劳动者倾斜的重要制度安排。企业参与劳动者的社会保障体系,是就业质量提升的重要标志,也能为劳动者的个人和家庭带来极大的安全感,是就业获得非市场价值的重要组成部分。

（二）社会保障、福利经济、非市场价值与人的发展

高质量的社会保障并不直接创造市场价值，但能给人的全面自由发展提供重要支持。人的发展中的一个重大课题，是怎么应对人的发展的不确定性和各种风险，比如经济周期和其他不确定事件对经济的冲击，比如疾病、事故、失业、养老等。政府主导的社会保障机制是应对不确定性的重要手段，而高质量的社会保障机制可以帮助个人应对生命周期内的各种风险。高质量的社会保障体系使人减少了"后顾之忧"，甚至消除了"后顾之忧"，真正从生存的焦虑中解脱出来，而能够追求更具意义、更能体现人的发展价值的理想；高质量的社会保障能让人增强对社会和国家的信赖感，人们对未来的预期从不确定到确定，从生存的忧患到生存无虞，社会保障体系让人的发展实现了一次飞跃，为人的个性化发展和竞争性发展铺就了一条康庄大道。因此社会保障能给人的发展提供极其重要的非市场价值。

社会保障能为低收入群体提供一种市场价值的支持，因为低收入群体的收入会因为社会保障而得以提升，但为中高收入群体提供的是一种非市场价值，因为谁也无法完全确定未来会面临什么样的风险。社会保障机制给中高收入阶层提供了一种安全感，这种安全感不仅对他们自己很重要，对他们的下一代、亲人、朋友也很重要。这种安全感是收入和财富无法完全替代的。在社会保障基础上，国家通过公共财政增加养老保障、医疗保障、失业保障的投入，构建了福利经济制度。福利经济制度强化了公共财政对居民收入和保障的支持，不仅提高了普通劳动者的市场价值，也进一步提升了全体人民的非市场价值，有利于人民获得一种安全感，一种对未来生活保障的安全感，并增强了人民的自信心和独立性，给社会带来了极大的非市场价值。

我们要赋予每一个人追求真、善、美的能力，如果没有生存保障和发展保障，人们就可能会缺少追求真善美的精神动力。很多人并非天生为恶，而是经历了失败、歧视、痛苦、仇恨、嫉妒才趋向于恶。虽然很多人在遭遇逆境后依然能坚持奋斗并选择善，但走向恶的概率大幅度提高了。如果社会能为每个人创造更好的发展环境，并为逆境中的个人提

供社会保障支持，那么走向"恶"的概率会大幅度降低。在追求"善"的过程中，人的能动性和创造性将得到极大释放，从而为社会发展注入强大动力。

（三）收入分配、非市场价值与人的发展

市场的按要素分配的准则是激励市场价值的重要机制，符合市场原则，在第二次分配中，政府按照平等发展的理念，对收入差距进行调节。收入差距的缩小能促进人与人之间的平等，而平等能创造巨大的非市场价值，对于促进人的全面发展具有深远的意义。

平等主要通过以下几个方面来推动人的发展。第一，激发潜能与创造力。在一个平等的社会环境中，每个人都能够根据自己的兴趣、能力和努力程度获得相应的机会和资源。这种无差别的起点使得每个人都有可能探索自己的潜能，勇于创新，不断挑战自我，从而实现个人价值的最大化。平等为个体提供了广阔的发展空间，鼓励人们追求自己的梦想和目标，进而推动社会整体的创新和进步。第二，增强自信与自尊。平等意味着每个人都被赋予同等的尊严和价值。当个体感受到社会的认可和尊重时，他们的自信心和自尊心会得到极大的提升。这种积极的心态有助于个体更加勇敢地面对挑战，积极应对生活中的困难，同时更加愿意与他人建立良好的人际关系，共同促进社会的和谐与发展。第三，促进社会资源的均衡配置。平等能促进人类发展成果在个人之间的均衡配置。人类文明积累了巨大的成果，这些成果有些具有共享性，有些具有排他性，平等能使这些人类发展成果惠及每一个人和每一个家庭，不论出身、性别、种族等差异，每个人都能享受到社会发展的公共资源。这不仅有助于提升整个社会的文化素质和技能水平，促进人力资本的形成，还可以为个体提供更多的发展可能性和职业选择，从而推动社会的多元化和包容性，进一步促进社会阶层的流动，更能使更多的家庭融入高质量发展的社会大潮中。

罗尔斯主张社会最弱势群体的利益最大化，显然有其合理之处。我们的社会工作的重心是鼓励强者还是支持弱者？罗尔斯给了最准确的答案，就是要支持弱者，让弱者拥有自由选择和自我发展的能力，因为强

者已经有这种能力了。市场的初次分配原则有利于社会收入最大化和税收最大化，我们可以容忍市场初次分配的不平等，只要不平等有利于提高最弱势群体的效用水平，并且能实现最大的福利支出，所以，市场原则必须遵守。但是在第二次分配中，国家的收入调控机制应尽可能照顾低收入群体，收入调控机制不仅能为低收入群体增加市场价值，还能为全体人民增加非市场价值，使最广大的人民获得安全感、平等发展的权利和稳定的未来预期。

（四）竞争结构、非市场价值与人的现代化

社会竞争是指在社会动态中，人们为了争取有限的资源、地位、名誉或其他社会利益而展开的一种竞争机制。竞争可以促进人们勤奋努力、求真创新、积极合作，是推动社会进步的激励机制。市场经济的发展使市场成为竞争的主要场域，市场竞争是对市场价值的分配，由于市场价值可以在一定程度上转化为非市场价值，因此非市场价值的分配实际上也会受到市场价值分配的影响，于是，市场竞争成为社会竞争的最主要也是最重要的场域。市场的就业竞争、收入竞争、教育竞争、房产竞争互相加持，成为影响市场价值和非市场价值配置的主要模式。

在市场领域，市场竞争的深化无疑能促进效率提高和资源优化配置，但在非市场价值的创造中，竞争有积极一面，也有消极的一面。比如稀缺资源的竞争问题，如果某种稀缺资源无法通过竞争来增加供给，或提升供给质量，这样的竞争就只会加重社会的成本，好比教育的竞争，学位总量是一定的，并不会因为孩子们持续熬夜而增加优质学位，也不会因为孩子们持续熬夜提高孩子们未来的发展能力。

市场竞争对非市场价值的支配也会导致非市场价值的减少，比如婚姻竞争，房产、礼金、收入等市场价值加入了婚姻的竞争，感情在婚姻竞争中逐渐式微，人们越来越依赖于通过提升市场价值来获得婚姻竞争优势，市场价值成为支配爱情的主要力量。这会导致相当多的男性群体，也包括部分女性群体在这种竞争中失败，可能无缘爱情和婚姻。市场竞争过多支配非市场价值的结果是导致人们只能看到短期利益和局部利益，比如，婚姻市场化后，人们更看重从婚姻中得到的市场价值，如果市场价值不匹配，一方很难接受另一方，结婚率因此大幅度下降，夫妻之间通过市场价值维系，如果一方的市场价值丧失，则婚姻就很脆弱，离婚率因此提高。投入感情、互相依赖、彼此成就的爱情会产生巨大的非市场价值，并能给孩子提供最温暖有爱的家庭环境，但市场价值和功利性诉求支配的婚姻有可能会淹没这些非市场价值。

社会竞争结构的优化要求社会在某些领域减少市场竞争的进入，特别是创造非市场价值的领域，减少市场对非市场价值的支配，通过政府提供公共产品或者人们的价值观进化来提高非市场价值的产出。

（五）消费水平与非市场价值

经济发展程度越高，非市场价值的重要性越凸显，因为越是发达的社会，越重视人全面自由的发展，而人的全面自由的发展，更多的是凸显在非市场价值的创造上。消费是非市场价值创造的载体，家庭、爱情、亲情、传承，这些情感因素的表达都需要通过消费来实现，所以消费能创造巨大的非市场价值。居民收入是一种市场价值，这种市场价值可以通过消费转化为一种非市场价值。在市场竞争中，只有通过增加收入才能获得消费的权利，这时候消费创造的非市场价值完全取决于收入，如果没有收入，就不能消费，也就不能获得非市场价值。对于低收入群体，特别是一些弱势群体而言，由于获得收入的能力有限，他们的消费水平就非常低，所以他们获得非市场价值的水平也就非常低。但与之相对的是，如果给予他们一定的收入支持，他们再将这种收入转化为消费，就能获得巨大的非市场价值。因为他们同样需要通过消费来表达爱情、亲情、友情、传承等情感因素，非市场价值在情感表达中得到了大量创造。

市场价值的不平衡配置导致了非市场价值的不平衡。由于低收入群体收入非常有限，因此非市场价值的获取能力也较差，如果全社会中低收入群体所占的比例较高，则全社会的非市场价值创造就面临不足。那么，提高低收入群体的消费水平就成为提升非市场价值创造能力的重要着力点。提高低收入群体的消费水平有多种途径，包括完善社会保障制度和福利经济制度，出台面向低收入群体的消费券政策、必需品低价格政策，出台落后地区的经济振兴政策，等等，这些政策都能提振低收入群体的消费，促进低收入群体非市场价值的创造。

第二节　市场价值与非市场价值之间的"挤出效应"

一、为什么个人、家庭偏好于市场价值?

对金钱的追逐是市场经济的共有特征，以收入为导向的市场经济当然要创造市场价值，但非市场价值也是一种非常重要的价值，可是人们为什么对市场价值更偏好？他们选择加班加点，拼命工作，不惜牺牲闲暇时间，放弃陪伴家庭，不恋爱、不结婚、不生育，甚至于牺牲健康，也要在市场中获得就业岗位和收入提升。主要有以下几点原因。

（一）市场价值有较好的流动性，具有更强的社会属性，能在一定范围内进行自由兑现

市场价值以货币形式储存，是一种直接的购买力。这种购买力可以使人们自由购买各种需要的商品、服务，也可以换取一定的非市场价值，比如通过购买医疗服务，获得更好的健康状态。但非市场价值很难转化为市场价值，除了付出时间去工作，其他的非市场价值很难直接兑换为市场价值。非市场价值之间的转化有特定的范围，兑现时间也比较漫长，比如亲情转化为健康，需要较长的时间。所以人们更愿意拥有市场价值这种"硬通货"，在需要获得某种价值的时候，可以很快地兑现。非市场价值的不可交易性使非市场价值几乎没有流动性，无法市场化，所以人们不可以从中获得金钱，但非市场价值可以内化为人的发展价值，推动人的发展和幸福指数的提升。

市场深化是社会深化的过程。市场深化使更多的个体和组织深度融入经济交易和经济合作，密切了人们之间的利益互换和利益依赖，是人类社会化进程的重要推动力量。市场深化还能促进区域经济一体化和全

球一体化，各个国家和民族在市场经济的大潮中加深交往和协作，密切了利益关系，塑造了全球命运共同体。科技的发展降低了人们之间交易和协作的成本，提高了专业分工对生产效率的贡献，进一步推动了市场化。更多的产品和服务被带入市场，使更多的商品和劳务具有市场价值。比如外卖平台，将原来家庭内部解决的日常餐饮进行了市场化、信息化和数字化，降低了小规模餐饮服务的运营成本，节省了人们做饭的时间，同时提供了更多的就业机会，发展了一个新兴的产业形态。这种市场深化促进了人口集聚和城市化，当然也促进了社会化，人们之间的经济交往更加频繁，彼此更加依赖。

（二）市场价值能使个人和组织获得"显性"竞争力

市场价值是一种直接的竞争力，可以转化为购买力，购买稀缺的资源和商品，如果没有市场价值，就没有这种购买力，所以市场价值是一种"显性"的竞争力。个人如果拥有足够的市场价值，就可以在一定程度内转化为教育、医疗、就业、婚姻等方面的竞争力。市场化必将获得一种竞争力，这种竞争力能使个人或家庭或其他经济组织获得生存优势，但非市场价值就没有竞争力吗？不是，只是非市场价值的竞争力是一种显示度较低的竞争力，需要通过长期转化才能形成竞争力。人们拥有的快乐、健康、家庭和谐会使个人拥有幸福和舒适，但转化为竞争力则需要一个很长的周期，并不能迅速转化为竞争优势。所以个人会对市场价值有偏好，金钱、财富在社会竞争中的优势地位使人更渴望获得眼前的市场价值。市场价值是那些具有交易价值的物品，能让人获得直接竞争力，人们基于竞争的压力会对市场价值形成偏好。人们会努力挣钱，获得收入，积累货币财富，然后就可以买优质的房子，就有底气追女朋友、结婚、生孩子、买学区房，再然后，孩子可以上好大学。

对于国家而言，逻辑相同，如果一个国家有足够的市场价值，则能通过投资促进产业发展和创新，通过公共财政促进基础设施建设，甚至可以通过财政补贴降低某个产品的国际价格，从而能从国际市场中获得源源不断的外汇收入，这种竞争力很直接。而非市场价值则是一种"隐性"的竞争力,需要通过间接途径释放竞争力,比如人才和人口的流入,人力资本的长期积累,财富的流入,人口结构的长期改善,需求容量的扩张,等等,非市场价值对经济循环的贡献需要经历较长时间。所以发展中国家在经济腾飞过程中,积累市场价值是获得竞争力最直接的办法。以市场价值为牵引,促进资本积累和人力资本形成,促进生产要素优化组合为企业团队,形成物美价廉的商品和高质量的服务,催生有竞争力的产业和经济形态,这样才能迅速在短期的经济增长中获得竞争优势,实现经济腾飞。

（三）市场价值可以转化为一定的非市场价值,但非市场价值较难在短期内转化为市场价值

非市场价值转化为市场价值需要较长周期。比如,通过锻炼可以实现强身健体,这是一种非市场价值的创造。强壮的身体也是一种竞争力,但强壮的身体必须通过劳动转化为竞争力,所以是间接的、长期释放的一个过程,并且伴随着辛苦。企业不会因为你身体强壮就给你多开工资,而是按照工作岗位的性质给你开工资,身体强壮可以胜任强度更大的工作,换来更高的收入,但需要很长的时间才能释放价值。所以,非市场价值转化为市场价值有一个长期的过程,而市场价值则是可以立即兑现的,具有更高的流动性。毫无疑问,专注于市场价值的竞争主体在短期竞争中会胜出,市场价值可以迅速转化为金钱,并具有购买力,但非市场价值转化为市场价值并获得金钱需要很长时间,所以人们更重视在市场中可以货币量化的市场价值。因此我们会看到很多大龄青年,因为担心婚姻会影响工作和收入,选择不谈恋爱或不结婚。

二、市场价值对非市场价值的"挤出效应"

商品经济的发展促进了市场的广化与深化。越来越多的群体被市场化,劳动参与率越来越高,退休年龄越来越高,女性就业率日益提高。越来越多的产业被市场化,原来被认为不可市场化的家庭卫生、家庭餐饮等的供给也被市场化了,但前提是女性走向工作前台,生育率降低,

退休年龄推迟，非市场价值的创造减少了。所以，经济增长的一个重要推动力就是市场深化，更多的要素被市场化，其中就包括更多的人口成为劳动力。发展中国家经济腾飞的一个重要前提是市场化，中国经济腾飞的一条重要经验是我们在市场化的进程中比其他发展中国家做得好很多。大规模高水平的基础设施建设、城市化、鼓励产业发展等使中国的市场化进程远远快于其他发展中国家。

市场化在推动市场价值创造的同时，会对非市场价值创造形成一种负面的"挤出效应"。以城市化为例，城市化毫无疑问会加速市场化，并促使市场的深化，特大城市生活的几乎所有人的衣食住行都市场化了，甚至做饭都不在家里进行，在外面吃饭和点外卖成为一种常态，这显然会降低非市场价值的创造，人们陪伴亲人的时间减少，工作的忙碌也使人们很少有时间去追求个人的兴趣和爱好，家庭结构越来越简单，结婚率和生育率大幅度下降，社群文化几乎消失，退休的大爷大妈反倒成为社群活动的主体，中青年人的社交更多的是一种工作社交。

由于市场价值具有较强的直接竞争力，而非市场价值只具有隐含的竞争力，因此人们为了持有市场价值，甚至愿意牺牲非市场价值。正是因为人们对市场价值的偏好，市场价值才会对非市场价值形成"挤出效应"。睡眠不足、工作社交、低结婚率、低生育率、长时间加班、留守儿童等社会问题，都是市场价值对非市场价值挤出效应的具体体现，市场价值对非市场价值的侵蚀已经成为现代社会发展的普遍问题。如果以非市场价值的损失为代价，或者掠夺非市场价值来获得市场价值，市场价值的发展就不具有可持续性，是一种低质量的发展模式。非市场价值蕴含着健康、幸福、快乐、爱、亲情、个人闲暇等"隐性"的价值，这些价值是个人和社会长期可持续发展的保证。市场价值发展一方面使GDP的增长突飞猛进，另一方面也使个人、家庭发展面临巨大的挑战，人们为了获取市场价值，会倾其所有力量，甚至不惜牺牲长期可持续发展动能，从而弱化了个体和家庭的非市场价值的发展。

所以我们看到家长拼命地工作，不愿意花钱也不愿意花时间消费，目的只有一个——攒钱，只有拥有足够的钱之后，才可以购买学区房，让孩子就读更好的学校，接受更好的教育。花费几代人的积蓄，只为了让孩子在未来的就业竞争中胜出，家长对学区房的竞争需求使市场价值的偏好远胜于非市场价值。在短期竞争压力的驱动下，人们用过度消耗的非市场价值来换取市场价值，以非市场价值的巨大牺牲来获得市场价值，则会使经济循环面临巨大困难。劳动时间过长会使人们产生消费疲劳，没有消费欲望，不能形成消费习惯，甚至损害健康，最终形成对非市场价值的"挤出"。

国家在全球经济中的竞争也凸显了市场价值对非市场价值的"挤出效应"。全球化使民族和国家面临激烈的市场竞争，为了获得贸易顺差、就业机会、高端产业链，国家会牺牲一部分非市场价值来换取市场价值，竞争全球分工的产业链条，从而使国家拥有更高的收入和财富，然后再追求非市场价值。大城市化、长工作时间、宽松的劳动力保护、低强度的社会保障都是"市场价值优先"的体现。

市场价值具有可交易性，非市场价值具有不可交易性，但市场价值和非市场价值的创造同样重要。在国家经济竞争中，我们专注于市场价值的竞争，比如商品竞争、产业链竞争、就业岗位竞争、资源竞争，等等，但国家间的经济竞争有更广泛的内涵，很多非市场价值虽然具有非竞争性，即其本身并不存在竞争，但非市场价值的创造要付出相当多的成本，并影响市场价值的创造。这时候就构成了一个矛盾，如果过度追求市场价值，则非市场价值的创造就会少，反之，我们要追求更多的非市场价值，一定会损失一部分市场价值。比如追求绿色发展，追求劳动者更多的个人可支配时间，劳动者享受的社会福利程度，等等，这些都是非市场价值。如果我们在竞争中专注于市场价值而轻视非市场价值，带来的后果是短期竞争力的高涨和长期竞争力的滑坡，短期竞争力取决于成本、价格、技术，但长期竞争力取决于人的发展、环境、制度、家庭、文化。

三、非市场价值的创造对市场价值的"挤出效应"

非市场价值的创造当然对市场价值的创造也会有"挤出效应"，最极端的例子是自然经济。那些市场化程度比较低的经济体，市场价值的创造很少，商品化程度极低，家庭非常稳固，人们的生活通过内向的经济生产实现自给自足，内向的非市场价值占据了人们劳动的主要时间，生产效率很低，分工程度很低，所以经济效率低下。虽然生育率很高，但人们的生活质量很低。这种情况可以视为非市场价值对市场价值的"挤出效应"。

发达国家的高度福利经济制度在一定程度上是一种"逆市场化"，当人均收入达到一定水平后，发达国家会非常重视非市场价值在经济发展中的贡献。加强对全民福利制度的建设，一方面是提高对中低收入群体的收入保障和发展支持，另一方面是提高劳动者在经济体系中的谈判权，加大劳动保护的力度，让劳动者有更多时间和精力回归家庭。我们看到福利经济制度降低了基尼系数，提高了低收入群体的收入水平，是社会均衡发展的有效机制。但福利经济对市场是一个巨大的冲击，劳动参与率下降，全职妇女增加，失业率提高，自愿失业大幅度增加，劳动时间缩短，企业成本大幅度提高，经济竞争力下降。欧洲国家尤其是南欧国家，福利经济制度形成了对市场价值的"挤出效应"，福利经济减少了人们的危机感和竞争意识，人们对市场价值的兴趣下降，失业率长期维持在10%以上，社会产业发展成本居高不下，产业空心化问题突出，经济增长极其缓慢。但欧洲国家的福利经济制度并没有因此退缩，这些国家已经将非市场价值的发展作为经济政策的重要出发点。

发达国家的经济发展面临市场价值和非市场价值的平衡问题。毫无疑问，单纯追求市场价值，只顾 GDP 增长的发展模式具有掠夺性；但不重视 GDP 增长，只追求福利的发展模式亦不具有可持续性，尤其是面临发展中国家的崛起和产业竞争，发达国家需要降低生产成本，重新重视市场化。所以发达国家需要对福利制度进行反思，不是要取缔福利经济制度，而是要对福利经济制度进行微调，让社会在市场价值和非市场价值的创造中保持平衡，既注重市场价值在国家产业竞争力中的重要性，也要注重非市场价值对人的长期发展的重要性，实现市场价值创造和非市场价值创造的统一。

第三节 经济发展新阶段要重视
和支持非市场价值的创造

人均 GDP 达到中等收入国家水平以后，国家的经济体系趋于完整，能更好地参与国际分工，并具备一定的国际竞争力。居民收入增长后，需要通过人的发展来支撑经济长期发展质量的提高，非市场价值日益凸显，因此要重视和支持非市场价值的创造。

一、人均收入水平越高越要重视非市场价值的创造

经济发展程度越高，非市场价值的重要性越凸显，非市场价值包括的平等、健康、幸福、快乐、爱、亲情、个人闲暇等，都是收入水平提高后人们生活质量提高的重要因素，我们更应重视需求侧管理。因为越是发达的社会，越重视人自身全面自由的发展，人的全面自由的发展，更多的是凸显在非市场价值的创造上。家庭、爱情、传承，这些是人类最容易获得爱、最能追求善良品质的领域，而人性中最高贵的价值就是爱和善良，这些领域才是创造非市场价值的主要来源。

以平等为例，市场经济存在内在的非均衡发展特质，居民收入差距拉大、地区收入差距拉大、城乡收入差距拉大、行业收入差距拉大等，这些现象都和市场竞争的马太效应有关。我们虽然要尊重市场的优胜劣汰机制和按贡献分配机制，但我们可以在市场机制之外，创造更多的非市场价值，降低社会的不平等程度。比如政府的公共服务、公共产品、社会保障、福利经济和收入调节机制，这些都能让市场中的弱势群体共享市场经济发展的成果。政府需要做的是在尊重市场机制的基础上承担更多的非市场价值的创造，实现非市场价值和市场价值的共同发展。

千万不要以为人的发展仅仅是收入和财富的增加，凡是人的潜能的释放和创新意志的伸展都是人的价值的实现，所以，经济多元化发展，比如知识、运动、文化、娱乐等领域的发展，也是人的发展维度，能使

人们在这些领域找到成就感和自我价值，实现高质量发展。罗大佑在《天赐的声音》第五季第一期里说，音乐表演是最幸福和最有成就感的事，其实，每一个行业都应该能让更多群体找到价值归属。

不要把所有的社会贡献都与市场价值回报挂钩。我们对科学家的创新活动有误解，认为好的创新活动一定有市场回报，这种看法是极端错误的。科学对自然规律的认知，是人类探寻真理的过程，这个过程并不必然伴随着市场回报，但会给人类带来极大的非市场价值。比如对真理的认知会给人类带来心理上的成就感，但这种心理成就感并没有市场价值。比如对宇宙真理的认知，可以帮助我们认知人类发展的命运，这种基础性的研究对人类发展有极大的意义，但是并不一定能有市场价值。所以，我们不能把一切的社会贡献都与市场挂钩。

非市场价值可以在长期转化为市场价值。非市场价值带来的贡献是人的长期发展，人口素质的提高、家庭发展质量的提高、文化的进步、社会结构的扁平化等，这些非市场价值的创造能在长期促进经济发展质量提高，促进经济需求的多样化、经济结构的多元化，提高社会创新驱动力，并最终在长期促进市场价值的创造，也就是促进经济增长。

二、避免过度市场化

市场深化可以促进商品和服务参与市场分工，进而提高生产效率，可是有些产品和服务并不具备市场化的基础，市场化并不能带来生产效率的提高，也不能增加有效供给，只会带来高昂的成本和内卷式竞争。这样的市场价值创造往往成本巨大，所以要避免该种产品的市场化，可以通过公共产品和公共服务的供给来解决资源配置问题。

避免过度市场化，还要防止资本对市场的垄断和掠夺，要防止过度市场化带来的负面外部效应；避免过度市场化，还要促进均衡发展，避免市场竞争带来的悬殊的两极分化，因为在严重两极分化的社会，人们的拜金主义尤甚；避免过度市场化，还要对劳动者进行保护，让劳动者有更多的时间回归家庭，创造非市场价值。

避免过度市场化，还要形成真、善、美的价值观。对真理的追求应该是第一价值观，在我国传统文化中，"立功、立德、立言"的排序说明我们并没有足够重视对真理的追求，"立言"仅仅排在第三位，应该将"立言"排在第一位，然后是"立德"，最后才是"立功"。价值观的第一位应该是追求真理，然后是追求善良，促进精神成长，最后才是事业发展，要避免社会上过度功利主义价值观对人的支配。对市场价值的过度追求其实正反映了显性的"立功"在人们价值观中的主导地位。

三、积极发挥需求侧管理在非市场价值创造中的作用

需求侧管理重视家庭在人的非市场价值创造中的作用，以人的需要和需求为政策的重要出发点，即可以实现人的非市场价值的拓展及代际传递。比如劳动者休闲时间的增加有利于生育率的提高，有利于增强亲子关系，有利于家庭养育和审美传递。这些非市场价值不仅有利于人的发展，也有利于扩张长期的社会总需求，推动经济增长，更有利于经济发展的成果惠及更多的普通家庭，促进经济价值转化为人的发展价值。人的发展价值可以拓展市场的有效需求，从而提高需求侧经济发展水平。经济发展的市场价值和非市场价值不可偏废，如果只是提高了市场价值，而没有非市场价值的支撑，我们会看到经济需求侧缺少个人和家庭发展的支撑，并在长期削弱经济发展的动能。

需求侧管理创造非市场价值，非市场价值又能为市场价值的形成创造条件。比如滑雪运动的拓展不仅密切了亲子关系，还能促进山区经济发展，推动经济多元化和均衡发展。这些发展既为人的发展提供了支撑，又为新的市场产业发展创造了条件，所以非市场价值和市场价值可以互相转化，相辅相成。比如政府公共财政提供的社会保障支持资金，会极大地增强居民的幸福感和获得感，同时会提高居民的需求能力，改善居民的需求结构，进而转化为市场需求，最终会转换为市场价值。另外，非市场价值体现在满足人们更高层次的发展需要，即尊重的需要、社会交往的需要、认知的需要、自我实现的需要等，这些需要即使不转化为市场价值，也对人的发展有极大的支撑价值，比如政府提供的公园和绿地，就为人的高水平生活提供了支撑。

市场价值的竞争通过商品化激励人们创造、创新和提高效率，尤其是科技的发展，使商品和服务可以市场化，并不断提升商品和服务的生产效率，毫无疑问也提高了人的价值。问题的关键是如何找到市场价值和非市场价值的共生机制，在相辅相成中发展壮大，并促进人的发展。

我们在经济发展中面临两难选择，市场的深化使人获得更多的市场价值，但市场的深化也使人面临非市场价值的损失。市场编织了一个巨大的网，锁住了每一个人，让人成为市场的一个终端，人们在市场交易中获得各种需要，但却要放弃很多个人和家庭的时间和空间：缺少时间照顾家庭，没有时间和家人充分交流，甚至没有时间谈恋爱、结婚、生育，放弃了大量的非市场价值。但如果我们要追求更多的非市场价值，追求个人兴趣、照顾家庭，个人就可能没有足够的时间和能力融入市场，没有时间把自己塑造成为专业化的人才。国家的经济发展也一样，我们融入全球化分工，进行更专业化的分工，民族和国家就会面临激烈的市场竞争。为了获得贸易顺差、就业机会、高端产业链，我们会推动市场深化；为了降低成本，我们会通过延长劳动时间来获得竞争优势，以牺牲一部分非市场价值来换取市场价值，抢占全球分工的高端产业，从而使国家拥有更高的收入和财富。大城市化、长工作时间、宽松的劳动力保护、养老保险金的低缴费等都是牺牲非市场价值换取市场价值的体现。

需求侧管理能很好地兼顾市场价值和非市场价值。以非市场价值的损失为代价，或者以牺牲非市场价值来获得市场价值，这种发展不具有可持续性，是一种低阶的发展模式。需求侧管理能有效地实现市场价值创造和非市场价值创造的统一，既能将市场价值转化为非市场价值，又能将非市场价值转化为市场价值，获得社会竞争力，从而保持国家经济发展健康且有活力。

四、重视家庭在非市场价值创造中的核心地位

家庭是经济政策的中心还是企业是经济政策的中心？家庭是收入向需求转化的中心，是人的发展最重要的支柱，是需求扩张和需求结构升

级的动力源泉，是生育和养育的功能单位，是高质量生活的源泉。同样的月收入，生活质量差别会很大，因为家庭的消费结构和消费模式不一样。有些人有大量的时间陪伴孩子，有些人则忙于工作，没有时间，只能长期在外就餐，不同家庭创造的非市场价值显然不同。

增加国家对家庭的政策支持力度。家庭和企业是经济循环的两个中心，企业是供给侧经济发展的中心，但供给侧的发展创造的是市场价值，家庭的发展创造的是非市场价值。企业的发展可以通过市场机制来获得，而家庭的发展更需要政府的支持。比如家庭的就业问题、收入问题、生育问题、养育问题、需求扩张和需求结构问题等。以前我们认为解决了供给侧的问题，就能解决好需求侧的问题，有了企业，就能有就业机会，就有收入，就能有财富积累，然后就会有幸福的婚姻，就能好好培养下一代。但是 GDP 提高后，我们发现供给侧的经济增长并不能解决一些家庭发展的问题，包括：一是收入差距拉大后家庭发展差距的问题，二是劳动市场中劳动者弱势地位的问题，三是家庭面临的商品化冲击问题，四是劳动者的社会保障问题，五是经济竞争力向人的发展竞争力转化的问题。政府的家庭政策是解决家庭发展问题的重要支撑，家庭政策甚至比产业政策更加重要。并不是说产业政策不重要，而是家庭发展政策具有不可替代的重要性，尤其在人均 GDP 达到中等收入国家水平以后，家庭政策对非市场价值的创造更加重要，需要推动一系列的家庭政策来推动家庭发展，尤其是福利经济政策。

五、通过财政杠杆来保护非市场价值，支持非市场价值的发展

如何在政策上鼓励非市场价值的创造呢？这就需要国家的财政杠杆，福利经济、公共服务和公共产品的供给是创造非市场价值的重要路径。

福利经济能改变人们对市场价值的过度偏好。人们对市场价值的过度偏好，非常重要的一点原因是市场价值给人带来的安全感。人们持有货币以备不时之需，在有紧急需要的时候，货币似乎是最具交换价值的

东西。但如果国家能建立完善的福利经济体系，帮助人们应对医疗、失业、养老和基本的住房问题，帮助弱势群体应对各种生活的挑战，则人们就不会缺少安全感，对货币财富的过度偏好就会降低，人们就会去追求家庭发展、个性化发展、自我实现等非市场价值。

公共服务和公共产品供给的增加能改变人们对市场价值的过度偏好。公共服务和公共产品供给的增加能改善市场特定商品的稀缺性，比如义务教育阶段的公办学校的高质量供给会减少对私立学校的竞争，降低货币财富在学位选择中的支配地位，而当人们习惯于公办教育，并且公办教育的差距较小的时候，人们就不会疯狂竞争学区房。所以各地推动义务教育均衡发展，是减少人们对市场价值偏好的极具积极意义的举措。未来，随着政府财政力量的增强和技术手段的提高，公共服务的效率将越来越高，公共服务和公共产品覆盖的范围也越来越广，这将减少人们对市场价值的过度依赖，也能减少市场商品的稀缺性，从而改变人们对市场价值的过度偏好。

六、通过"税收—福利支出"降低收入差距，促使人们增加对非市场价值的偏好

过高的收入差距会带来社会阶层的分化，会让低收入群体产生较大的收入落差，并使富裕阶层的优越感突出，进一步使低收入群体的失落感加剧，刺激低收入群体对市场价值的渴望。

从市场经济的发展来看，市场经济是非均衡发展的经济，特别是数字经济时代，资本和技术作为生产要素深度参与收入分配，基尼系数呈现拉大的趋势。我们并不否认按要素分配的合理性，市场经济条件下，按要素分配能激励要素主体积极参与经济生产，为经济发展作贡献，但在市场之外，政府需要在收入分配中承担收入调节的功能，既要保护要素所有者创造价值的积极性，也要抑制收入差距扩大的分化趋势。

收入差距的控制机制主要是税收和福利经济体系。对高收入群体实施的个人所得税制度和对高净值群体实施的财产税制度是基本的税收调节制度。我国的个人所得税制度已经比较完善，但针对高净值群体的财

产税制度还没有建立起来，建立财产税制度能增加税收收入，也能将富人获得的市场价值通过税收机制调剂给低收入群体。

根据罗尔斯收入分配原则，为了遵循低收入群体收入最大化的逻辑，在制定税收政策时应考虑最优税率，假定低收入群体的收入为 A，高收入群体的收入为 B，政府通过对高收入群体征收税率为 T 的税收，再转移支付给低收入群体。税收会给经济带来两种效应，第一是高收入群体收入的下降，假定税收后会形成经济收缩效应，即税收会抑制投资和生产，高收入群体的收入就会下降。我们假定高收入群体收入下降幅度为 β，β 为高收入阶层收入对税收的弹性系数，假定 β 为固定值，则高收入群体的实际收入将降低到 $B(1-\beta)$，高收入阶层的实际税收总额为 $B(1-\beta)T$；税收带来的第二个经济效应是投资的减少，投资减少会带来劳动力需求曲线的移动，从而使低收入群体工资水平下降。假定低收入群体工资水平为 W，工资水平下降幅度为 α，α 为低收入阶层收入对税收的弹性系数，α 与 T 相关，T 越高，α 值越大，低收入群体收入下降幅度越大，所以我们可以构建一个 α 关于 T 的函数：$\alpha = f(T)$，则低收入群体的工资将降低为 $W[1-f(T)]$；若富人的税收通过第二次分配转移给低收入群体，则低收入群体的收入 $I = W[1-f(T)] + B(1-\beta)T$。为找到最佳税率 T，要使 I 取最大值，则必须满足一阶导数 $dI/dT = 0$，对 I 关于 T 求导，得到 $-Wf'(T) + B(1-\beta) = 0$，其中 $f'(T)$ 是 $f(T)$ 对 T 的一阶导数。我们可以发现，从市场价值来判断，如果税率对富人税收贡献的抑制效应与对穷人工资的抑制效应之和大于穷人从税收转移中获得的收入，则税率就应该降低，反之，税率就应该提高。最优税率取决于税收转移给穷人带来的收入提升与税收对穷人工资水平及富人税收贡献的抑制效应之间的比较。这种价值充分遵循了穷人收入最大化的逻辑。

全民享受的福利经济制度是中低收入群体收入保障的重要支柱，也是提高中低收入阶层现实收入水平和预期收入水平的重要机制。福利经济的建立和深化将极大地纠正群众对市场价值的过度偏好。福利经济是对社会保障事业的深化，国家公共财政支出从保投资、保日常运转到福利型财政的转化是现代经济发展的必然趋势。福利经济为人的发展提供了"稳定的收入",收入稳定将极大改善人们对未来收入的不确定性预期,对优化人的价值取向至关重要。有了优质的社会保障,可以缓解社会群体对未来风险的担忧,从而能使社会个体更从容地追求自我发展,而不必为了市场价值殚精竭虑,也不至于过度陷入生存的担忧而失去理想,从而使人们可以更从容地去追求非市场价值。

第四节 如何在非市场价值的创造中兼顾市场价值的持续提升?

市场价值和非市场价值的创造都很重要,经济良性循环的本质就是市场价值和非市场价值之间的相伴相生、相辅相成。如果只重视市场价值的发展,而忽视非市场价值的发展,这样的经济增长最终会被市场的拜金主义所"反噬",市场价值的发展会对人的自身发展动力形成"掠夺",最终也必将丧失市场价值发展的动力。反之,如果只重视非市场价值的发展,而忽视市场价值的发展,经济的市场化程度就会降低,无法促进分工和专业化,经济效率就无法提高,甚至倒退,经济竞争力将会衰减,社会将陷入贫困,非市场价值的创造也就没有经济基础。一个优质的社会,必然是兼顾市场价值和非市场价值的社会,既能保持经济的高效率运转,也能兼顾人的全面自由发展,在非市场价值的创造中夯实经济长期发展的人口基础、家庭基础和文化基础。

要兼顾市场价值的创造和非市场价值的创造,平衡好二者之间的关系,关键是找到市场价值和非市场价值的共生机制,在相辅相成中促进二者的协同发展,在经济增长中促进人的全面自由发展。

一、应看到非市场价值对市场价值创造的长期作用

福利经济、绿色发展、劳动保护、均衡发展等议题都是非市场价值的政策,如何在这些政策的实施中保持经济的效率、竞争力,如何在非市场价值的创造中继续增加市场价值的创造,这是我们成功推进这些政

策要思考的问题。如果以市场价值的牺牲为代价，去获得非市场价值的发展，毫无疑问行而不远。在短期的政策推进中，非市场价值的创造不可避免会冲击市场价值的创造，但在长期，可以通过非市场价值的创造来推动市场价值的创造，形成良性循环。

非市场价值有利于提高社会的长期创新驱动力。创新驱动力来自三个方面，一是产业发展基础，尤其是制造业的产业发展基础；二是基础研究水平，即国家的科学发展水平和科学家队伍水平；三是终端需求发展层次，即居民对新兴产业和高端消费品的接受程度。大家更倾向于认同产业发展基础对创新的支撑作用。但也不能否认另外两个因素对创新驱动的贡献。第一个因素取决于经济体人均 GDP 总量水平，即市场价值创造的水平，产业发展好，市场价值创造较多，则创新驱动能力强；第二个因素一定意义上取决于人的发展水平和社会的创新精神，科学家能够长期不懈地追求创新，需要从小接受创新精神的教育、创新能力的培养，科学家潜心研究需要良好的发展环境，需要社会、家庭对其支持，这都需要非市场价值的发展；第三个因素既取决于人均 GDP 收入，也取决于人的发展水平和非市场价值的创造水平。人的发展能培养人的审美能力，较容易接纳高层次的审美，提高人才需求的层次，从而能支撑新型产品和新型服务的需求，拉动经济走向创新式发展。

所以我们要看到非市场价值在长期对市场价值创造的驱动作用。虽然劳动保护、福利经济、绿色发展、均衡发展在短期会提高经济发展成本，影响市场价值创造，但我们应看到非市场价值的长期作用。非市场价值促进了社会和谐发展，保护了人在发展中的"第一属性"，只有看到非市场价值的长期作用才能意识到非市场价值和市场价值有内在的共生性。

二、如何在鼓励非市场价值的创造中兼顾市场价值的发展？

支持非市场价值的创造并不是要否定市场价值在经济发展中的重要作用，相反，二者要划清边界。在市场竞争领域，市场价值有其重要作用，在公共产品和公共服务领域，在家庭和个人的可持续发展领域，要重视非市场机制的创造，二者并不矛盾，甚至要相辅相成。

比如劳动保护，如果能够在全国范围内建立无差别、统一的劳动保护体系，显然有利于劳动力的流动，促进劳动者创造市场价值。当前，我国劳动力市场并不统一，壁垒和分割因素还存在，体制内和体制外的劳动时间差别较大，体制外的劳动者休息时间执行得并不严格，体制内和体制外劳动者的"五险一金"缴纳情况差距较大，城乡之间劳动者的居民养老和职工养老体系存在较大差距。如果能建立无差别的劳动者保护制度，不仅有利于劳动者的市场化，也能促进劳动者在城乡之间的双向流动，促进农村生产资料的市场化，从而推动乡村振兴和城乡均衡发展。

西方福利经济国家面临的一个难题是高福利背景下市场价值创造不足的问题。很多福利经济国家陷入高福利的泥潭，个别国家甚至出现了经济崩溃。福利经济对托举低收入群体的生存发展，促进社会的平等，推动社会的公平正义具有重要意义，笔者也一直强调福利经济对非市场创造的重要意义。但在福利经济发展的过程中，一定要兼顾国家的市场竞争力和市场价值的创造，如果没有足够的市场竞争力，在经济全球化的背景下，产业发展会空心化，供给侧没有足够的就业岗位，不能创造足够的投资和生产要素积累，财政收支状况恶化，最终会债台高筑，福利经济也将无法维持。

那些过度强调福利经济的国家忽视了市场价值创造在现代经济发展中的基础地位，要从以下几个方面保护好市场经济体系和市场价值的创造。第一，福利经济不应该影响到劳动力市场的弹性。劳动力市场的弹性意味着生产要素市场组合的自由性，企业能根据市场情况优化好自身的要素配置，并保持企业的市场竞争力。强大的工会是发达经济体的重要特征，但要保证资方对劳动力的雇佣有一定的话语权，工会力量和资方力量要保持平衡。第二，要保证财政收支的适度平衡，不能无限制地实施政府债务扩张。财政收支的适度平衡对国家长期竞争力非常重要，政府是信用扩张的重要主体，如果国家财政长期失衡，意味着国家在长期经济信用扩张中功能的式微，国家长期经济增长和竞争力缺少了一个重要的支柱。第三，要保持国际收支的适度平衡。国家的经济竞争力能从国际收支中反映出来，经常项目要适度平衡，资本金融项目也要适度平衡。如果经常项目收支出现严重逆差，意味着产业竞争力出现严重问题，需要通过适当的产业政策来优先支持经常收支回归平衡；如果资本和金融项目收支出现严重逆差，意味着金融竞争力、财富竞争力和福利竞争力出现了严重问题，需要通过强化福利经济体系建设、劳动者保护和投资环境优化来吸引资本和金融项目的投入。

三、让"非市场价值"向"市场价值"转换

市场价值和非市场价值可以互相转化。非市场价值可以促进家庭发展、生育率提高，促进人的更全面自由的发展，最终转化为高素质的劳动力，从而创造市场价值；市场价值可以转化为非市场价值，创造更高的收入，节省劳动时间，提供多元化的就业岗位，拓展更广阔的发展渠道，促进人的流动，给创新提供发展空间。市场竞争通过商品化激励人们创造、创新和提高效率，尤其是科技的发展，使商品和服务可以市场化，并不断提升商品和服务的生产效率，毫无疑问也提高了人的价值。

通过非市场价值的市场化，能够激励非市场价值的创造，并发挥竞争机制在资源配置中的功能。绿色发展的一个重要机制是将非市场价值转化为可衡量且可交易的市场价值，比如碳排放权交易制度、碳税制度、资源税制度、碳关税制度、生态补偿制度等。非市场价值向市场价值的转换，是解决非市场价值无法流动和交易的重要手段，也能在创造社会效益的同时，创造经济效益。绿色经济是当今世界非市场价值向市场价值转换较成功的案例。绿色经济发展毫无疑问会提高经济发展成本，但通过对科技创新的激励，绿色技术逐渐获得了市场竞争力，如光伏发电的成本竟然可以低于煤炭发电，所以我们所追求的绿色发展可以通过绿色技术的市场化来实现推动。

碳排放权交易制度是人们将绿色发展进行市场机制设计的重要创新，将碳排放作为一种市场价值进行出售，从而逆向促使绿色生产对传统生产的替代，是人类的一项伟大发明。政府通过将碳排放纳入收费管理，成功地实现了碳排放权的市场化，也使绿色生产实现了市场价值，

通过市场机制激励了绿色生产和绿色消费。碳关税制度也是一种绿色发展的市场化举措。绿色发展一定是一个全球性的议题，只有全球的通力合作，才能实现真正的绿色发展。碳关税制度通过设置域外和域内企业相同的绿色发展成本，解决了绿色生产的市场价值问题，让绿色生产成为全球市场价值的一部分。

当然，只有部分领域的非市场价值能够直接实现市场化，大多数非市场价值具有隐蔽性、非显示性、非竞争性、个体性和家庭性等特点。这些非市场价值的创造只能通过政府提供的公共产品和公共服务实现对家庭、个人的支持，并通过价值观的引导来鼓励创造。

第五章

国家经济竞争力与人的现代化

人的现代化进程中不可回避的问题是"现代化竞争"。国家是经济全球化竞争的主体,竞争的成功与失败不仅关乎现代化进程的"快"与"慢",甚至关乎"成"与"败"。任何一个国家要寻求迈入高收入门槛,拥有现代化的经济基础,必须扛起激烈的国际竞争。随着全球分工的深入拓展和国际合作的密切展开,一个国家只有获得足够的国际经济竞争力,方能在全球化时代获得高价值回报,拉抬国内收入水平,为人的全面现代化提供基础。

国家经济竞争力的培育是经济发展中不可缺少的支点,怎样才能获得更强劲的竞争力?现代国家的经济竞争力来自多方面:产业、金融、人才、消费等都是竞争力生成的重要方面,而人的现代化在竞争力培育中的主导作用越来越显著,现代国家的经济竞争力生成路径,本质是人的现代化在经济领域中的外化。

第一节 国家经济竞争优势与人的发展

民族国家的经济竞争强调的是国家整体利益和意志,而人的发展更关注每一个成员在经济发展中的就业机会与可选择性、收入水平及收入稳定性、社会保障水平、个人可支配时间等微观条件,国家的经济发展与个人的发展既统一又对立,需要辩证对待两者关系。在浩瀚的人类历史中，不同的历史阶段，民族国家的经济竞争和人的生存与发展面临不同的经济环境和国际环境，我们主张用历史阶段论的观点来看待国家经济发展与人的发展问题。

一、国家面临激烈的国际竞争压力，国家竞争力与人的发展既对立又统一

在近代以前，资源的稀缺性和人口的增长使资源的竞争性使用加剧，一旦资源稀缺性上升到不足以满足所有民族的需要时，民族之间的竞争与冲突就会加剧，最典型的就是战争。近代以前，战争成为民族国家竞争稀缺资源的重要方式，围绕土地、矿产资源的战争此起彼伏，战争成为一种残酷的资源配置方式。在当时的条件下，人类无法在和平的条件下去解决所有民族的生存问题，于是才通过这种最惨痛的方式来形成均衡。现代国家边界的形成，几乎都是通过战争来确立的。战争的残酷性在于它是以牺牲人的生命为代价的，年轻的战士为了民族的未来献出宝贵的生命和美好的人生，或者一辈子带着伤残面对生活。国家的生存是以一部分人的生命与发展为代价的，其他人则在国家的发展中有更好的生存空间、职业发展机会和事业发展机会。战争的威胁使社会必须确保高度的集中统一，伴随着等级制、个性化发展的抑制、社会的禁锢与封锁，个人的个性化发展和自由发展显然被抑制。国家竞争的压力总使我们忽略个人的追求和个人发展的价值，所以近代以前，民族国家在应对外来侵略危机时，总是优先发展军事力量，而在民生型公共产品和公共服务的投入上较少。

近代以后，市场经济的兴起和经济全球化改变了全人类经济竞争形态，市场经济的分工、合作、创新、产业升级拓展了资源利用的边界，也使人的发展空间大大拓展，民族国家间的共存性大大增加，共同发展的格局初步形成，但民族国家一样需要保护民族经济利益。支柱产业的市场份额竞争、关键产业链的竞争、高附加值产业的竞争等成为民族国家经济竞争的主题，发展中国家通过持续工业化不断壮大本国的产业链，虽然发达国家利用自身的科技力量不断拓展新的产

业，但发达国家从不愿在关键的高附加值产业和技术密集型产业竞争中退出，而产业链的竞争是综合竞争，涉及成本、技术、市场、政策支持等诸多方面。

个人的发展具有很强的国家属性，国家的安全、国家的竞争力、国家在全球价值链中的地位、国家的可持续发展能力、国家的人均GDP水平等都与个人的就业机会、收入、社会流动性等高度相关。特别在全球化竞争日趋激烈的背景下，国家间的经济竞争事关许多高附加值产业链的得与失，这些高附加值的产业链是国家在全球分工体系中占据重要位置的关键，同时关系着许多高收入、高技术就业岗位的获取抑或流失。在全球经济竞争加剧的背景下，美国对中国发动的粗暴贸易战凸显了美国的危机感，美国和欧洲已经习惯于用高附加值产业链获得巨大的贸易利益，他们非常害怕失去这些产业链。毫无疑问，国家经济发展是每个人实现自身发展的重要基石，没有国家的发展，空谈个人的发展，是无米之炊、无源之水。国家拥有竞争优势意味着拥有更多高附加值的产业和高质量的企业，当然也拥有更多高质量的就业岗位。

国家面临极大的国际经济竞争压力。集体行动的逻辑告诉我们，只有通过高度的集体意志才能形成国家强大的竞争力。在这一过程中，产业政策必不可少。比如，对半导体产业的强力支持，需要强大的财政投入；基础设施领域的大规模投入，有助于经济综合成本的降低；对企业的减税降负担和对富人较低的边际税率，有助于吸引资本的流入和企业竞争力的增强；对企业用工的宽松劳动力制度，可以为企业降低劳动力成本和其他福利支出。这些政策虽然有助于增强产业的国际竞争力，但显然与人的发展会有一定对立：财政在产业上的投入意味着社会福利开支相对减少，企业减税和富人边际税率较低意味着国家转移支付能力相对降低，宽松的劳动力制度意味着劳动力单位时间劳动报酬的减少和可自由支配时间的减少。因此，国家在面临国际竞争时需要兼顾国家经济优势和人的发展。

面对国际经济竞争与个人的发展，民族国家需要在国家竞争优势与个人的发展空间之间进行合理的选择：如何在劳动力保护上兼顾企业的劳动力成本和个人的可支配时间？公共财政是向公共建设倾斜还是向福利支出倾斜？收入分配更多地倾向于资本积累还是中低收入阶层收入的提高？国家经济政策重心是企业竞争力提升还是人的发展力提升？这些都是民族国家在兼顾国际经济竞争和人的发展中需要考虑的问题，如果以竞争优势为主导，则需要把公共建设、资本积累、企业竞争力提升作为优先选择项，反之则需要将福利支出、中低收入阶层收入提高、人的发展力提升作为优先选择项。显然，不能过度强调国家的产业竞争力而忽视个人的发展，也不能过度强调个人的发展而忽视国家的产业竞争力，合理的选择是根据经济发展的不同的阶段性特征，实现两者的统筹兼顾。

二、高质量发展阶段，国家经济竞争优势与人的现代化高度相关

（一）现代国家经济竞争的新挑战与人的发展

现代国家进入高质量发展阶段，国际经济竞争呈现出更多的特征，主要表现在以下几个方面。

产业竞争的高度化。产业竞争的领域逐渐导向高技术领域和服务业领域，在低端的劳动密集型领域，竞争对手主要是发展中国家，但是与发达国家的竞争，竞争领域已经主要在高科技领域和服务业领域，高科技领域和服务业领域的竞争关乎一个国家能否迈入高收入行列。从最近20 年入围的高收入国家和地区来看，韩国的电子产业、新加坡的金融服务业、中国台湾地区的半导体产业在全球竞争中的胜出正是这些国家或地区迈入高收入水平的主要推动力量。

服务业领域成为高收入国家获取高附加值的重要领域。文化体育、财富管理、科学教育等作为新兴的竞争领域，创造的附加值比重在不断提高。以传统产业为基础的竞争力不能完全代表一个国家的综合竞争力，要想迈入高收入国家，需要在强化传统产业竞争力的同时，拓展在文化体育、财富管理、科学教育等领域的综合竞争优势。

人的发展成为现代国家竞争优势的重要来源。在产业竞争方面，人的发展主要表现在基础研究和应用研究领域，其中，应用研究对产业竞争力的支撑作用更加突出，包括产业新生产工艺的更迭、产业新产品的研发、新兴产业的突破等；基础研究对产业优势的托举更加重要，如果只有企业的技术研发，则无法在最前沿的产品和技术领域保持领先。而基础研究需要庞大的富有创新精神和创新能力的科学家队伍，这当然需要人的更高层次的发展。在非产业竞争方面，薪酬竞争力关乎高技术人才的竞争力；金融管理服务业发展水平、社会软环境等关乎企业家、富人群体的财富竞争力；生活质量竞争力、社会保障和社会福利发展水平关乎消费竞争力；教育机会和教育水平关乎以下一代发展为基础的教育竞争力。提供更好更高质量的人的发展环境，对国家经济综合竞争力的提升作用越来越突出。

（二）从产业竞争优势到综合经济竞争优势

如果没有产业支撑，参与全球竞争无从谈起，产业发展是一国融入全球化的先导和竞争优势的基础。所以，劳动力成本优势和技术优势是国家经济竞争优势的基础，产业竞争力能为本国产业开拓国际市场提供强大动力。但到了高质量发展阶段，成本在国家经济竞争优势中已不占主导地位，虽然产业竞争力仍然是一国经济竞争力的基础，但国家经济竞争优势更加取决于全面的综合发展水平和人的现代化水平，包括科学创新、人力资本积累、市场规模、市场制度、人的发展程度等因素，人的现代化成为国家竞争优势的最核心来源。

产业竞争优势依然是国家经济竞争优势的基础，但国家经济竞争有更宽泛的内容，经济全球化使发展中国家实现工业化并且跻身高收入国家越来越难，因为发达国家在高端产业链上占据了绝大部分要地，利用自身的技术优势、资金优势、货币优势、市场地位优势阻止发展中国家进入高收入国家阵列。这种阻止，有的是无形的，有的是有形的，无形的主要体现在市场竞争中，通过更快的技术创新优势、更高的产品质量优势和更好的新产品替代优势等把发展中国家挤出中高端产业俱乐部。为了获得竞争力，我们把更多的资源投入生产端，降低生产成本，比如，我们对基础设施的大量投资，可以使我们有更低的流通成本；我们相对较为宽松的劳动保护，使企业可以获得成本更低的劳动力；我们通过各种产业政策、技术创新政策、补贴政策、减税政策等给企业提供支持；等等。所以，我们把经济发展的重心放在生产端，或者说供给端。产业竞争力固然非常重要，但国家的经济竞争已经不再仅仅局限于产业，而涉及更全面的领域。一个国家不仅要有产业竞争优势，还要在科技创新、财富流入、财富管理、生活质量竞争、消费发展、教育发展、社会保障等领域展开全面的竞争。工业化时期的产业竞争优势要扩展为产业竞争优势、技术创新优势、消费发展优势、财富积累优势、人的发展优势等综合经济竞争优势，才能在激烈的全球竞争中获得更好的发展空间。

日本和韩国有这方面的教训。日本和韩国的产业竞争力都很强，但是日本和韩国的人均 GDP 却落后于欧洲国家，生育率低于欧洲国家，社会发展活力低于欧洲国家，特别是日本，经济持续 30 年低迷。欧洲经济在三个方面优于日韩：社会保障体系建设优于日韩、消费发展优于日韩、劳动力保护优于日韩。美国在制造业领域虽然缺少竞争力，但在科技创新、财富管理、文化产业等领域拥有非常强的竞争力。欧洲国家的社会保障体系、生育支持政策、劳动力保护政策、消费发展等关注的是人的发展维度，包括收入稳定和可持续性维度、个人可支配时间维度、消费维度，而美国的科技创新、财富管理、文化产业关注的是人的发展的创新维度、财富维度和文化维度。现代国家的经济竞争力，不仅要关注产业竞争力，还要关注人的发展在经济竞争优势中的中心作用。通过构建人的发展的经济体系，支持人、成就人、吸引人，从而延伸出国家的创新竞争力、消费竞争力、财富竞争力、文化竞争力、人才竞争力、福利竞争力。

（三）国际竞争视角下现代国家经济发展中的三角关系

国际经济竞争视角下，国家需要兼顾好人的发展、经济增长、竞争力三者的关系（见图 5 - 1）。

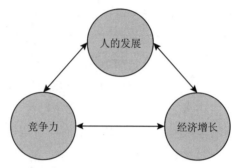

图5-1　国际经济竞争视角下国家经济发展中的三角关系

人的发展是国家竞争的最关键因素，因为人的发展决定了要素的流动，人是所有生产要素中起决定性的生产要素，人的发展程度决定了经济增长的质量，人的发展是长期经济增长的动力，也是培育国家长期经济竞争力的关键，因为产业竞争力、科技竞争力、人才竞争力、金融财富竞争力、消费竞争力、文化教育竞争力等归根结底取决于人的发展水平。这种发展水平具体体现为对人的吸纳能力、人的培养能力、人的发展力等。

国家竞争力是经济全球化背景下国家在世界体系中发展立足的基础，关乎一国能否从激烈的国际经济竞争中获得高附加值的产业链、高质量的就业岗位、高额的贸易利益，如果没有经济竞争力的支撑，很难进入高收入国家行列，即便在一定阶段进入了，也会被排挤掉。

经济增长是国家竞争力和人的发展程度的外化。一个国家只有实现了可持续稳定的增长，才能真正展现出人的发展和国家经济竞争力的提升，如果没有长期可持续的增长，人的发展和国际竞争力的提升是空洞的。只有通过经济增长，才能提升国家的经济实力，扩张社会总收入和财政实力，才能为人的可持续发展和国际竞争力的提升提供物质基础。

如果不能很好地处理三者之间的关系，或者只是关注了其中一点或两点，而忽视掉另外两点或一点，那么现代国家在全球化的竞争中将落后，很难实现对其他国家的超越。

三、构建人本导向型的经济竞争力体系

在人本导向的经济竞争力体系中，经济政策的目的是促进人的全面发展，商品的竞争力、产业的发展、人力资本的积累等只是服务于人的发展的手段。人的科技创新能力、文化创造能力、合作性发展能力、消费能力、个性化发展能力等成为社会构建核心竞争力的依托，经济政策的中心是促进人的全面发展，以人的发展促进产业竞争力和商品竞争力的提升。

商品导向型的经济竞争力和人本导向型的经济竞争力是国际经济竞争力的两种体系。重商主义推动了人类社会的巨大进步，但也有其局限性，过度出口低端产品会形成低端产业的陷阱，缺乏技术积累、劳动力的浪费、消费升级滞后会导致对高端产业的"挤出效应"。资源陷阱的相关理论同样适用于低端产业的过度出口。商品导向型的竞争力体系注重了产品的成本，但忽视了人本身的发展成本；商品导向型的竞争力体系注重利润的获取，但忽视了人本身的发展收益；商品导向型的竞争力体系注重产品在市场中的占有率，但忽视了人自身的可持续发展。但不可否认的是商品导向型竞争力的提升对于落后国家的发展有重要意义，有助于他们融入世界分工体系，获得市场，赢得产业链。

商品导向型经济注重产品竞争力，但忽视了人的终身竞争力发展。商品导向型经济通过获取商品利润，支撑人的工资收入和企业利润收入，促进投资和人的生存发展，核心在产品竞争力；而人本导向型经济通过推动人的发展，通过人的集聚和合作，带动收入和财富的流入，并促进社会结构的优化，形成丰富的社会文化，支撑多样化的消费体系，降低人的发展成本和提高经济生产的附加值，进而支撑人的高质量发展。商品导向型经济竞争力的关键是降低产品的生产成本，而人本导向型经济不仅能降低商品的生产成本，还能提高经济的平均收益。

商品价值的降低和人的价值的提升，是人的发展的重要体现。商品

的价格越来越便宜，一方面是因为人的生产效率不断提升，付出的劳动时间越来越短；另一方面是因为经济发展使人在商品间的选择更加丰富，商品之间的替代性增强，为消费者提供了多样化的选择空间。人们在选择商品的时候，不再需要付出高昂的稀缺性费用，从而使商品的价值不断地降低。

人本导向型竞争力的核心是人的发展收益作为核心竞争力的中心，不同于商品导向型竞争力中以商品价格作为竞争力中心，人本导向型竞争力体现在人的发展水平上，与商品导向型竞争力更注重成本、总量、利润不同，人本导向型竞争力更多地体现在技术结构、产业结构、消费结构的优化上，结构的变化充分体现了人的发展层次。

从宏观上看，人的发展水平与技术结构、产业结构、消费结构同步推进，并最终形成稳态的经济体系；从微观上看，人成为企业生产中最重要和最具价值的要素。人是经济活动的主体，而人作为经济活动的主体在两个场域发挥中心和主导作用：生产与消费。企业、区域、国家也是经济活动的主体，但最终的主体是人本身，产业的发展和人的发展都很重要，但更重要的是谁？显然是人，人的发展水平在根本上决定了产业的发展水平。当然，企业和产业是人的发展的重要合作平台，是人的竞争性发展的组织，但归根结底要把人的发展作为经济发展的最终目的，并把人的发展作为企业与产业发展的最重要的依托，才能实现人的更高质量的发展，同时能实现经济的更高质量的发展。

国家竞争的加剧使国家利益变得比个人利益更重要，牺牲个人利益去追求更高的国家竞争力成为一种价值观。延长工作时间、降低劳动保护程度、降低社会保障成本、提高城市化率和产业集聚程度，这些都能强化国家的商品竞争力和产业竞争力，但却不利于更高阶段的竞争力——人本导向型的竞争力。

无可否认，国家竞争力和个人的发展存在对立统一的关系，但现阶段，民族国家的经济竞争是国家生存发展的主流。因此，提升国家的竞争力仍然是优先发展的战略，只有提升国家的竞争力，才能占据更多的高附加值的产业链，创造更多的高质量的就业岗位，获得更多的收入和财富。

第二节　产业竞争力的培育与人的现代化

一、产业竞争力是国家经济竞争力的基础

产业发展是经济发展的中心，产业是经济高效率运转的关键，产业竞争力是经济竞争力的基础，产业发展促进了分工的发展，促进了竞争，通过提高效率不断降低产品成本实现经济增长。

在产业导向型的经济竞争力中，经济政策服务于商品竞争力的提高，经济政策关注生产的成本，通过降低土地、资金、劳动力、物流等要素的价格，通过完善要素的市场化配置，通过城市化、重点产业集聚、要素集聚、技术创新等经济政策来促进商品竞争力的提高。而这些竞争力来源于科技、创新、要素集聚、产业引导等方面。产业竞争力的提升为民族国家在全球的竞争性发展抢得了先机，并且为人的发展奠定了较好的物质基础。

产业竞争力是国际经济竞争的前沿阵地，也是国际经济合作和贸易利益分配的主要角力点。产业发展是科技创新、资本积累、人力资本积累、贸易份额增长的火车头。如果没有产业竞争力，一个国家的国际竞争力就无从谈起。我们看到高端制造业在国家知识积累、技术创新、人力资本积累、全球产业链竞争中有着极其重要的作用。因此，坚定不移地发展高端制造业，通过大力发展高端制造业，带动科技、教育、文化的发展是我们经济现代化的一条基本经验。与此同时，高端服务业的重要性也日益凸显，其创造的附加值越来越高，其全球化也日趋明显，正日益成为知识密集型、信息密集型和人才密集型产业。高端服务业对技术创新、人才培育、国家竞争力的重要作用正在强化。因此，发展现代服务业是国家经济竞争力的重要支撑。

二、产业核心竞争力越来越依赖人的发展与"人群"现代化

现代产业竞争力的培育，越来越依赖人的现代化，人的现代化对基础研究、技术创新、文化创新等现代产业发展要素的推动作用日益显著。

（一）劳动质量比劳动时间对现代产业竞争力的提升更显著

对发展中国家而言，最初的竞争力来自劳动力成本，以劳动力成本构筑起的竞争优势通过产业链的延伸和产业结构的升级逐步扩展到资本优势、产业配套优势、技术优势等，但在工业化初期和中期，劳动力成本优势仍然是基础，所以会有富士康的加班制度、一部分企业的"996"工作时间等，劳动时间的延长稀释了工资上涨导致的劳动力成本上升带来的压力，从而能保持企业在国际上的竞争力。

无可否认，宽松的劳动力使用制度显然不利于人的全面自由发展，劳动时间占据了人们更多的个性化发展时间，这与我们关于人的现代化指标体系中"个人可支配自由时间"相悖。所以，工业化时代之前的民族国家，特别是发展中国家，要实现收入的提升和竞争优势的培育，必然在一定程度上面临国家竞争优势与人的发展的矛盾，究竟是国家竞争优势放在第一位？还是个人的可支配时间放在第一位？结论是必然要对劳动者的工作时间做一定程度的牺牲。只有企业和产业获得足够的竞争力，并从世界分工市场中"抢占"高端就业岗位，才能为民族国家的经济振兴获得动力，并为每个人的收入提升提供保证。

到了现代，国家间的经济竞争日益加剧，劳动保护、强制社会保险、政府福利支出都会在短期加重企业的生产经营成本，从而削弱企业的国际竞争力，因此我们会有疑问，追求人的发展价值是否会导致国家竞争力的损失？

以上讨论都是人的发展对国家竞争力的正向作用，但在个性化发展时代背景下，强调个人的发展，必然需要在一定程度上给予个人更多的劳动保护、社会保障、公共产品和公共服务供给，个人发展会占用更多

的社会公共资源，这是否会和发展国家竞争力产生矛盾？

（二）人的现代化是产业创新的基础动力

人是产业科技创新、生产率提高和管理效率提高的源泉和动力，在知识更迭加速、新产品创新加速、新技术更新周期缩短的知识经济时代，现代化的企业和现代化的人员团队对产业的竞争力至关重要。我们发现，在资本市场中，企业的估值越来越与企业的研发团队及管理团队密切相关，其重要性甚至超过企业的产品、规模、企业所处的行业，"人"对企业的价值已超过资本，某个关键人物的出走可能会导致企业一蹶不振，而某个关键人物的加入，可能会使企业起死回生。当然，人的价值更多地体现在团队上，而不仅仅是某一个人，团队合作对创新和效率提升的贡献更大。在资本过剩的时代，人是企业边际生产力提高的关键因素，而由于团队合作所产生的巨大创新与聚合效应，产业的竞争力最大程度来自人的创新与人的合作。所以现代产业发展的最大动力是深入挖掘人的价值，提高人的创新与创造能力，提升人的知识创造、转化、利用能力，以人的现代化推动产业的现代化，从而获得源源不断的发展力和竞争力。

人的现代化对现代产业发展的支撑，从社会财富的结构构成可以进行比较。财富积累有两个蓄水池：股市和房地产。美国股市总市值约为400万亿元人民币，而中国股市总市值不到100万亿元人民币；美国的房地产总市值是200万亿元人民币，而中国的房地产总市值高达600万亿元人民币。所以，美国股市市值是中国的4倍，中国的房地产总市值是美国的3倍。经济发展体现在两个方面，一个是GDP的增长，另一个是财富的积累。GDP是大家平时说得最多的一个指标，其实财富的积累也很重要。GDP是一个流量的概念，而财富积累是一个存量的概念；GDP是国内新创造的附加值，而财富积累是国内资产价值的总和。GDP越多并不意味着财富积累就高，反之，财富积累越高，也并不意味着GDP总量就高，他们是两个相对独立的概念。那么，什么因素在影响着财富的积累呢？财富是资产未来收益的现值总和，如果我们把一项资产未来所有的回报给它变现，折算成现在的价值，然后加总，就变成了一项资产现在的价值。如果这项资产在未来回报多，则这项资产的价值就越高，反之，则越低。美国股市的价值为什么这么高呢？这和美国股市里科技股的比重比较高有关系。2021 年全球 100 大创新型企业美国就占了 42 家。这些科技股的股权价值之所以这么高，一个重要的原因是这些科技股票未来的创新能力强，赚钱能力强，回报率高，因而股价就高，所以美国股市的总市值就高。这些科技股最大的价值是积累了一批高技术人才和凝聚了很多优秀的创新型人才。企业家、科学家、工程师、高技能人才，这是现代企业估值中最重要的变量，但如果从人才、团队的角度对一个企业进行估值，我们无法明白为什么有的企业市盈率能达到几百倍，而有的企业市盈率只有几倍。这是因为市盈率是以利润为基础的估值体系，而以"人"为基础的估值体系无法完全体现在短期的利润中。一个好的企业，要有三方面的价值：好的产品、好的盈利能力、好的团队和科技创新队伍。其实，独角兽企业最重要的还是人，是强大创新能力的科学家队伍、高瞻远瞩的企业家队伍。

所以我们可以看到，高技术人才和团队的价值在美国的股市里得到了充分的体现，相比于美国股市这一巨大的财富蓄水池，我国的财富积累的最大蓄水池在房产上。我国房产的总市值约为 600 万亿，这是我国经济发展的重要成果，良好的基础设施建设和城市建设水平、人口和产业聚集形成的强大制造业竞争力、高效率的经济运转系统和便利的生活条件，这些都是中国经济建设的成就，而这些成就体现在了房产的价值上，所以我们房地产的市值很高，是我国经济发展成果的重要体现。但是从股市财富来看，人的价值在创新型企业中的估值，离美国还有一定的差距。

三、产业结构优化与人的现代化

国家的整体产业竞争力不仅取决于每个产业本身的竞争力，还取决于产业的组合竞争力，也即产业结构竞争力。假定某国的产业结构都是劳动密集型产业，即使这些产业的竞争力很强，也不能表明这个国家的产业竞争力很强，因为只有在国际分工体系中拥有了一定比例的高附加值产业，才真正代表该国的产业竞争力很强，才能真正构建起现代产业体系。那么如何才能实现国家产业结构的优化呢？人的现代化是决定因素。

在经济全球化背景下，一个国家的资源总是稀缺的，只有在全球经济体系中获得一种稳定的高层次结构，才是一个国家经济发展水平较高的体现，那么如何获得较高层次的产业结构？产业结构的高度一方面取决于高端产业的参与度，另一方面取决于低端产业的摒弃度。只有把低端产业摒弃掉，才能在高端产业中占据更高的比重，而且低端产业的摒弃必须以高端产业获得稳定的市场需求为前提，否则，低端产业摒弃了，高端产业却没有发展起来，显然会导致经济的空心化。如何使高端产业有稳定的市场空间呢？一方面需要技术创新能力的提升，另一方面也需要消费结构的升级。消费结构的升级既需要收入的提升，特别是低收入群体收入的提升，也需要人的精神生活的丰富、消费习惯的改变和生活方式的升级。而决定精神生活最重要的变量是时间，较充裕的闲暇时间是实现精神追求提升的关键变量，充裕的时间怎么来？它源于对劳动者时间的保护、工作与生活的均衡发展和更加健康的价值观。

低端制造业的存在虽然可以在短期内获得一定的 GDP 和外汇收入，但影响了国家产业结构的升级。摒弃低端产业，当然要尊重市场规律，正因为低收入群体面临就业岗位的短缺，所以中国依然保留了大规模的低端制造业。这些低端产业生产效率偏低，虽然提供了大量就业岗位，并为经济发展做出了阶段性贡献，但这些就业岗位的收入水平不高，技术性低，随着收入的提升，这些产业或者被淘汰，或者通过技术升级转化为高效率制造业。

低端产业的退出或转型动力来自哪里？显然，这种动力源于"用脚投票"的市场机制。人的现代化使劳动者对就业岗位的期望不断提高，包括更高的收入、更强的技术含量、更多的创新空间。这种人力资本的升级推动了对低端产业的扬弃，有利于加速产业向高端产业转型。大家可能会担心劳动密集型产业的流失会减少社会的就业岗位，但没有失，哪有得？劳动密集型产业已经作出了历史性的贡献，在高质量发展阶段，我们一定要充分释放人的潜能，让更多的人从事富有创造性和创新性的工作，从而强化我们的产业竞争力，如果我们的产业依然以劳动密集型为主体，就不可能迈入高收入国家行列，更无法与发达国家的产业竞争力相抗衡。

第三节　消费竞争力的培育与人的现代化

一、消费竞争力成为现代国家经济竞争力的重要组成部分

消费竞争力是一国经济国际竞争力的重要体现，为什么消费竞争力很重要？因为高质量的消费能构建起庞大的国内大循环，高质量的消费是人的审美价值在经济领域的体现，是产业结构升级的牵引力，是培育创新的温床；新颖的消费形态可以发展并培育一个新兴的产业，有助于国内企业在新兴领域中形成具有竞争力的品牌的形成和龙头企业。

（一）消费竞争力是国内大循环高质量发展的体现

供给侧的竞争力体现为产业竞争力，过去我们经济建设的重心在生产端，很多产业也成功地入围了高端产业链俱乐部，从出口中机电产品的强劲增长率就可以体现出来。但是，当我们的经济已经发展到一个高度以后，在提质增效、高质量发展的新阶段，需求端的竞争力非常重要，需要通过提高消费率和优化消费结构来提升国内产业的发展空间。稳定的国内需求环境可以让产业在未来获得可持续回报，从而改善产业的国内发展环境。在经济深度融入全球化后，进出口的平衡发展也需要通过消费发展和消费结构改善来实现，我国已成为全球第一出口大国，出口占全球出口比重超过 15%，需要在国内生产和消费的平衡中提升进口，从而实现进口与出口的平衡，让我国经济更深度地融入全球。

日本当年的产业发展何其强大，截至目前，日本经济创新能力依然很强大，那日本为什么走向了经济衰落？因为一个国家的发展仅仅依靠产业发展和产业竞争力是不够的，消费竞争力也很重要。日本国内市场

狭小，人均 GDP 已经低于很多发达国家，且日本是一个高储蓄率的国家，1990 年之前，日本的高储蓄率依靠资产泡沫来平衡总供给与总需求，出口的快速增长和房地产泡沫支撑着日本的总需求和经济扩张，但当房地产泡沫破灭后，日本的总需求无法再得到足够的支撑，需求结构优化迟钝，高技术产业和高端服务业缺少需求支撑，使其经济增速长期低于其他发达国家。日本社会低迷的生育率也给日本的国家竞争力带来严重的负面影响，日本在国际市场中竞争力折损的一个重要原因就是人口结构过度老龄化，过度老龄化带来的问题是消费的萎靡、产业成本的上升、社会负担的加重和文化发展的滞后。

（二）高质量的消费能提高人的生活质量，吸引人口、人才、财富的流入

高质量的消费包括物质生活的富足和精神生活的富足，可以增强生活的体验感和获得感。国家竞争力一方面来源于外向型产业，通过获得更多的国际市场来提高人们的生活品质；另一方面则来源于内向型产业，通过直接服务于国内的需求来提高人们的生活品质。前者提供竞争力，创造附加值，而后者创造效用和生活品质。发展外向型产业能给国家带来生产率的优势，发展内向型产业可以使人民生活具有品质优势。消费发展能带动高质量的内向型产业，从而提高人的生活水平，吸引全球人才的流入和共同发展。现代国家的竞争力体现为两个方面：一方面是挣钱，即产业的创汇能力；另一方面是"挣人"，人才和人口的流入可以带来多重正面效应，如资本和财富的流入、知识和技术的流入等。我们国家现在有很强的制造业竞争优势，对外贸易规模巨大，顺差很多，挣钱能力强，如果能在"挣人"上展现出竞争力，则国家的整体经济竞争能力会更上一个台阶。因此要发展消费，通过消费竞争力的提升，来提升国家的综合经济竞争力。

（三）消费竞争力能极大地增强服务贸易的竞争力

现代服务业能否像制造业一样，成为国家的核心竞争力？很多人持怀疑态度，认为毕竟服务业更多地属于内向型产业，并不能像制造业一

样可以实施密集的技术创新和生产效率提升，不具有制造业的全球销售能力。那么服务业能否成为一国的核心竞争力呢？答案是肯定的。因为服务业同样具有全球性，能容纳足够的现代信息技术和管理技术，也能实现生产效率的跃升，并且其全球化程度在不断提高，附加值也在不断提高。

由于服务型消费的国际化程度比制造业低，具有较强的国内属性，因此国内服务行业效率的高低决定了服务型消费的品质和性价比。服务型消费的效率在一国经济效率中占有非常重要的地位，而决定服务业效率的重要条件是国内的需求条件。国内服务业的需求在很大程度上决定了服务业发展的规模和效率，而服务业发展的规模和效率又反过来影响了财富的流入、人口的流入。休闲、娱乐、文化产业可以提升人的生活品质，培育文化氛围，涵养财富。服务型产业是关乎人的体验感的产业，如果能培育可持续性的社会需求，就能得到可持续的回报，与服务业相关的资产，如土地、服务型企业等，也可以成为社会财富的重要组成部分。服务业是吸引富人的重要因素，其高质量的生活水准能激励他们将财富留在国内，从而进一步涵养社会财富。

二、人的现代化是形成高质量消费的重要条件

消费是人的需求的反映，人的审美和消费偏好形成了消费结构。如果生产端的高科技产品比例很高，但消费者对高科技产品不感兴趣，或者没有收入支撑，或者没有时间去欣赏，我们的高科技产业就无法持续发展。因此，创新必须有消费的支撑。

消费是一种能力，我们非常注重收入增长对人的发展的重要性，殊不知，在同样的收入水平下，由于人的消费获取能力的差异，人的生活质量却并不一样，拥有强大审美能力、运动能力和广泛兴趣的个人会获得更好的幸福体验，而缺少审美能力、运动能力和兴趣爱好的个人，即便有较高的收入，从消费中获得的体验也并不高。消费者的审美变化和审美提升是高质量消费发展的推动力量，生产者在产品上推陈出新，但生产者并不知道哪些产品更具有创新性和时代性，恰恰是挑剔、变化的

消费者率先接受那些"时尚"的产品，并通过价格机制反馈给生产者。如果本地的顾客需求领先于其他国家，这也可以成为本地企业的一种优势，因为先进的产品需要前卫的需求来支持。波特指出，本地客户的需求非常重要，特别是内行而挑剔的客户。假如一个国家的本地客户对产品、服务的要求或挑剔程度在国际数一数二，就会激发出该国企业的竞争优势，这个道理很简单，如果能满足最难缠的顾客，其他的客户要求就不在话下。如日本消费者在汽车消费上的挑剔是全球出名的，欧洲消费者严格的环保要求也使许多欧洲公司的汽车环保性能、节能性能全球一流。如果一个经济体的消费萎靡，消费者不敢接受新的消费产品，那消费发展就无从谈起。

现代化的"人"能推动消费的升级和消费的创新，从而形成强大的国内需求市场。强大的国内市场可以不断刺激国内产业创新，优秀的消费者催生优秀的产品设计师和产品生产线，从而引领产业发展，例如，冲浪运动在澳大利亚的发展使澳大利亚在冲浪运动器材的国际竞争中抢占了先机；滑雪运动在北欧的高度普及使北欧在滑雪运动器材上有享誉全球的品牌，并且高档产品在全球有较高的市场占有率。

人的现代化为生产者开拓了广阔的国内市场，并催生了强大的技术创新动力。这样的国内环境是国外市场所不能比拟的，特别是对于一个拥有14亿多人口的大国而言，巨大的人口规模与现代化进程相结合有助于形成高端的消费市场以及高端的产业体系。

三、人的现代化能促进消费的健康发展和多元化发展

人的现代化能促进消费的健康发展。消费能否健康发展，是国内消费竞争力的重要体现。如果一国的消费能向运动型、知识型的正能量消费发展，则会极大地顺应世界产业运动型、知识型的浪潮，从而推动本国经济引领世界发展；但若一国的消费集中于奢侈型、攀比型消费，则无疑会使该国的发展滞后于全球发展浪潮，最终拖累本国的经济。奢侈型消费会在三个方面阻碍经济的发展：一是有些奢侈型消费的收入来源不合法，是通过腐败或非法交易获得的高收入，阻碍了低收入群体消费

水平的提高；二是有些奢侈型消费品严重依赖进口，这样会导致收入的流出和转移，而不利于国内市场发展；三是奢侈型消费会导致对稀缺资源的过度竞争，形成内卷，造成社会资源的浪费。人的现代化能使消费者追求更健康的、积极的生活方式，减少攀比和恶性竞争型消费，从而提升国家的消费竞争力。当然，反对奢侈型消费并不是要反对发展奢侈品行业，特别是出口型奢侈品行业，如果奢侈型消费具有较强的文化属性，面向特定少部分高收入群体而非大众人群，且产品主要面向全球，这样的奢侈品行业发展反而会给国内带来较强的竞争力提升。

人的现代化能促进消费的多元化发展，消费发展是经济多元化的重要支撑，尽管创新在根本上推动了经济的多元化，但是不能否认消费对经济多元化的重要贡献。消费多元化能使经济各部门的发展齐头并进，催生多样化的产品需求和技术需求，从而拓展创新空间，使经济发展更具活力。消费的多元化还能使产业的发展多元化，避免产业结构单一化，避免经济对单一产业的依赖而导致的产业内的过度竞争，从而避免内卷。人的现代化能促进消费的多元化发展，人的现代化体现在对审美的追求、热爱丰富多彩的生活、体验生命的价值，这些都是消费多元化发展的动力；而人的现代化也意味着更高更稳定的收入、更充足的自由支配的时间，能支撑消费在各个领域的扩张，从而为消费多元化提供动力。

第四节　财富竞争力的培育与人的现代化

一、财富竞争力是国家经济竞争力的重要组成部分

财富是现代社会经济发展的重要推动力，财富竞争力是国家竞争力的重要体现。随着人均收入的不断增长和储蓄的持续增加，存量财富的总体规模越来越大，这些存量财富的规模几倍甚至十倍于GDP，对经济施加的影响力越来越显著，财富管理业在经济生活中的增加值的比重日

益提升，财富价值链对国家竞争力也越来越重要。财富在国家间的流动也在深刻地影响着国家间的经济利益分配和竞争力，财富的流入和流出成为影响国家经济增长和经济平衡的重要因素。不重视国家在全球范围内对财富的吸引、管理与保值增值，会给国家造成巨大的经济损失，而若展现出强大的财富竞争力，则能为国家的经济发展注入巨大动力。财富竞争力的提升为财富的安全、保值、增值提供了渠道，由于资本总量和居民储蓄总量的提高，全球财富的安全、保值、增值成为经济生活的重大问题。人均 GDP 提高后市场利率会走低，财富的未来投资收益预期越来越低，高收益投资机会稀少，财富持有者会倾向于风险厌恶，安全港成为财富流向的首要目的地。

财富管理产业是全球化程度很高的产业。在贸易全球化的今天，财富管理产业资金吸纳能力越来越强，资本金融化对财富有巨大的撬动能力，金融业成为支配财富转移的重要渠道，成为国家发展的重要杠杆，也成为富人发展的重要领域；财富管理也成为经济领域中重要的产业，财富的安全和增值成为富人发展的重要路径。因此，国家发展必须为其提供足够的舞台。

二、财富积累是人的现代化的重要维度，财富竞争力是资本流入和人才流入的纽带

人的现代化的重要基础是丰裕的财富和可观的收入。财富作为收入的存量，是人们实现全面自由发展的经济基础。现代经济的增长使人的财富成倍地积累，并在金融机制的加持下，把许多未来收益折现成了财富，因而社会的财富更加多样与充足，尤其是股权财富的发展，极大地拓展了人类的财富，也使我们的经济发展充满了动力与活力。

财富的积累解决了资本稀缺难题，财富的极大丰裕能使社会的资本积累非常充足。现代经济中形成的风险投资基金、社会保障基金、产业投资基金等强大的投资基金为社会创新提供了低廉的融资成本，而资本获得的便利性能使要素更快地组合起来，从而形成更高效率的生产力，使更多的人能释放自身的创新价值和才能，大大促进了技术创新和新兴

产业的发展，为人的合作性发展提供了巨大动力，也为人的现代化提供了强劲动力。

经济全球化使富人资产流入流出像空气一样难以阻止，即使一国的货币不能自由兑换，但资本的流入流出有很多隐蔽的渠道，资产流动很难阻止。国家不可避免地会面临财富的流失或流入，财富竞争是每个国家需要面对的竞争，富人资产的流出会构成社会财富的损失，如果只是短期的或偶尔的，这种资产的流出并不会对国民经济带来大的伤害，但如果流出成为一种持续性、长期性的行为，则会损及国内创造的经济价值，意味着社会财富被彻底转移到国外。

财富竞争力有着丰富的内涵，包括财富的保值增值能力、财富的承载能力、国家对产权的严格保护、货币体系的稳定性、丰富的投资渠道和投资工具等。由于财富所有者往往有风险厌恶的倾向，所以财富的保值比财富的增值意义更大。财富的保值和对财产的严格保护是法治基础，丰富的投资渠道和风险对冲渠道是财富保值增值的市场条件，稳定的货币金融环境是财富所有者减少风险担忧的宏观环境。发达国家在财产保护、金融投资渠道、货币金融环境上的优势使其在对财富的吸引力上远远大于发展中国家。

丰富的投资渠道和投资工具是吸引财富流入和财富增长的重要前提，强劲的技术创新、多元化的产业发展，旺盛的消费市场和发达的金融体系是一个经济体拥有丰富的投资渠道和投资工具的前提，开放的市场环境和规范的经济制度是一个经济体拥有丰富的投资渠道和投资工具的保障机制。

三、规范财富积累、保护财富产权，提高国家财富竞争力

财富积累是居民奋斗的重要目标，因此财富获得的合法性和正当性是一个社会建立正确价值观的前提，要规范财富积累，激励更多的人通过为社会作出贡献来获得财富。如果大量财富是靠掠夺、寻租、垄断、非法交易获得的，不仅会扰乱社会的资源配置，也会扰乱社会的价值观，助长社会非正义的分配机制，并损耗社会发展动力。财富的流入对

国家经济是把"双刃剑",国外财富如果进入的是稀缺性行业,把稀缺资源的价格拉高,则会加剧"稀缺性",并提高国内投资和消费成本,带来分配失衡和效率损失,比如外资进入特大城市的房地产市场,大量购买黄金地段的房产,会大幅拉升房价,抬高本地居民的购房成本,导致物价的非正常上涨,加剧住房的"稀缺性",进而获得高额炒作收益,损害了本地居民的利益。总之,规范财富积累机制非常重要,是社会财富积累可持续的重要前提,是一国财富竞争力的重要体现,也是人的现代化的一项重要的经济实现机制。

严格保护财富产权,是提高国家财富竞争力的制度基础。财富积累不易,人们持有财富时,总是将财富的安全放在第一位,保护合法财富,也是对个人奋斗成就的尊重。财产是个人和家庭实现全面自由发展的物质基础,我国户均家庭财富已经超过一百万元,其中股权和流动性资产超过四十万元,财富为人的个性化发展、竞争性发展、合作性发展提供了强大的物质基础,保护财富产权,就是保护财富所有者全面自由发展的权利。人的现代化的一个重要前提是制度的现代化,通过对财产占有、收益、处置等权利的制度保护,能为人的经济现代化保驾护航。

美国是财富竞争力最强的国家,财富流入是美国经济的重要支撑,虽然美国在对外贸易中,经常有项目长期逆差,但财富的巨额流入抵消了长期的巨额贸易逆差。吸引全球富豪进入美国是美国经济竞争力的一个重要维度。中国拥有庞大的富人群体和中产阶层,提升我国的财富竞争力,增强国内经济体系"容财、纳富"的能力,是推动经济竞争力提升的重要方面。

第五节　人口人才竞争力的培育与人的现代化

现代经济发展使人才拥有更广泛的内涵,本书所指的人才是指拥有较高的综合素质、较高的专业素养或者个性特长的人。多元化的经济发展需要多元化的人才支撑,只有当更高比例的社会成员进入人才队伍,才能释放出更强大的发展动力。

一、人口竞争力是提高国家经济竞争力的重要支撑

人口竞争力主要体现在人口结构合理、人口素质较高、人口数量稳定。人口竞争力对经济可持续发展的意义深远，它不仅关系当前经济的稳定增长，还影响未来经济的长期繁荣。

人口结构中的年龄分布对劳动力市场的供需关系具有直接影响。合理的人口结构意味着劳动力资源充足，能够满足经济发展的需求。在发展中国家，人口红利期是经济增长的重要动力。这一时期，大量年轻劳动力的存在促进了劳动密集型产业的发展，为经济增长提供了坚实的基础。例如，中国改革开放初期就充分利用了人口红利，实现了经济的快速增长。合理的人口结构还能够应对人口老龄化带来的挑战。随着人口老龄化的加剧，劳动力供应逐渐减少，对劳动力成本和质量的要求也在提高。合理的人口结构可以更好地满足劳动力市场的需求，通过提高劳动力素质和技能水平，以及优化劳动力资源配置，来应对老龄化带来的压力，从而保持经济的可持续发展。

人口结构会对社会保障和养老金制度产生深远的影响。随着人口老龄化的加剧，养老金支出压力不断增加，如果人口结构失衡，如老年人口比例过高而年轻人口比例过低，则养老金制度可能会陷入困境。这不仅会影响老年人的生活质量，还会对整个社会经济造成负面影响。合理的人口结构可以缓解社会保障体系的压力，通过调整生育政策、完善社会保障体系等措施，可以保持老年人口和年轻人口的适当比例，从而确保养老金制度的可持续运行。这有助于维护社会稳定和公平正义，为经济的可持续发展提供有力的保障。

人口结构的变化还会影响国家消费需求和市场规模的变化。年轻人通常具有较高的消费意愿和能力，他们追求时尚、注重品质，是消费市场的重要力量；而老年人则更注重养老和健康。合理的人口结构应保持年轻人口和老年人口的适当比例，从而保持消费市场的活力和多样性。这有助于促进消费需求的增长和市场规模的扩大，为经济发展提供新的动力。同时，年轻人口的增加还可以带动创新产业的发展，如互联网、

电子商务等新兴产业，进一步推动经济的可持续发展。

人口结构在教育领域也起着重要的作用。年轻人的数量和素质对于国家的创新能力和竞争力至关重要，合理的人口结构意味着有更多的年轻人接受教育和培训，从而提高整个国家的人力资源质量。通过加强教育投入、优化教育资源配置等措施，可以提高年轻人的教育水平和技能水平。这将为经济发展提供更多高素质的人才和劳动力资源，推动产业升级和科技进步。同时，年轻人口的增加还可以带动教育产业的发展，为经济带来新的增长点。

合理的人口结构还有助于优化资源配置和推动产业升级。随着人口结构的变化，劳动力资源在不同行业和地区的分布也会发生变化。通过调整产业结构、优化劳动力资源配置等措施，可以更好地适应人口结构的变化，推动经济的可持续发展。例如，在人口老龄化严重的地区，可以发展服务业和健康产业等劳动密集型产业；在年轻人口较多的地区，可以发展高新技术产业和新兴产业等资本和技术密集型产业。这样可以更好地利用人口结构的变化带来的机遇和挑战，推动经济的转型升级和可持续发展。

二、人才竞争力为国家的创新发展和产业发展提供强大支撑

人才在现代经济发展中的地位日益凸显，人才竞争力是产业发展的基础，产业发展是人才成长的沃土，但人才成长又高于产业发展。不可否认，产业发展能带动和培育一大批人才，但人才的成长和竞争绝不仅仅局限于产业领域，人才广泛分布于基础研究、制造业、贸易金融、文化体育、艺术设计、公共服务等领域，人才资源作为经济社会发展第一资源的特征和作用更加明显，人才竞争已经成为国际经济竞争的核心。哪个国家拥有人才上的优势，哪个国家就会拥有实力上的优势。

基础研究领域的人才关系到顶层的科技竞争力、大规模的颠覆性创新和未来新兴产业的发展。基础研究是知识的发源地，正是不断拓展和深化的基础研究给人类提供了源源不断的知识，基础研究是整个研究和创新过程的推动力量。20世纪40年代，学界认为只有海相沉积物中才

有石油和天然气，但中国科学家们通过研究中国的地质条件，指出陆相沉积物中一样可以有石油和天然气，由此提出著名的"陆相生油理论"。在这个理论的指导下，才有了新中国成立后的大庆油田。2016年，诺贝尔生理学或医学奖获奖者大隅良典也曾表示，他在最初研究细胞自噬时，并不确信细胞自噬与癌症不与人类寿命问题有关。上述研究成果，都是随着基础科学研究而逐渐扩展的结果，基础研究虽然没有明确的应用导向，但研究的是事物发展最真实的规律，我们只有解释好这个世界，才能更好地利用这个世界。基础研究虽然离应用研究有一定距离，但基础研究比应用研究更具广泛性、更深入、更容易得到"意外收获"。纵观历史，从爱因斯坦1905年提出狭义相对论，到海森堡、薛定谔开创量子力学，再到费米和泡利发展量子统计学，这些科学家的研究成果为后来核能、激光、半导体、超导体、超级计算机和网络等技术的诞生奠定了重要基础。基础科学的突破厚积薄发，需要广泛的人才基础，只有在众多的细分领域拥有众多掌握不同研究方法的科学家，才能有足够的"意外收获"。美国在基础研究中的巨大优势，使其在众多新兴领域拥有领导地位，而我国巨大的人口和众多的科研机构意味着我们在基础研究领域拥有"人"的优势，但只拥有"人"的优势是不够的，必须有足够的人才储备，才能支撑高水平的基础性研究。

制造业领域的人才竞争力关系到生产成本、产品质量、技术创新和管理效率等产业发展要素，制造业领域的人才竞争已成为产业竞争力的最重要来源，资本的贡献已经退居第二位。制造业产业链的发展越来越依赖人的发展，其中，高端设计制造产业链高度依赖人的科技创新能力和文化创造能力。创新使新的产业链层出不穷，正在淹没很多传统的制造业，比如燃油汽车、显像管电视等产业链，创新使传统产业链的竞争力变得更加脆弱。因此要更注重"人"在经济竞争力形成过程中的核心地位。

其他领域的人才积累也是国家经济竞争力的重要来源，这些领域人才的发展关系到国家公共服务效率、文化体育产业的发展、艺术设计的创新、金融贸易的竞争力。

三、人才的竞争力还体现在能持续培育造就现代化的人才

人的现代化是一个群体的概念，并不是某一个人的发展，而是整个社会人群的集体发展，所以我们衡量人的现代化的指标，也是群体性指标。尽管如此，人的现代化依赖每个人的发展，每个人的发展也高度依赖群体的发展，集体的现代化为人的发展打下了良好的基础，也为人才的成长创造了良好的社群环境。

父母的现代化对子女的发展非常重要，父母的价值观、收入水平及稳定性、教育程度、兴趣爱好、可自由支配时间等现代化维度对子女的影响都很显著，极大地影响着人的成长与进步。

家庭的价值观、父母的审美和兴趣爱好对人才的培育具有重要影响力。父母的可支配时间可以陪伴孩子成长，培养孩子个性化的爱好和积极向上的价值观；父母的兴趣爱好往往显著地影响下一代，塑造其个性化发展特质，拓展人的发展维度；父母的审美和价值观会极大地影响孩子的审美取向和价值判断；父母收入水平和稳定性为孩子提供了专注个性化发展的基础，如果家庭预期收入较稳定，或者没有过多的收入压力，孩子更有可能专注于对自己理想的追求，比如科研、艺术设计或某项运动等。

除了家庭之外，学校、企业等群体组织也在深刻影响着人的发展。学习或工作单位中形成的社会群体价值观、向上的正能量、创新精神、人才的评价体系等都会深刻地影响人的发展，并激励约束着人的成长。所以，通过群体的现代化实现人的发展，进而造就更多的人才，是现代化对于人才成长的重要意义。

中国式现代化是人口规模巨大的现代化，要提高人才在人口中的比重，塑造现代化的"群体"，人的现代化为人的成长创造了和谐、平等、正义、共同发展的社会环境，为年轻人的成长创造了更温暖和谐的家庭环境，从而造就更多的具有个性化发展特质、更富有创造和创新精神的人才。

四、人才竞争力体现在为个人才能的释放提供了良好的社会环境、为人才的聚集和人才的流入提供了重要动力

良好的社会环境会集聚、培养很多人才，而不好的社会环境会阻挡人才的成长，群体的现代化能为人的才能的释放和人才的塑造提供优质的社会环境。马克思、恩格斯在《神圣家族》一文中说："人的全部发展取决于教育和外部环境。"提升人才竞争力的重要手段之一就是对人才环境的打造，而环境说到底其实就是"人群"所塑造的社会环境，所以"人"的现代化越高，社会环境就越优越，越能为人才的成长创造良好的环境。人的现代化会形成良好的尊重人、重用人、关爱人、激励人的人际关系环境，做到人人皆可成才、人人尽展其才。群体的现代化能形成尊重人才、人才辈出、人尽其才的人才工作环境，能为各类人才提供广阔的创新创业平台和事业发展空间，使他们都能施展才干、实现价值，不断增强自立自强的本领，凭借自己的实力去释放自身的才能，展现自身的价值。

人的现代化意味着更高的收入、更好的生活环境、更多样化的就业机会、更多元化的生活方式、更好的社会保障、更充足的个人可支配时间。这些都是吸引人才和集聚人才的重要条件。我们通常认为收入是吸引人才的最重要因素，但相比于收入水平，社会保障、生活环境、就业机会对人才的吸引力越来越重要，这些都是人的群体现代化的重要维度。经济全球化使人才在全球范围内的流动更加频繁，发达国家利用自身在生活水平、环境质量、社会保障等方面的优势，大量招募发展中国家的人才，使其形成巨大的人才红利；而发展中国家要留住人才、吸引人才，则需要在人的现代化领域做出巨大和卓越的努力，因为人才不仅希望实现自己最大的价值，也希望下一代有更好的发展环境。

第六章

消费的高质量发展与人的现代化

　　以供给侧为主导的经济发展模式重视投资、技术创新、生产效率提升对经济竞争力的提升作用。但从经济增长的目的看，消费的高质量发展是实现人的现代化的重要维度。如果仅仅只有供给侧的高质量发展，而忽视需求侧的消费发展，经济发展的根本目的何在？经济发展的根本目的是满足人民群众日益增长的物质文化生活需要。所以，人民不仅需要从生产劳动中实现价值，还要从消费体验中获得价值；从另一个角度来看，消费与生产是经济循环的两个轴，如果没有消费的匹配和带动，供给侧对经济增长的驱动力将被弱化。因此，消费的高质量发展是人的现代化进程中的重要方面。

第一节　高质量消费是人的现代化的重要特征

　　人在消费的过程中获得体验感，获得快乐、激情、满足感，同时提升了某项技能，发展了某项兴趣，所以消费发展是人的发展质量提升的重要体现，是人的现代化的重要维度。

一、高质量消费是人的全面自由发展的重要维度

　　我们通常会关注人的职业发展和事业发展，较少关注人的非职业发

展。职业发展是人的自我价值实现的主要路径，职业收入和职业成就构成了人的发展的重要组成部分。但现代社会非职业发展已经成为人生发展的重要组成部分，消费发展就是一种非职业发展，休闲娱乐、兴趣爱好、文化体悟等都是人生自我价值实现的重要组成部分。

马克思认为，人的全面发展包括需要的全面发展，人本身就是"以其需要的无限性和广泛性区别于其他一切动物"。因此，需要是人的本性，是人类一切活动的源泉和动力。人正是为了满足自己的生存、享受和发展需要才进行物质生产和社会活动。人的需要的不断丰富标志着人本质力量的呈现和人存在状态的充实。满足生活需要是人不可剥夺的权利，一切压抑人的正当需要的，都是违背人性的，都从根本上否认了人本身。所谓人的需求的全面发展，就是人的物质需求、社会关系的需求、精神生活的需求、自我实现和发展的需求、自由的需求等所有需求得到发展和满足。

机器人能否替代人？从生产领域来看，机器人替代人的进程在加快，但在消费领域机器人永远不会替代人，因为消费是经济循环很重要的一部分，人的欲望以及需求是机器人无法替代的。即使将来机器人被植入程序让其有欲望和需求，机器人也不能形成机器人群体，它们没有价值观、没有审美、没有文化，没有文化内涵的需求是不可持续的，只有赋予消费以文化价值，才能使其具有可持续性和成长性，否则消费将仅仅停留在满足基本生存需求的层面，如吃饱穿暖。所以，人的价值在哪里？绝对不仅仅体现在工作上，欲望、审美、消费也是人的价值。我们应该思考，怎样在消费方面让人获得更好的发展，释放人的价值，这也是经济发展的重要部分。

消费的多样化、差异化、群体化、个体化、创新化等本身会促进人的个性化发展和合作性发展，人的发展不仅仅是工作和事业，还有兴趣、爱好和精神追求，经济发展要满足人的精神追求。消费是人的价值实现的重要部分，相比于投资、就业、科技创新等活动，消费也是实现人的价值的重要方面，所以要促进健康、可持续的消费，来提升人的价值。为什么机器人无法形成价值？因为机器人无法被赋予人的价值，虽然它可以工作，但是无法融入人类文化，所以就没有消费，没有差异化、个性化、群体化的消费体系，更无法构造消费—生产—消费的经济循环体系，说到底就是无法使机器人成为一个有精神需求的文化人。我们往往只关注生产文化，关注竞争、合作，但极少关注人的消费文化，把消费压得很低，导致我们忽略了人本身的需要和对自身的关怀。实际上我们很多关怀是靠消费来实现的。

消费是个性化发展的前提条件，消费不足会使个性化发展不足，个性化发展不足又反过来使消费不足，并形成恶性循环。个性化的充分发展为消费率的提高提供了基础，因为只有充足的个性化发展才能使消费的边际效用足够高。个性化的发展使人成为工作能力与消费能力的统一体，将人打造为"下一代的培育、个人的工作、个人的消费"的统一体，良好的个性化的发展可视为社会最基础的细胞。日本特有的公司文化占据了劳动者更多的休息时间和应酬时间，使日本家庭消费文化缺乏，也造成了个人与家庭个性化发展不足，反过来又导致消费的低迷。

休闲、运动、娱乐、交际等消费需求是人的发展的客观需要。许多以前被认为是奢侈的消费项目，随着普及和成本的降低，已逐渐成为大众消费品，并促进了人的全面自由发展。比如滑雪，尽管它仍属于相对较昂贵的运动型消费，但作为资本密集型产业，对经济具有显著的带动作用。同时，滑雪不仅能锻炼强健的体魄，还是一项促进亲子互动的活动，更具有人的发展价值。从人的发展角度而言，滑雪等高附加值消费比重高国家更具发展竞争力。

消费发展改变人的消费取向并优化人的效用曲线。长期的消费培养能提升人的审美情趣，并形成优质的消费偏好，不仅有助于人的发展质量的提高，也会减少社会对稀缺资源的恶性竞争。审美提升可以改变人的效用曲线，推动人的更广泛、更全面、更自由的发展。

如图 6-1 所示，假定消费者面临两种商品，X 商品和 Y 商品，X商品为更健康更有益的消费品或服务，Y 商品为高稀缺性健康有益的消费品或服务，消费的发展能改变消费者的效用曲线。假定消费者原来的效用曲线是 $U = XY$，而经过消费培育后，效用曲线改变为 $U = X^2Y$，假定 U 值都是 10，经过对比，我们会发现，消费的发展使消费者能从 X 上获得更好的效用，新的效用曲线显示消费者会产生偏离，向稀缺性的

Y商品倾斜。新的虚线效用曲线只需要更低的支出就能获得同样的效用。因此，消费培育可以提高全社会的整体福利，形成更加积极健康的精神文明。

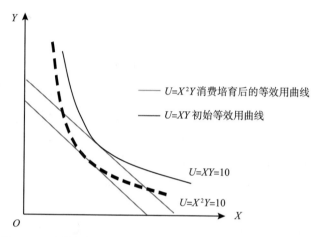

图6-1 消费者通过消费培育后获得相同的效用能够节省支出

二、消费具有代际传承性，积极、健康、有品质的家庭消费有助于下一代审美和兴趣的培育

家庭的高质量消费非常重要，消费发展可以改变人的效用曲线。小孩和年轻人的消费习惯、消费偏好往往会影响其终身的消费行为；如果上一代的消费质量不高，往往也会在一定程度上影响下一代的消费质量；家庭消费可以改变下一代的效用曲线，能促进人在消费领域的发展。以前，我们没有培养好的消费兴趣，所以，我们需要花2000元获得某个效用，而现在，我们只需要花1000元，就能获得与原来相同的效用，这就是消费发展给人的发展带来的贡献。消费发展是人走向高品质生活、实现生命价值的重要途径，而消费发展的重要路径是代际传承，如果当代人在消费中具有某种良好的消费习惯和兴趣爱好，会对下一代的消费培育带来极大的影响。对于孩子来说，儿童少年时代在家庭得到高品质消费的熏陶，对其未来消费品质的提升，有非常积极的作

用。比如，如果孩子们在二十几岁之前没有接触过滑雪运动，那么以后再学习滑雪并享受滑雪带来的快乐可能就很难了，即使收入水平提高，也很难再塑造滑雪习惯和滑雪能力，因为人的审美倾向到二十几岁几乎就固定了，所以很多孩子在童年时期接触冰雪运动，对其之后热爱冰雪运动有极大的帮助。在年轻时候接受滑雪锻炼的人往往会感受到：滑雪是一项多么美好的运动！然而一部分家庭因为父母太忙，工作侵蚀了休息时间，导致没有时间陪孩子，还有一部分家庭会因为收入的问题而不愿意支出冰雪运动的开销。当代人消费上的贫乏会导致下一代消费选择上缺少审美和竞争力，个人在消费上的价值观和审美往往需要几代人的培养。虽然我们还可以从其他路径接受高质量的消费培育，但如果家庭消费普遍质量较低，必然影响整个社会的消费水平和消费质量，进而影响到人的发展品质。

三、消费发展是大众拓展人的发展价值的重要维度

消费发展是普通群众在非事业领域和非职业领域发展的重要支撑。市场经济条件下，大多数高收入群体是事业中的成功者，他们能从事业发展中获得极大的成就感，而中低收入群体作为普通的劳动者，虽然他们是经济发展的主体，却难以在职业发展中获得同等的满足感。中等收入阶层是社会技术力量的主体，是技术创新和应用的主要贡献者，低收入阶层则是社会劳动者的主体。然而，由于收入有限，与高收入群体相比，他们在事业、工作和收入方面获得的满足感不及高收入阶层，他们需要通过消费实现非事业领域的发展，从而获得另一种形式的满足。

社会消费扩大后最受益的群体是中低收入群体，因为中低收入群体是消费的主体人群，提高全社会的消费率有利于促进均衡发展。相较于高收入群体，中低收入群体的事业压力要小，五天工作制也使他们拥有更多的闲暇时间，这使他们成为消费的主力军。因此应该鼓励中低收入群体进行积极向上的高品质消费。

中低收入阶层消费拓展的最大困难在于收入的不足，但经济增长和劳动力市场供需结构的改善会持续提升中低收入群体的收入水平。由于

生育率的下降、新增劳动力的持续减少及劳动人口比重下降，未来中国劳动力市场的工资水平将持续上涨。另外，随着经济再分配制度的完善和社会保障体系的健全，中低收入群体的收入状况也将得到较大改善。在未来中低收入群体收入持续提升的背景下，更要促进消费积极健康地发展，为中低收入群体生活品质的提高和消费的发展创造良好的经济基础。

第二节　消费发展是实现经济结构优化和保持竞争力的重要基础

现代国家普遍面临供给相对过剩下的有效需求不足问题，提升消费率能促进国内经济大循环的健康运转。市场经济条件下，由于地区差距、城乡差距、行业差距、数字化差距等多种原因的存在，市场存在两极分化效应。富人绝对收入较高，消费趋于饱和，很多富人事业很忙，闲暇时间并不比低收入群体多，导致消费倾向和消费率较低。而低收入群体虽有时间，但没有足够的收入支持消费，这样就形成了社会消费率偏低的格局。在供给端，现代经济发展使要素流动加快，生产技术的扩散迅速，企业众多，产能增加迅速，因而会存在天然的经济过剩状态。在经济过剩条件下，为了实现总供给和总需求的平衡，社会需要通过扩张总需求来平衡经济循环，但总需求若过度倚重投资，过量投资就会形成要素堆积，很多行业会形成生产过剩。因此，消费率提升是扩张总需求的根本路径，只有切实提高消费率，才能从根本上形成畅通的国内大循环体系。

一、消费率和投资率失衡会带来宏观经济结构的失衡

基础设施投资、产业投资和房地产投资规模大是我国高投资率形成的主要因素。

长期以来，我国依靠不断提高的投资率维持宏观经济的短期平衡，

而维持高投资率的前提条件是经济的高杠杆率。高杠杆率可以实现总需求和总供给的平衡。房地产和基础设施建设是我国经济杠杆率提升的两个原始动力。房地产实现杠杆作用的原始动力是居民对房地产的偏好。在户籍制度、学籍制度、社会保障制度分割的制度安排下，购买房地产能获得特定区域的户籍、学籍以及社会保障等公共服务，所以居民对房地产有特殊偏好。在消费端，房地产的预售机制和贷款机制推动了杠杆率的提升；在生产端，房地产企业的负债率普遍超过60%，房企的融资机制进一步推高了杠杆率。基础设施建设是推动我国经济杠杆率提升的另外一个原始动力。地方政府利用自身的财政信用体系，通过融资平台——地方政府下属或关联企业进行融资，再利用融资对基建进行投资。地方政府的综合负债已经超过财政收入的5倍，约占GDP的50%。此外，基建和房地产具有共生性。在房地产经济比较景气的地区，地方政府卖地收入可观，能支撑更多的财政支出，进而能推动更大的基建规模。

我国基础设施投资支出在国民经济总需求中的比重较高。基础设施建设给经济发展带来的作用是巨大的，其超前发展能使经济发展降低生产成本、提升生产效率，并且能提高人的生活水平、开拓人的发展价值；基础设施的发展还能促进地区间的均衡发展，发达地区由于空间容量的有限性，其人均基础设施占有量小于落后地区，而落后地区可以通过基础设施建设提高其地区竞争力。基础设施具有天然的公平性，高收入人群和低收入人群对公共设施的占有与穷人相差无几，因为每一个人的时间是一样的，每个人占有的公共空间也是有限的。因此，基础设施建设具有天然的均衡发展作用，对人的发展具有重要意义。

基础设施建设的大规模投资使我们形成了路径依赖，太多的企业和产业依赖基础设施，所以，政府在扩大内需时还是要把重点放在基础设施建设上，这也是防止经济硬着陆的必然选择。但从长远来看，要警惕基础设施的过剩投资，由于固定资产投资在地区经济发展中的直接推动作用，使一些地区有很强的基础设施投资偏好，但基础设施投资具有饱和性，并存在边际效率递减的趋势，比如，我们可以看到很多高速、地铁通行量偏低，很多楼堂馆所的应用率偏低，等等。基础设施严重过剩或者严重超前都会占有过多的公共财政资源，造成对教育、医疗、社会保障等公共服务事业的"挤出效应"。我们的经济结构应该逐渐降低基础设施投资在国民经济总需求中的比重，提高消费支出在国民经济总需求中的比重。

产业投资快速增长也是我国投资率持续高企的主要原因，产业投资的快速扩张为产业的高增长提供了强大的支撑。相比于基础设施、固定资产投资，我国产业投资的扩张有更好的市场支撑，但现代经济的发展使经济增长更多地依靠创新驱动，而对资本的依赖度降低，所以，资本密集型产业的增长速度越来越慢，而技术密集型产业的增长速度越来越快，资本产出率越来越低，资本的边际产出下降速度越来越快，技术的迭代创新越来越快，固定资产折旧的速度和贬值速度也越来越快。如果社会的投资冲动导致资金的利率偏高，则会使低效率产业投资所面临的风险越来越大。投资率较高还会带来高稀缺资源价格的泡沫，投资过剩会带来资本拥挤进入高稀缺资源行业，比如大城市的土地市场。我国50强房地产企业拥有25亿平方米以上的土地储备，这些土地储备足够这些企业开发6年以上，为了竞买这些土地，房企背负了巨额的贷款。2021年以来，房地产市场的疲软格局使很多房企面临极大的债务风险，这些风险因素的累积反映了在投资率过高的背景下，投资偏好对高稀缺资源的过度追捧带来的风险。

2004年以来，我国的消费率长期在56%以下，2021年为54.1%，2003—2010年，随着我国投资的快速增长，最终消费率逐年递减，2011年以后，投资增速放缓，消费率逐年上升，但2020年、2021年受到新冠疫情的冲击，最终消费支出占GDP的比重有所下降。

综上所述，现代经济的发展使经济增长越来越依靠人力资本和技术创新，资本的驱动作用在弱化，若社会依然通过高投资率来驱动经济增长，则消费率无法上升，不能支撑终端需求，且投资过度会带来生产过剩，导致经济失衡。

经济学告诉我们，在短期内当总供给小于总需求时，GDP主要由总供给决定；当总供给大于总需求时，GDP主要由总需求来决定。凯恩斯把消费看作宏观经济平衡的一个重要环节，在投资增长趋缓的背景下，消费不足会导致有效需求不足，进而导致总需求和总供给的失衡，最终带来经济扩张的不足。2010 年之前，我们在基础设施建设和房地产需求的推动下，投资持续高增长，成为拉动内需的支柱，消费虽然有较快增速，但较投资增速低，因而消费率持续走低，投资对需求的拉动使国民经济的有效需求处在较亢奋的状态，弥补了消费增长滞后于 GDP 增长的局面。2010 年以后，随着房地产行业进入平稳发展阶段，消费支出增长快于投资增长，消费率逐渐提升，但总体看，消费率仍然处于较低水平。

消费率长期处在较低水平将导致企业面临的市场需求不足，使市场的供给主体预期收益不足，反之，若消费率高，则市场供给主体的预期收益就高。在封闭经济条件下，没有消费支撑的经济将出现生产的无限内卷。大家都想挣钱，但产业的需求规模没有扩张，所以投入的劳动时间越来越多，假定技术没有进步，那企业只能通过延长时间来降低生产成本，形成企业竞争对劳动时间的依赖，并形成恶性循环，导致无限内卷。提高消费率不仅能使低消费群体的生活质量有很大提高，对生产端的经营贡献也将非常大，消费率提高能使几乎所有行业的经营环境得到极大的改善，并伴随着资产未来收益率的提升，也将使企业的融资能力和再投资能力增强，从而形成良性循环。

消费不足还会导致地区经济发展失衡和城乡发展失衡。消费率低的原因主要是中低收入群体的消费开支不高，而高收入群体的消费率本来就不高，消费趋于饱和。低收入群体主要集中在欠发达地区和农村地区，消费不足使落后地区难以培育起良性循环的经济体系，若能提高这些低收入群体的消费水平，则落后地区和农村地区的经济循环将活跃起来，有利于改变地区经济发展过度失衡的状况。

消费不足使国民经济长期依赖投资端的贡献，地方政府利用各种经济手段和财政杠杆激励投资，客观上提升了基础设施建设水平，但很多投资是重复投资、低效投资、无偿债能力投资，加剧了地方债务风险。

我国与美国相比，美国的消费率偏高，而我国是消费率太低了。过高的消费率显然无助于社会的积累，并会透支社会的发展，美国社会一个很大的问题就是消费率过高，过高的消费率加剧了美国社会的财政赤字和贸易赤字，但美国利用美元地位获得其他国家的财富流入，从而弥补了其贸易赤字，这是美国利用其美元权力对全世界的剥削。过高的消费率还会导致低效率消费部门的严重扩张，从而降低美国的劳动生产率。中国与美国的问题恰好相反，中国的消费率太低了，太低的消费率虽然有利于社会的积累，但显然会拉低终端需求在总需求中的占比，导致总需求与总供给的失衡。

二、消费扩张已经成为现代经济长期平衡增长的动力

在宏观经济学中，按照乘数理论，在总供给相对过剩的条件下，按照宏观经济学三部门乘数为 $1/(1-\beta+t)$ 估计，假定边际税率 t 为 0.3，若消费率能从 55% 提高到 65%，即提高 10 个百分点，GDP 总量会提高 15%；若消费率提高到 70%，即提高 15 个百分点，则 GDP 将提高 25%。所以在供给过剩的前提下，消费率的提高能大幅提升一国的 GDP。即使我国消费率达到 70%，依然低于欧洲国家 80% 的平均消费率，更远低于美国 88% 的消费率。因此，我国有很大潜力通过提升消费率来推动长期经济增长，在不考虑其他条件下，能使经济总量在动态条件下提高 20%～30%，而其中受益最大的是低收入群体。

日本经济长期面临消费率不高的事实，为我国提供了一面镜子。日本政府深知消费率在国民经济可持续增长中具有非常重要的地位，过低的消费率无法支撑国民经济的长期稳健增长，所以长期以来都想通过提升消费率来实现总需求的扩张，但收效甚微。日本的国内大循环体系并没有成功构建起来，高储蓄率导致经济失衡的格局一直未能改变，而是靠政府的不断投资来扩张社会总需求，并没有形成良性循环，所以导致日本经济有所谓的失去的 30 年。"安倍经济学"试图另辟蹊径，想通过日元贬值和刺激投资来提振经济，但"安倍经济学"本质上还是以加强投资为主导的经济学，是日本政府刺激消费无力后的不得已选择，最终让日本经济失衡的局面更加严重，进一步降低了消费在日本经济中的比重。2022 年以来，日元大幅贬值和日本出口的下降，是日本经济长期以来消费率提升失败的必然结果。

　　日本提升消费率失败的主要原因是日本老龄化严重、工作时间偏长和日本消费文化发展的落后。老年人的消费能力和身体已经支撑不起活跃的消费；中青年人的平均劳动时间在缩短，但以企业为中心的文化损耗了人作为消费主体的能动性，很多员工下班后还要跟同事聚餐，家庭消费文化培育远远落后于欧美。虽然日本的科技创新能力非常强大，平均每年都有一个诺贝尔奖得主，创新型企业众多，还有相当多的产业在国际上有竞争力，但是，消费率偏低无法支撑日本国内发展有竞争力的消费市场。这充分说明了消费发展的重要性，人作为经济发展主体，其发展体现在两个方面：生产者和消费者。生产领域发展得好，并不等于消费领域发展就好。一个健康的经济体也是一样的，经济发展体现在两个方面，产业发展和消费发展都必不可少。

　　消费结构和消费质量影响着一个国家的产业形态和产业结构。消费结构升级本身是人自身发展的结果，只有那些符合人的发展需要的产业才能被消费所接纳和正反馈，因此消费能为经济结构的优化提供"人本"的导向，确保经济结构升级是为了更好地实现人的发展，这样，经济发展的同时，也能保持足够的竞争力。

三、高质量的消费能使经济体更好地实现产业甄别和产业升级

　　消费结构升级是经济结构升级的重要组成部分，只有消费结构升级与产业结构升级同步、与供应侧结构优化协调，才能形成经济结构持续优化的态势。

　　消费不足会抑制产业结构的升级，消费结构滞后于经济增长会使低端产业的淘汰进程放慢，高端产业的扩张进程放慢，因此，消费发展对产业的选择和对产业升级的引导非常重要。若只注重产业发展而不注重消费发展，社会会陷入低端产业发展陷阱，消费不足会阻碍国内高端产品市场的培育，不利于国内高端产业与国外竞争。从根本上讲，产业的发展应遵循两条主线，一条是社会技术变迁，比如移动网络的发展和智能手机技术的创新，使手机成为人们消费发展的中心之一，围绕手机产

业的硬件和平台也成为增长最强劲的产业之一；而另一条主线是消费的发展，优质的产业必须经过消费的检验，才能成为真正的未来产业发展的方向，消费的正反馈也会使优质产业获得持续的市场回报，从而获得进一步的发展动力。只有那些能促进人的高质量发展的产业，才能在消费的检验中发展壮大，因此消费发展是现代产业发展不可缺少的甄别手段。

高质量的消费为高质量的生产提供了牵引力，高层次消费的大众化降低了高层次产品的边际成本。现代产业的发展主要集中在高质量的大众化产业，高质量的大众化产业发展的特点是消费品生产效率高、符合现代社会的审美和健康发展需要，比如现代体育联赛，观众是消费者，球员是生产者，观众多而球员少，很少的劳动者可以提供很多受众的消费品，显然效率是很高的。但有些消费品效率是很低的，奢侈品、一对一的服务，尽管可以给高收入群体带来高效用享受，但从社会角度看，并不为大众消费所接受，因为它严重占有了劳动力，如果成为一项大众消费，必然会以损失社会的整体劳动生产率为代价。消费端的正反馈对大众化产业的发展极其重要，比如，持续扩大的消费市场为体育联赛的发展提供了强力支撑，并推动了赛事的国际化，而没有消费支持的体育联赛最终将走向式微。

消费结构的升级能丰富经济的业态，促进经济的多元化，而单一的消费会使经济的业态单一、社会经济模式单调，不利于多元化产业体系的构建，不利于就业岗位的增加，当然也不利于人的发展。休闲、娱乐、文化产业可以提升人的生活品质，培育文化，涵养财富。财富如何积累？一项资产要么在未来有可持续回报，要么是稀缺性商品、拥有较高的需求供给比，至少具备其中的一项才能成为财富。怎样让一项资产在未来有可持续回报？服务型产业是关乎人的体验感的产业，如果能培育可持续的社会需求，就能得到可持续的回报，与服务业相关的资产，也可以成为社会财富的重要组成部分。金融、旅游、娱乐等服务业已成为现代产业的重要版图，消费发展可以为这些产业的可持续发展提供市场支持。因此，消费可以涵养财富，提高社会总体富裕度。

四、高质量的消费能使经济体更容易接纳创新并激励创新

消费发展能使经济体更容易接纳创新并激励创新。消费结构要与生产结构相适应，如果生产端的高科技产品比例很高，但消费者不愿意接纳高科技产品，只愿意接纳低端消费品，则无法支撑高科技产品的发展；如果高质量的文化产品不断推陈出新，但消费者因为没有收入支撑或者没有时间而不去欣赏，则我们的文化产业无法持续发展。因此，创新必须有消费的支撑。

消费者的审美变化和审美提升是创新的重要动力。我们千万不要忽视了消费者在创新中的重要作用，生产者要在产品上推陈出新，但生产者并不知道哪些产品更具有创新性和时代性，恰恰是挑剔、变化的消费者率先接受那些"时尚"的产品，并通过价格机制反馈给生产者，才为生产者的技术创新提供了条件，因此，如果经济体的消费萎靡，消费者不敢接受新的消费产品，那这样的经济体显然会缺乏创新动力。

现代经济的发展越来越追求"人"在消费中的价值，只有那些尊重并拓展人的价值的消费品和服务，才会被市场所接纳。创新性产品和服务、具有文化内涵的产品和服务成为市场的宠儿。这类产品和服务能为消费带来比较高的边际效用，并且能在生产端和消费端同时实现人的更好的发展，从业者能从该产业的发展中获得较大的成就感，消费者也能感受到更高品质的体验，从而实现可持续性发展。古代的地主有众多的丫鬟和家丁，为什么这样的家庭消费模式到现代社会没落了？其一是这样的消费模式生产效率很低，需要大量的人力去满足一个或者一个家庭的消费；其二是这样的消费是以一部分人的"不发展"、被迫沦为"下人"为代价。一项好的产业必须在生产环节具有创新性、技术性、高效性，同时在消费端能给消费者带来高质量的精神满足，那么如何培育这样的消费产业呢？消费者个人兴趣的培养和人的发展到一定程度，并且形成较大的受众规模，才能为该产业培育较大的市场，所以人的发展反过来又能促进消费结构的升级和消费产业的发展。

五、消费发展能促进经济均衡发展、多元化发展和文化发展

消费发展对社会的全面发展有着重要意义，第一是能促进经济的均衡发展，第二是能促进经济发展的多元化，第三是能促进文化的发展。

消费发展能促进经济的均衡发展。因为促进消费主要是促进中低收入群体的消费，中低收入群体是社会的多数群体，提升他们的消费水平，能使他们获得更多的体验感和幸福感，能使全社会的福利指数和幸福指数得到极大提升，从而促进社会的全面均衡发展。农村地区、中西部地区的消费水平与我国的人均 GDP 水平有较大落差，虽然我国人均 GDP 已经达到约 8 万元，但尚有 5 亿群体的人均年消费支出低于 1 万元，2 亿群体的人均年消费支出低于 5000 元，若能提高这些群体的消费能力和消费意愿，必将对乡村振兴和中西部地区的发展起到巨大的推动作用。消费发展能改变人的等效用曲线，从而使人们追求更加接近自然、崇尚运动的生活，有利于中小城市和农村地区的发展。比如住房和运动，其实在特大城市生活，最大的问题是运动条件很差，因为土地很贵，城市太大，不方便运动，再加上通勤时间长，可支配的运动时间少，运动多样性也不够，而中小城市运动的空间和时间要宽裕得多，那为什么中小城市人口还会流失呢？很重要的一个原因是我们还没有形成运动型的消费习惯。当游泳、划艇、足球、登山、滑雪等运动成为我们必不可少的生活方式的时候，我们就会发现，运动相对效用很高，特大城市的五颜六色、灯红酒绿可能就没那么有吸引力了，从而会考虑在中小城市生活，那么中小城市的人口流失就不会那么严重了。

消费发展还可以推动经济的多元化发展。因为消费支出越多，消费形式就越多，经济也就越多元化；消费发展能促进社会经济向广度拓展，消费集中度的降低，能减少社会对单一商品或单一服务的消费。消费结构的单一化极易导致某种单一消费品的稀缺，进而推高其价格，导致消费者消费效用和福利的损失。茅台酒文化在一定程度上就是社会消费多元化发展不足的特定反映。茅台酒价格的持续走高反映了我们对单一消费品的过度竞争和过度消费，其成本是消费者福利的损失。虽然对

茅台酒的消费热情会在一定程度带来消费率的提升，但这种消费扩张付出了较高的社会成本和较多的福利损失。消费多元化会使中国的社交不再局限于用茅台等高端白酒助兴，还会有更多其他形式，如兴趣爱好社交、运动社交、文化社交、休闲社交等，茅台酒等高端白酒的价格也会更加亲民。

消费发展还可以促进文化发展。消费有利于社会群体的形成与社交生态系统的完善，使人的交往更加丰富。人们在消费中交流审美，分享快乐，寻找人的价值，进而促进社会文化的发展。在这个意义上讲，消费能促进人的发展，当然这个消费必须是积极的、健康的消费。高质量的消费更寻求消费中的文化属性和文化价值，我们可以看到，消费品中的文化内涵会越来越重要，人们会更注重在消费中的文化体验；消费的高端化也会使文化产业在消费中的比重越来越高，比如运动联赛、文化旅游、文化社团等，不仅可以带动社会商业发展，也能极大地推动人的发展，而可持续的消费能拓展可持续的产业发展。因此，现代经济发展中，文化产业的发展日趋兴旺。

第三节　提升个人和家庭的可持续收入水平和可持续消费意愿

个人和家庭的生存与发展是消费的主体，也是消费动力的源泉。个人和家庭的经济状况决定了消费的动能，收入水平、社会保障、就业质量、未来收入预期、财富积累等决定的收入稳定性决定了个人和家庭的长期消费意愿和支付能力。我们应该重点从收入水平和收入的稳定性来提升个人和家庭的可持续消费能力。

一、提高中低收入阶层的收入水平和财富积累水平是消费发展的经济前提

从制约我国经济消费发展的主要原因来看，中低收入阶层个人和家

庭的绝对收入及财富积累水平不高是最主要的因素，主要表现为：居民收入占 GDP 比重偏低、中低收入阶层的收入比重占全部居民收入的比重偏低、相当比例的居民和家庭财富积累水平还很薄弱。

为什么要提高低收入群体的经济水平？因为这是提高社会消费率的重要前提，是支持家庭良性循环的前提。家庭和个人是经济主体的细胞，个人的负债能力、财富积累、可持续收入能力、信用状况是支持社会消费扩张、投资扩张和创新创业的重要基础，家庭的信用扩张能力对支撑整个经济的信用扩张具有基础性作用，所以政府通过社会保障、强制社会保险、劳动者支持政策可以支撑个人和家庭的经济状况，从而为社会信用的扩张打下基础。

经济发展包括以下四个循环。一是个人经济循环：良好的个人信用、收入状况、财富基础与负债状况；二是家庭经济循环：良好的家庭文化、家庭结构，成员相亲相爱，代际传承与代际信任；三是企业经济循环：良好的企业信用、创新能力、收入状况、负债状况、竞争力；四是国家经济循环：良好的国家财政状况、国际竞争力、创新能力、社会可持续发展力。这四个方面要平衡好、协调好，不能顾此失彼。我国与发达国家相比，国家负债率低，产业竞争力很强，企业创新动能很足，出口竞争力很强，企业也很有竞争力，但我们的家庭和个人方面略有欠缺，如个人和家庭的收入及财富不够理想、低生育率导致代际的传承不够好等。所以要打造个人的收入—财富—信用体系，要着力提高个人和家庭的收入在全社会收入中的比重，增加个人和家庭的财富积累，增强代际传承能力。而构建良好的个人经济循环体系，不仅需要个人的努力和良好的家庭文化，还需要国家的强力支持。在市场经济收入与财富分化的背景下，如何打造低收入群体的个人和家庭的经济循环体系？政府的支持必不可少。我们过去把重心放在企业身上，打造优质企业，参与国际产业竞争，取得了很好的成就，未来，需要适当向个人和家庭倾斜，支持个人和家庭的收入提升，促使个人和家庭拥有更多的财富积累，还有一点就是要给予个人和家庭更多的闲暇时间，促进人的更全面发展。

需要强化政府的再分配政策，充分发挥税收与财政的调节作用，对高收入和高财富拥有者征收一定的税收，通过社会保障、税收减免等方式分配给低收入群体，从而增强低收入群体的消费能力，达到提高社会消费率的目的。不要小看社会保障的再分配效应，在欧洲发达国家，约GDP 的 15% 用于社会保障支出，用于补贴给低收入群体。

二、个人和家庭收入的稳定性和可持续性是消费发展的重要保障

良好的个人经济状况是整个国民经济良性循环的基础，同时是国家经济发展的根本目标。良好的个人经济状况包括较高的收入水平，良好的负债能力，良好的个人征信情况，良好的个人生命周期内的可持续财务状况，高质量的个人发展平台与就业质量，等等。这些都是个人高质量发展中的经济维度的体现。

应该建立和完善个人破产制度。个人破产制度的完善可以保护"人"作为经济主体的终身经济民事能力，避免因为生意失败而终身被追偿、永无再发展的机会。建立个人破产制度可以保护那些诚信的债务人，使他们不至于因一时的商业失败或个人财务的混乱而陷入不能自拔的地步，允许他们有基本的生存空间，并能够通过自己的努力重新开始生活。在现实经济生活中，除企业之外，个人也会大量地参与各项经济活动，其间必然会产生大量需要依法保护的债务，特别是当前个人信贷的数量和规模都急剧增长，推出公平公正的个人破产制度，可以保障和促进个人信贷业的健康发展，也能保护人在现代经济发展中的重要价值。通过债务豁免，使"人"在经济发展的大潮中拥有经济再生的机会和环境，也能保护破产者家属正常的消费、工作和开展家庭经济活动的能力。

加强政府在保障个人收入稳定性和可持续性上的作用，帮助个人改善和提升经济状况。通过政府的强制社会保险＋公共财政补助＋国有经济资产注入的方式构建更强大的社会保障机制，在生育保障、养老保障、事业保障、医疗保障、社会救济等领域广泛建立更强大的社会保障制度。以养老保障为例，目前我国的养老保险面临着越来越严峻的挑

战，加速发展的人口老龄化、覆盖面窄、统筹层次低、隐性债务和个人空账等问题，使现有的养老保险制度力不从心，农村传统的"家庭养老与土地保障"功能已日趋退化，新型农村养老保险制度保障力度有限，任务艰巨，应该加大劳动阶段的强制性社会保障对各类所有制企业的覆盖力度，加大财政对养老保险的补贴，同时通过划转更多的国有经济资产，强化对养老保险的支持力度。

我们以前认为，个人的事情是个人努力的结果，努力了，个人收入就高，经济状况就好；不努力，收入就不高，还不起债也是咎由自取，我们把问题完全归结为个人。但现代经济体系的发展表明，政府可以在改善个人经济状况方面大有作为，包括建立并完善强大的国家收入再分配体系、完善成熟的社会保障体系、政府强制性的社会保险制度和福利制度等，可以为个人的终身可持续收入构筑一道厚实的堤坝，使民众在面临周期性的经济波动、失业、大病、老年失去劳动能力、子女养育等方面的困难时，可以获得强力的支持，从而大大提高个人和家庭收入的可持续性和稳定性。强有力的社会保障也可视为个人很大的一笔终身财富，这笔无形的财富总是在需要的时候可以转化为现金收入，这将大大提高个人收入的稳定性，并极大地提高个人的边际消费倾向，也会极大地提高社会的消费率，为个人的消费发展提供强有力的经济支持。

三、拥有合理的自由可支配时间是劳动者消费发展的时间保障

人的现代化是人的全面自由发展，拥有合理的自由可支配时间是人实现个性化发展的必要条件，也是消费发展的重要前提。工业时代，劳动者工作时间较长，在激烈的国际经济竞争背景下，延长劳动者的工作时间会降低工业经济成本，从而降低国内产品的国际价格，有助于在国际市场上赢得市场、赢得产业链，并获得更多就业岗位，因此，在工业化初期，宽松的劳动力政策为我国的经济腾飞提供了动力，也为我国制造业的发展、升级赢得了市场。但到了工业化后期，随着我国经济竞争力的增强，经济竞争力更加取决于创新、人力资本和全要素生产率，劳

动时间对竞争力的贡献在下降，且劳动者对休息时间的诉求更加强烈，合理的自由可支配时间成为劳动者全面自由发展的重要前提，也是劳动者消费发展的必要条件。

只有提高劳动者的素质和劳动生产率，保证劳动者在工作之外有充足的休息时间，才能使劳动者有更为充沛的精力和体力继续从事劳动，才能使劳动者有时间学习知识，提高自己的素质和工作能力，从而提高劳动生产率。时间已成为现代社会人的发展的最重要的制约因素，有充裕的休息时间，才能在个性化发展、家庭文化建设、运动等多方面为人的发展提供时间保证，而人的发展又进一步为消费发展提供了牵引力，因此保证足够的非工作时间是人的发展的基础条件。日本消费之所以低迷，其中一个非常重要的原因是工作时间和隐性工作时间偏长，日本正式员工不仅经常加班，还经常在下班后参加公司同事的聚会活动，甚至长时间陪酒，这些都可以视为隐性工作时间。这些时间大量占用了家庭文化建设时间，并导致家庭消费活动的减少。根据日本总务省的调查，家中有 6 岁以下孩子的家庭，日本爸爸在育儿及家务上花的时间仅有 1 小时左右；而北欧和美国的爸爸们则是 3 小时以上。在这种缺少父亲陪伴的状况下，日本家庭消费的支出如何能与欧美国家相比呢？

我们习惯于将人的发展定义为事业性发展和职业性发展，但如果人的发展仅仅局限于事业和职业，而缺乏非职业发展，不仅个人会陷入单向度的发展，缺少文化滋养、家庭关爱和消费支撑，而且整个社会也会面临发展不平衡的问题，消费发展受阻、缺少良性经济循环所需要的消费牵引力。

第七章

走出人的发展的内卷化

——竞争的高阶化与人的现代化

一个高质量发展的经济体，需要什么样的竞争，怎样才能让竞争更有价值？如何让竞争成本更低，更能激励社会的发展潜力？如何让竞争激励社会资源服从和服务于人的全面自由发展，推动人的现代化？社会需要从低阶竞争的泥潭中解脱出来，减少内卷，降低竞争成本，并使竞争有利于激活最广大人民的创造性和能动性。什么在决定着社会的竞争结构？从经济视角看，竞争结构是仅仅由产业结构决定吗？显然不是，竞争结构不仅取决于产业结构，还取决于社会需求结构、供给结构、区域结构、阶层结构、收入结构、价值观念等。

第一节　竞争如何促进人的现代化？

竞争性发展是一种有效的选择机制，通过竞争，更优秀的个体、更良性的发展方向、更高效率的发展方式被挑选出来，进而提高人的生产效率、优化人的发展路径，因此竞争性发展是人的发展的牵引力，规范着人的自主性和个性化发展方向。

一、竞争性发展是推动人的发展的激励机制

竞争性发展是推动人的发展的重要动力。竞争性发展通过资源的优

化配置，使人的边际生产效率更高，通过对优秀劳动者和优秀团队的正向激励，鼓励劳动者积极进取、脱颖而出，同时对低效率使用资源的个人和企业进行约束，从而不断提高人的发展水平。竞争性发展广泛存在于教育、就业、生产、消费等领域，广泛存在于区域、国家之间，给社会提供了一种选择机制，确保人的发展拥有更优秀的团队、更高效率的技术、更好的制度、更卓越的文化。资源是有限的，土地的有限性、住房的有限性、资本的有限性、教育学位的有限性、优质就业岗位的有限性、产品供给的有限性等都会导致人与人之间在各个领域的竞争，竞争一方面促进了资源的高效率配置，为优秀和勤奋的人们提供了更好的发展资源，另一方面也会通过优胜劣汰，激励人们不断提高自己的专业能力和综合素质，激励企业不断提高生产效率，降低成本，从而为人的发展提供更好的平台。

竞争存在于个体之间、企业之间，也存在其他类型的组织之间，行业、区域、国家之间都存在广泛的竞争，竞争释放了人的发展潜能，使优秀的组织和个人成长起来；竞争也倒逼落后的个人和组织不断学习、变革、创新、进步，以融入和适应社会不断的发展。竞争本身就是舞台，它展现了人的潜能，优秀的个人和组织通过竞争，展现了人的价值。现代化的社会为人的发展创造了丰富多彩的竞争赛道，使不同的人得以展现和发挥不同的特长，使更多的人可以拥有自己灿烂的人生。

竞争性发展可以激发人内在的巨大能量，激励人们创新并不断提高效率。在竞争激烈的市场环境中，企业需要不断创新和改进产品、服务和技术，以满足消费者的需求并保持竞争力，这将促使企业在生产管理中尊重人才，重视技术人才在生产中的贡献，加大对技术进步和创新能力的投入，那些为企业发展作出贡献的技术型人才将充分释放其市场价值。而企业在经营管理中，在竞争的压力下，需要不断地提高产品质量和服务水平，不断地调查研究消费者的需求和审美变化，以满足人的高品质生活需要，这样可以提升消费者的满意度和忠诚度，从而使我们社会的生产能更好地服务于人的发展需要。

市场机制鼓励勤奋、创新、服务消费者，而排斥懒惰、守旧、不尊重消费者。市场的激励约束机制激励人们不断地进取，追求更高的效率、更高的质量、更好的创新。因此，在市场竞争的场域中，人们在服务其他人发展的同时，可以实现自身更好地发展。

二、竞争性发展是经济社会实现资源优化配置的重要手段

现代市场机制能很好地优化资源配置，增加供给，提高生产效率，提高劳动者的边际产出和收入。市场提供了一种有效的竞争机制，通过扩大收益，降低竞争成本，淘汰落后者，能不断地优化竞争的收益和成本。但并不是所有领域的资源都能自由流动，也并不是所有领域都存在公平的市场竞争规则，比如价格机制在某些领域就不存在。市场机制能使竞争力更多地建立在效率、创新、能力、素质、正能量之上，从而能使竞争为经济发展提供极大的正向激励。

资源需要在不同的国家、不同的地区、不同的产业、不同的企业之间进行优化配置。从整个人类社会的发展来看，国家之间存在资源竞争，而竞争的结果是资源流向那些更富创新能力、更富生产效率、更有综合竞争能力的国家。从国家内部来看，有限的资源需要优化配置：需要实现资源配置在产业间的优化，从而不断实现产业升级；需要实现资源配置在企业间的优化，从而不断实现优胜劣汰；需要实现资源在地区间的优化配置，从而形成区域间你追我赶的发展态势。这些都将更加凸显人的发展价值。如果没有竞争机制，资源的流动将停止，社会转型和企业转型将停止，产业升级也会非常缓慢。在竞争激烈的市场环境下，社会和企业都需要不断地挖掘人的价值，给人更多的发展空间，比如，区域竞争使各个地方更加重视人才和人口，各地"攀比"式的人才政策使全社会形成尊重知识、尊重人才的社会风气；而人口政策则提升了政府服务人民的质量，让"人"成为发展的中心和服务的中心；等等。

在消费端，竞争机制可以促进消费品的替代，降低资源稀缺性，提高消费者福利水平。竞争可以促使企业不断提高产品质量和服务水平，以满足消费者需求；竞争可以促进替代品的开发和市场推广，增加消费的选择性，降低商品的稀缺程度，提高消费者的消费水平和福利水平；竞争还可以实现经济的多元化，更加多样化的商品和服务为消费者的自

由发展提供了广阔的空间，从而优化人的效用函数，促进人的不断发展。

三、竞争能降低稀缺性，提高劳动者的收入水平和生活水平

竞争能让经济统一在一个市场大舞台上，劳动者、企业家、资本、土地、技术等各种生产要素自由配置、优化组合，在竞争的反馈机制中寻找最好的配置，追逐利润，满足消费者的需要，生产那些社会需要的物品，解决经济供给侧短缺的问题；竞争能促进技术创新和技术扩散，从而降低稀缺性。现代经济的大规模创新使知识得以作为一种重要的生产要素参与到经济增长中，知识对其他生产要素的技术创新大大降低了其他生产要素的稀缺性，例如，信息技术的发展使电子商务成为新的购物形式，从而大大节约了空间资源和土地资源，使大城市的门面房价格和物价水平也大幅度降低了。因此，创新和技术进步的重要动力是竞争。

竞争促进了产业的多元化，降低了资源的稀缺性，增强了资源的流动性。这就好比将一个乒乓球台变成了一个足球场，使更多的人拥有了奋斗的空间，人们有了更大的舞台进行博弈。

竞争还能促进贸易和经济开放，而贸易和经济开放也降低了资源的稀缺性。进口使国内稀缺资源的稀缺性大大降低了，从而减少了对这些稀缺资源的竞争，比如，粮食的稀缺会使粮食价格暴涨，土地价格也会暴涨，进而导致资本涌入购买土地资源，高昂的土地价格使低收入家庭无法购买土地，从而给他们带来生存危机。但进口使粮食价格降低，并进一步降低土地价格，使低收入群体也能买得起土地，而资本则会转向其他的工业或服务业，减少资本对稀缺土地资源的竞争。

四、竞争性发展为人的"个性化发展"和"合作性发展"提供选择机制

市场竞争的价值在于向社会提供反馈机制、优胜劣汰机制、收入分配机制、要素配置机制、定价机制等。竞争性发展是经济发展的一种选

择机制，那些符合生产发展规律、符合人的审美发展需要的产业、产品、服务会被社会所接受，而不符合生产发展规律、不能适应人的审美发展需要的产业、产品、服务则会被市场所淘汰。如果没有竞争性的选择机制，自主与个性化发展就会走向"泛自由化"，甚至"无政府主义"，正是有了竞争性的约束，加入了人的选择机制，高质量的"个性化发展"才能成为社会的主流，才能催生出亿万个既富有个性和创造性，又兼具社会价值的优秀个体。如果没有竞争性的选择机制，合作性发展的效率没有检验机制，合作是否有效率？成本是否足够低？合作中生产要素的配置是否合理？合作生产的产品和劳务是否能被人们所认可和接受？这些都需要竞争性机制的检验。有比较才有鉴别，只有不同的市场合作主体在竞争中比效益、比质量、比服务、比成本，才能遴选出最优秀的合作性团队。

市场的价格机制、要素流动机制、竞争机制、供求机制、分配机制等能促使生产要素实现最佳配置，实现价值的最大化，从而创造更多高收入、高质量、高创新性的就业岗位，从生产角度而言，市场与人的发展具有天然的一致性。

市场的分配体系在生产环节对生产要素的激励机制无疑是高效且合理的，但市场分配的结果客观上会带来两极分化。市场产生的两极分化效应是市场机制与人的发展的最大对立点，但发达市场经济体的普遍做法是构建强势的政府再分配体系。因此，我们要深化市场体系建设，做好政府的收入再分配工作，而不是怀疑和质疑市场经济。

第二节　"内卷式竞争"与"高阶竞争"的七种对照情形

一、低质量竞争与内卷

"内卷"本是一个学术名词，在学术文献中常用作"内卷化"。"内卷"这个概念是德国哲学家康德在《判断力批判》一书中最早使用的。使内卷化概念得到发展的是两位人类学家,一位是亚历山大·亚历山大罗维奇·戈登威泽,他将一类文化模式达到某种最终的形态以后,既没有办法稳定下来,也没有办法转变为新的形态,而只能不断地在内部变得更加复杂的现象称为"内卷化"。

另一位是克利福德·格尔茨,在其著作《农业内卷化:印度尼西亚的生态变化过程》中写道,他在印度尼西亚调查时发现,爪哇岛资本缺乏、土地数量有限,加之行政性障碍等,无法将农业向外扩展,致使增加的劳动力不断填充到有限的水稻生产中,农业内部变得更精细、更复杂,从而形成"没有发展的增长"。格尔茨用"农业内卷化"来概括这一过程。

"内卷化"引起中国学术界的关注,是由于黄宗智在其著作《华北的小农经济与社会变迁》和《长江三角洲小农家庭与乡村发展》中分析过去几个世纪中国农村状况时,借用了人类学家的"农业内卷化"概念。他用这一概念来说明劳动密集化导致的单个劳动日报酬递减现象,表现为"没有发展的增长"。黄宗智指出:"内卷的要旨在于单位土地上劳动投入的高度密集和单位劳动的边际报酬减少,近世以来还存在着'过密型商品化'。"

社会发展的一个重要动力是竞争,它是经济发展的一种选择与进化机制。竞争必然伴随分化与淘汰,这样分化与淘汰会对特定的群体形成"先进"和"落后"效应,"先进"和"落后"是社会竞争评价的一种必然结果,并最终导致淘汰。所以竞争必然带来一定的损伤。有很多人在市场竞争中会面临失业或破产,这是竞争的成本与代价。竞争虽然有成本,但不一定构成内卷。内卷的本质是一种低质量的竞争,社会竞争为什么会陷入低质量?首先,竞争规则的缺乏或不完善会导致竞争的不公平、不透明;其次,竞争"标的"如果集中于某些特定的稀缺资源,只会推高这些资源的价格,增加社会负担,而无法形成增量效应;最后,竞争如果是封闭的,会导致要素流动停滞,某些要素堆积,边际生产力极其低下,而另一些要素则极端稀缺,竞争无法实现资源替代与创新。良性竞争是经济社会发展和人的发展的重要动力,但低效率竞争是经济社会和人的发展的严重障碍，阻碍人的现代化进程。

低质量的竞争会浪费人的时间，抹掉人的创新能力和创造才能，以人的发展停滞为代价。如果很多群体和个人长期陷入内卷，经济发展的质量将变得低下，而人的发展价值也会大打折扣。内卷式竞争只会让人付出巨大成本，少数人可能成功但大多数人无法获得成就感。在这种反复的竞争过程中，创新被抑制，取而代之的是价格的攀升或权术的盛行。

二、低阶竞争与高阶竞争的七种对照情形

低阶竞争不可能完全消除，即使消除，低阶竞争的威胁也不可能消除，低阶竞争的高成本和高代价驱使人们回避低阶竞争，追求高阶竞争，所以，我们不应害怕低阶竞争，也没有必要恐惧低阶竞争，也不要妄想完全消除低阶竞争，而实现所谓的"理想彼岸"。人类总是在灰暗的低阶竞争的加持下追求光明的高阶竞争。

为什么人们会陷入低阶竞争而无法自拔？例如，一些农村地区的人们热衷于攀比盖房，比谁家的房子更大、更漂亮。然而，他们往往很少在老家住，小孩在城市上学，父母在城市打工或做生意。可是为什么人们会花很多钱盖三四层的房子，甚至不惜借钱贷款？这些房子的利用率是很低的，造成了巨大的浪费。他们选择参与住房竞赛的"面子之争"，而对于人的发展、精神文化生活等高端需求，农村居民的花销却少之又少，是什么因素影响了他们的竞争选择？以下我们列举了内卷式竞争与高阶竞争的七种对照情形。

（一）低阶需要的竞争—高阶需要的竞争

人的需求从低阶到高阶依次为生理需要、安全需要、社交需要、尊重需要、自我价值实现的需要。如果竞争总是围绕生理需要和安全需要展开，总是解决不了低阶需求，则社会的发展就会很缓慢，甚至停滞不前。在封建时期，由于温饱问题始终无法解决，粮食和土地是竞争最集中的标的，家族文化礼仪满足了社交需要，但往上的尊重需要和自我价

值实现的需要几乎很难实现，人们在三六九等的社会分层中去追求温饱和个人家庭的安全，根本谈不上自我价值的实现。自我价值的实现只有两种：低概率的科举致仕和低概率的买地囤地成为地主。围绕粮食和土地竞争还延伸出了对权力和身份的竞争，考取功名成为年轻人的毕生追求，以至于对科学技术的探索和"求真的追求"几乎被湮没了，这也导致中国封建社会后期的经济发展和科学文化发展落后于西方。改革开放以后，中国人解决了温饱问题，现代经济和现代科技成为竞争的主要领域，社会发展进入了一个突飞猛进的时代。

社会从低阶需求竞争向高阶需求竞争的进化需要各方面的客观支撑条件，有其特定的历史过程，但我们可以通过优先解决低阶需求，让社会更多的资源集中于满足高阶需求，从而促进社会发展。当然，前提是要尊重经济规律和社会发展规律。

古代社会的粮食竞争与今天大城市的学区房竞争、住房竞争、体制内就业岗位竞争、优质学位竞争、户口竞争、其他权力竞争等有一定的相似性。虽然这些需要的基础性已远远不如古代的粮食竞争和土地竞争，但依然被人们视为基础性的需要，围绕这些基础性需要，会展开各种高强度的竞争，还会延伸出对金钱、权力的竞争，从而形成拜金主义和拜权主义。

（二）封闭式竞争——开放式竞争

封闭式竞争使生产要素缺乏流动性，会导致各种要素之间的配比失调，某些要素过剩，但某些要素会短缺。过剩的要素在"边际收益递减规律"的作用下，边际产出很低，甚至为负，极大地挫伤了要素的生产效率。而短缺的要素又会导致稀缺性加剧，成为稀缺性竞争的标的，会耗费大量社会资源，阻滞社会创新。

在封闭的经济竞争中，由于要素流动被限制，要素无法从边际生产力较低的领域流入边际生产力较高的领域，要素堆积在特定领域，形成过剩。比如在一些发展中国家，由于劳动力过剩，如果限制其流动，则劳动力的严重过剩会使农民的边际产出非常低，农民之间的"内卷式竞争"加剧农产品价格的走低，农民的收入会非常低且不稳定。中国在改革开放后，通过构建开放、统一的劳动力市场，推动农村劳动力向城市转移，解放剩余劳动力的生产力，极大地提高了劳动者的收入水平。

在封闭竞争条件下，某些要素会面临短缺，要素稀缺性竞争加剧，会形成"稀缺性掠夺"，从而形成内卷。若社会对某种高稀缺性资源过度偏好，在竞争性购买的推动下，该种高稀缺资源的价格必定很高，而要素所有者则可以利用资源的高稀缺性，以很高的价格出售或出租该种资源，持续从市场中获得高额递增的回报，稀缺资源的购买者则会付出大量的货币与收入，这就构成了"稀缺性掠夺"，部分群体为了拥有这些高价资源，付出了极大的成本，但社会的总福利并没有增加，只是改变了社会的分配结构和效用结构，从而形成"内卷"。

如果一个社会陷入高稀缺性资源的竞争"陷阱"，创新动力会损耗，生产效率提高受到阻滞。高稀缺性资源的竞争会导致恶质竞争，甚至诱发特权保护和寻租，并扭曲资源配置，特权和寻租会使社会的价值观扭曲，这种内卷式竞争要引起我们的高度警惕，如果很多人都为追逐这些稀缺的要素而付出巨大成本，则社会的内耗会很大，形成严重的内卷。在应对高稀缺性资源的内卷是竞争方面，我们也在有针对性地采取一些对策，比如为应对特大城市中教育资源、土地资源、房产资源的竞争，政府对特大城市房产的"限购"、城市教育均衡发展方面的努力，其实就是在限制这种"高稀缺性竞争"。

（三）伤害式竞争—包容式竞争

现代竞争对人而言，越来越具有包容性，最残酷的竞争莫过于战争，而战争属于毁灭式竞争。战争在古代社会经常性存在，民族之间为了土地和资源，倾其全力增强战争能力，置对手于死地，胜利者获得资源与生存空间，失败者或者死亡，或者因为没有生存资源而被奴役。由于古代社会土地承载能力非常有限，民族之间的空间竞争非常激烈，战争便成为民族竞争的普遍样式。这种竞争是严重对立、你死我活、缺乏包容的竞争。现代经济的发展和科技的进步已经使地球的承载能力大大加强，全球经济一体化使人们的竞争没有必要绝对对立，胜利者获得胜利后虽然可以享有经济、科技上的发展优势，但依然能够对落后的民族形成经济与科技的"溢出效应"。知识的共享性和全球资本的流动性使民族之间的竞争和合作相辅相成，竞争的包容力越来越强。民族之间的竞争也逐渐从军事竞争和领土竞争转为经济竞争和科技竞争。

近代以来工业革命初期，资本主义竞争充分展示了其残酷的一面，经济危机之下的企业破产、失业、贫困使资本主义的竞争充满了残酷与伤害。现代经济的发展使现代国家普遍建立了福利经济制度和各种劳动保护制度，企业制度、劳动制度、社会保障制度的完善使国家内部的竞争主要表现为现代市场经济竞争，企业破产后对失业者的保护充分显示了现代市场竞争中包容的一面，股东或员工不会因为企业经营破产而一蹶不振，他们在法律的保护下可以有新的发展机会。地区经济在竞争中如果失利，发展滞后，同样也会受益于国家财政的转移支付机制，落后地区的政府和居民能获得政府的财政援助和福利支持，重新获得发展机会。

企业破产制度、个人破产制度、社会保障机制、福利经济制度、均衡发展机制等是包容式竞争的重要体现。竞争的残酷性和社会的包容性各自发挥其功能，形成了包容式竞争，社会在竞争中激励强者，但弱者也能在社会包容中获得发展。

应抑制科技竞争的功利化倾向。科技的基础研究应该重在对未知领域的探索，而应用研究应该重在解决市场需求的关键技术问题。如果基础研究也以市场化为导向，凡研究都要追求所谓的前沿，则"百花齐放"的学术探索理念将无法实现。

（四）零和与负和竞争—正和竞争

成王败寇的价值观是我们所反对的，如果只强调竞争的成败，而不强调竞争给社会带来的整体收益以及所付出的成本，这样的竞争观是不正确的。虽然就竞争的参与者而言，成败可能比其他更具现实意义，但是从全社会经济竞争机制的设计来看，竞争应当有利于社会经济总量的递增，有利于社会生产效率的提高，有利于优胜劣汰，有利于资源要素的优化组合。

零和与负和竞争意味着社会总收益为零或负，竞争不能产生增量收益。战争是社会实现再平衡的一种重要形式，但无疑是一种低端竞争，成本极其巨大，并且伴随着巨大的人员死伤和社会动荡、经济损失。但战争为什么总是存在？因为现有的规则体系无法调和稀缺资源的配置，所以不得不依赖极端的战争手段来实现再平衡。

除了战争，社会竞争中还有很多零和与负和的竞争，比如对缺乏供给弹性的稀缺资源的竞争，红木炒作和玉石炒作就是这样的例子。当这些特定资源的价格被炒作得特别高的时候，人们仍然热衷于这种竞争性炒作，这种炒作蕴含着巨大的风险，并且会让炒作者付出巨大的精力和时间成本，特别是当泡沫破灭后，对投资人的打击是极其巨大的，而社会也并未从这种稀缺性炒作中得到任何价值，只是进行了一场击鼓传花的负和游戏。

对某种权力的竞争也可能会是一种零和竞争，比如对义务教育阶段的学位的竞争。在这种竞争之下，社会无形中对学校进行了某种划分，所谓的优质学校在人们的认定中永远只是少数，所以这种竞争并不会增加优质学位的供应，只会增加家长对子女上学的成本的投入——对学区房的持续投入，以至于这种义务教育阶段的竞争演变成一种毫无增量收益的房地产竞争。但高等教育就不一样了，对优质教育资源的追捧可能导致高校对办学硬件和软件的持续投入，进而提高教学质量和科研水平，因为高等教育的质量可以通过诸多外在显示性指标来衡量，但义务教育阶段的教育质量无法通过外在显示性指标来衡量，尤其是少儿阶段的德智体美教育，其质量是无法用外在的显示性指标衡量的。所以对义务教育阶段的学区竞争要加以限制。

以经济增长为导向的竞争具有正和性质，即增长能创造多赢的局面，虽然在这种竞争中会有失败者，但由于社会新创造的价值在递增，因此竞争的总体收益是正的，并且失败者最终也能从这种竞争中受益，故而以经济增长为导向的竞争具有良性竞争的特质。总之，我们在竞争中要鼓励价值的创造，形成价值的递增效应，这是良性竞争的基本要素；要坚持以经济发展为中心的社会发展战略，这是规范竞争走向良性化的重要约束。

（五）少数人受益的竞争—多数人受益的竞争

竞争的重要功能是促进人的发展，如果竞争只是少数人受益，而多数人不受益，显然这种竞争需要反思。

以应试教育为例，在初中和高中的学习中，由于孩子们面临各种选拔考试的挑战，我们的教育更多的是教他们怎么考试，怎么有更高的分数，然后得到老师和同学的认可，在选拔考试中胜出。可是我们的教育中缺少快乐教育，没有教怎么让孩子们更快乐，现在教育的所谓快乐其实是一种成就感，比如，我考了100分，全班排第一，受到老师表扬很快乐，但是全班第一的同学永远只有一个，如果全班第一才能快乐，那99%的同学都不会快乐。教育的意义不仅要使人优秀，而且要使人快乐，优秀是外在的标准，比如成绩很棒，表现很好；快乐是内在的，比如心情愉悦，每天的情绪都很稳定，能从运动、交流中得到喜悦。真正的快乐教育是让孩子们用心去感受世界和自己的美好，比如打球、滑雪、游泳、唱歌带给人的快乐，阅读带给人的快乐，与家人交流娱乐带来的快乐，等等。我们的孩子在少儿阶段的教育缺少这些。中学时代的成绩竞争具有相当的残酷性，如果我们给予孩子们更多的成才空间和渠道，比如体育、艺术、文化等，孩子们的竞争会从单纯的应试教育拓展到多渠道的竞争，从而增强孩子们竞争的成就感，为人的全面自由发展创造更好的竞争氛围。

古代的科举制度是对秀才、举人和进士的竞争，是一种典型的少数人受益的竞争，中秀才的概率已经很低了。举人和进士更是难上加难，概率极低。虽然读书人增加可以促进知识的传播，带动家族认知水平的提高，对下一代和周边群体形成知识外溢效应，但我们应该看到，科举制度的受益群体还是非常有限的，只有极少数具有天赋且努力的选手在科举竞争中胜出，赢得了仕途和荣耀，而社会的进步却很缓慢。近代以后大班制的现代教育让更多的群体接受了科学的教育，高等教育大众化后，现代教育的高考竞争和研究生考试竞争虽然很残酷，但驱动了更多的人走向知识舞台的中央，推动了个人和家庭的现代化。

市场经济的竞争具有增长效应，大多数人都在经济增长的沐泽之下，增长的普惠效应会利好每一个个人和家庭，但市场的残酷性也需要引起我们的警惕，破产、失业给个人和家庭带来的冲击非常大，所以我们应该利用增长创造的价值为社会构筑一道福利经济的防线，为失业群体和破产群体提供一定的保护，帮助他们重回社会，获得发展的动力。对于那些普通劳动者，我们也要让他们享受到经济发展带来的福祉，让经济发展惠及更多的普通群体，让中产阶层有获得感和成就感。如果社会竞争只是少部分的最成功人士受益，如果只有那些最能赚钱的人、做学问最好的人、职位最高的人才有成就感，那么这样的社会竞争一定存在某种局限，这样的社会一定有改良的余地。社会要鼓励竞争，但竞争一定要让多数人受益。

（六）逆向选择竞争——正向选择竞争

逆向选择竞争，即劣币驱逐良币的竞争。社会存在逆向选择竞争的原因是多方面的，有信息不对称、竞争规则不一致、竞争缺少公正等原因。

第一个原因是信息不对称。这会使竞争参与者处在不公平的位置，比如投标的两家单位，如果对需求单位的具体要求掌握的信息不对称，一家单位了解得多，而另一家了解得少，则二者在投标的过程中，掌握较少信息的那家单位由于对需求了解不透彻，尽管技术好、成本低，但标书的完备性就很可能不如另一家，最终就可能导致这家单位在竞标中失败。

第二个原因是竞争规则的不一致。比如有些厂家利用消费者对产品了解不透彻的盲区，或者利用自己在政府中的某种特殊关系进行寻租，使产品质量低于法定标准，以降低成本，但由于消费者并不能完全掌握产品的信息，以为产品质量与其他符合标准的产品相同，结果，这家偷工减料的企业就会在市场竞争中胜出，因为其有成本优势。

第三个原因是竞争成本过高，导致部分竞争者退出，最终使低效率企业胜出。企业会面临各种各样的竞争成本，比如信息沟通成本、交通成本、政企关系成本、客户维护成本等，这些成本使竞争的决定因素不是生产成本，而是营销成本、公关成本等。结果，那些专注于生产质量和生产技术的企业反而没有竞争优势，而低效率企业反而会胜出。这种竞争本质上是竞争结果与生产效率无关，最后形成逆向选择。

（七）对特权的竞争—对创新的竞争

人们的竞争标的中有两个重要的对象，一个是特权，另一个是创新。由于特权的稀缺性，如果一个社会持续消耗大量的资源陷入对特权的竞争，则社会将因为无法形成增量效应而进入内卷状态；反之，如果一个社会持续进行对知识和创新的竞争，则社会将因为知识和创新无穷无尽而进入增量发展状态，社会发展的动力就会越来越强劲。因此，我们的社会应该将竞争引入对创新的竞争，而减少对某种权力的竞争。

为什么人们会对特权形成偏好？当人们缺乏安全感、被权力所支配时，权力会给人带来安全感，这种安全感是一种低阶需求，并且对权力的竞争并不会增加供给，只会导致其竞争成本的提高。如果追求权力能提高权力产出（公共服务）的质量，则这种竞争就是一种积极的、高阶的竞争，因为对稀缺资源的竞争如果能提高资源的边际收益，显然这种竞争是有意义的。但很多的权力竞争并不会带来权力产出的增加，只会带来更高的竞争成本，甚至导致索贿和权力斗争盛行，那这样的权力竞争就是低阶的。如何消除人们对安全感的担忧？一个重要的办法是通过国家的法治力量保障人们基本的权利，比如人身自由的权利、个人财产保护的权利，以及对劳动者的各种保护等。所以，人权的保护和法治的建设是人们走出权力竞争枷锁的重要基础。

知识和技术的竞争是一种高阶竞争，因为知识和技术有两个特质。一是知识的共享性。知识产权虽然在法律上具有专利保护，但是大多数知识具有很强的共享性，即便某一个人或者某个团队（企业）首先获得这个知识，但由于个人和团队在使用知识的过程中会被员工所掌握，或者知识被包裹在产品里面，就很容易被传递给其他的个人或者团队。知识的外溢属性意味着它有很强的正向外部效应，因此，知识和技术的竞争一定会对全社会的发展产生极大的推动作用，是收益递增的竞争。二是知识和技术供给的无限性。知识和技术具有开放性，知识的膨胀和技术的创造使这两种要素具有供给的无限性。但权力竞争是有限的，只局限在某个供给增长几乎为零的场景，比如对某个学区学位的竞争，这种学区学位的供给增长几乎是零，因为学校是固定的。围绕学位的竞争会带来学区房价格的高企，使家长付出了高昂的入学成本。而围绕知识和技术的竞争会加速知识和技术的供给，知识和技术的供给膨胀后又会产生新的知识和技术，如果社会将更多的资源集中在知识和技术的供给上，则可以创造巨大的增量效应。

为什么某些社会总是陷入权力竞争而无法自拔，却很难专注于知识和技术的竞争？有以下几个原因。第一个原因是权力架构不稳定，权力分配面临很大的不确定性。这种情况通常是因为政治不稳定，社会秩序混乱，政治力量互相博弈，社会处在动乱当中。第二个原因是权力过度参与资源分配，权力的作用过大。权力超脱了法制的约束，对资源配置的作用无处不在，而知识和技术对资源配置的作用就很小，知识和技术带来的收益也很小，所以社会竞争就会对权力趋之若鹜。第三个原因是在某个特定阶段，知识和技术很难转化为市场价值，其效益产生的过程漫长且并不明确，此时，人们还不知道知识和技术的重要性。

要促使社会竞争走上知识和技术竞争的轨道，需要限制权力在资源配置中的作用，权力要按照公平、公开、公正的要求运行，减少权力带来的不确定性，减少权力对经济活动的干预带来的超额收益。同时，要释放社会对创新的包容力，不仅要激励那些获得市场价值的创新，还要激励那些有思想、有想法的基础创新和思想活动，为社会的发展汇聚知识的力量。

三、要素过剩、竞争的内卷化与人的价值的下降

要素缺乏流动性和要素堆积是导致人的发展内卷化的一个重要原因，如果要素缺乏流动性，使某种要素在特定企业或区域内堆积，则会导致该种生产要素的边际生产率极低，要素无法实现转移。多余的要素无法被内部稀释，也无法向外部流转，就会形成要素过剩和生产效率低下的局面，从而导致内耗和资源浪费，形成内卷。

发达完备的市场经济在理想状态下不会存在要素堆积和过剩的问题，但市场的发展程度总是有限的，社会竞争的开放性也总是不够的，各种壁垒会导致生产要素流动的非充分性，内卷就会存在。比如，在资本市场，银行偏好为国有融资平台提供贷款，而对民营企业和中小企业的贷款支持不够，尽管国有融资平台很容易获得大量融资，但资本大规模流入使地方负债平台债务高企，且从长期看，这些平台的资本回报率低于民营企业和中小企业，但银行仍然愿意将贷款投向这些领域，便引致银行业在这些领域的低收益和债务风险，贷款在地方债务平台的堆积就引发了银行间的内卷。再比如农村土地市场，由于土地流动性不够充分，土地的规模化程度还比较低，因此土地的边际产出较低，农民的收入较城市有较大落差，形成了农业生产一定程度的内卷。若能进一步强化土地流转，通过规模化优化土地资源配置，提高土地的边际产出，则有利于解决农业生产的内卷问题，促进农民的发展。

生产要素流动壁垒是导致要素堆积的原因之一。壁垒会使要素缺乏流动性，要素已经过剩了，即使再多投入该种要素，新增的产出也极低。创新也没有动力，因为收益较低，技术创新的回报也不够。其他生产要素也很难引入，无法优化要素结构。因此，生产效率的提升很困难，人的报酬提升也就比较困难。

产业结构单一是导致要素堆积的第二个原因。由于产业的多元化程度低，要素流动没有出路，只能在单一的产业中流动，一旦某种要素出现大量过剩，要素流转就没有出路，从而导致要素边际产出极低。阿根廷单一的农业产业就是非常典型的案例，由于其他产业发展不足，当世界粮食生产进入过剩周期，阿根廷的农业生产就会面临农产品需求不足的困境，于是会出现农民的过剩，但由于没有其他产业可以吸纳足够的农民，因此会形成内卷，粮食价格的竞争性下跌还会导致农民的边际收益极低，整个国家就会面临收入大幅度减少的糟糕境况。阿根廷历史上就曾多次出现农业周期低谷时的经济危机，单一的农业生产结构使要素的堆积缺乏"泄洪区"。

四、"物"的竞争加剧与人的价值下降

某些稀缺资源的不可替代性与低供给弹性是导致内卷的另外一个原因，如果对某种物品的竞争不能带来该种物品供给的增加，或者不能带来替代品供给的增加，只会带来价格的上涨，且价格会持续上涨，则这样的竞争是一种内卷式竞争。从生产的角度来看，价格上涨往往会带来供给的增加，如果该种商品的供给增加很少，则会带来替代商品供给的增加，因为企业会追求利润，一定会生产更多有利可图的商品。但如果该种商品和替代品的供给都没有增加或者增加很少，在需求旺盛的背景下，只会带来价格的不断上涨，从而耗损了买者大量的经济支出，而卖者获取了超额收益，这就形成了内卷。

对稀缺资源的过度竞争会导致内卷化，那又是什么原因导致了稀缺资源的过度竞争？第一，受客观条件约束，某些资源供给缺乏弹性，比如特大城市的优质学位、特大城市中心的住房等，这类资源受空间布局的约束，供给弹性很小；第二，生产技术"瓶颈"使某种产品或资源的供给放大有限，若需求增加则会带来过度竞争，比如茅台酒；第三，制度供给短缺导致某种权力、就业岗位或职级等"软资源"的稀缺性上升，由于可替代性差，从而形成过度竞争，比如公务员就职岗位；第四，对稀缺资源的集体偏好形成了竞争性消费，助长了该消费品的稀缺程度，并且导致价格的飙升和社会资源的浪费，比如对茅台酒的集体偏好。

由于供给缺乏弹性，财富便会对某些稀缺资源形成极大的偏好，以通过价格上涨博取巨额利润。资本是生产要素的组织者，资本的流入会聚集劳动力、土地、技术等生产要素，应降低财富在竞争中对高稀缺资源的控制。财富成为资本后会组织生产要素进行合作，形成企业，构成人的一种合作性发展，这是资本的贡献，但若资本形成对某种高稀缺资源的控制性占有，使这种高稀缺资源的供给弹性很低，就会攫取稀缺利润，形成非正常收益，并对其他人形成剥夺。

如果财富形成资本，流入创新领域和扩张性产业，财富将对社会发

展形成正向推动作用，并不会形成对稀缺资源的控制，也会和其他要素一样，促进生产效率提高和驱动创新，财富对社会发展是积极的，但若财富被用来谋取特权、进行寻租活动或囤积高稀缺资源则会对社会发展产生消极影响。稀缺性导致竞争，竞争的目的是获得稀缺性，但如果人们在竞争中能促进资源供给，或者促进资源替代，则竞争不仅能解决稀缺资源的分配问题，还能降低资源的稀缺性。但如果竞争导致稀缺性的加剧，则竞争就变成了内卷，财富就会流入低供给弹性的高稀缺资源领域，对人的发展形成抑制作用。

降低财富对高稀缺资源的控制，要在高稀缺资源领域建立对资本的藩篱，不能任由资本进入这些领域。另外，要禁止资本和财富进入政治领域，防止发生寻租和腐败，避免私有资本获得公共权力，进而形成严重的"控制性"收益。如果任由资本进入高稀缺资源领域，财富会给富人提供一种累积递增的竞争优势，富人的优越性和对社会收入的分配能力会更强，还会使社会上拜金主义价值观盛行，因为财富不仅可以使人的生活条件更优越，而且能为个人及下一代在未来的竞争中赢得更好的竞争优势，所以大家拼命工作，以尽快获取财富，在未来竞争中获得更好的占位。

现代社会的发展使产业结构更加多元化，也为调控社会两极分化提供了更多的手段。我们可以通过对某些领域实行限购和设置进入壁垒来摆脱"财富控制"，从而缓解内卷。

低效率竞争会形成扩散效应。对重要资源的竞争会带来螺旋效应，比如对某些必需品的竞争，包括住房、学位资源、住房资源、社会地位、高收入的垄断性行业就业岗位等，而这些竞争会形成强化效应，在某一领域竞争的加剧会导致其他领域竞争的加剧，比如在学位领域竞争的加剧会强化人们对大城市住房的竞争。

稀缺性资源过度竞争会形成"稀缺性掠夺"，从而形成内卷。若社会对某种高稀缺性资源过度偏好，在竞争性购买的推动下，该种高稀缺资源的价格必定很高，而要素所有者则可以利用资源的高稀缺性，以很高的价格出售或出租该种资源，持续从市场中获得高额递增的回报。稀缺资源的购买者则会付出大量的货币，这就构成了"稀缺性掠夺"，即部分群体为了拥有这些高价资源，付出了极大的成本，但社会的总福利并没有增加，只是改变了社会的分配结构和效用结构。

高稀缺性资源竞争好比一个"陷阱"，如果一个社会陷入高稀缺性资源的竞争"陷阱"，社会的发展动力就会丧失，从而阻滞创新和生产效率的提高。这些高稀缺性资源包括公共权力资源、教育资源、土地资源、房产资源等，高稀缺性资源的竞争性使用会导致恶性竞争，甚至诱发特权保护和寻租，并扭曲资源配置，特权保护和寻租又会使社会的价值观扭曲。鉴于特权在高稀缺资源配置中的特殊地位，特权会成为各方都希望获得的另一种稀缺品，但特权永远只有少数人占有，如果很多人都为追逐特权而付出巨大成本，则社会的内耗会更大，形成更严重的内卷。

社会应当限制低阶竞争，因为低阶竞争不仅无法提升社会效率，还会使人"上瘾"。低阶竞争是对稀缺性生存资源的竞争，由于其对人的生存的巨大作用，不仅对胜利者的吸引力巨大，而且失败者也会感受到对人生的巨大影响，会让人们深陷其中。低阶发展对高阶发展有挤出效应，如果只追求低阶发展的竞争力，会使产业结构升级和人的质量发展滞后，大量的人从事低阶生产，缺少创造力、消费力和生产效率，产出附加值低，最终陷入恶性竞争循环。特别是在低端产业领域，国内同质化竞争激烈。虽然这些产业占据了国际大部分市场，但国内的同质化竞争却使低端产业的同质化竞争加剧了要素价格上升，导致附加值进一步降低，形成恶性竞争。通过政府的劳动保护手段可以推动这些产业向国际转移，从而为国内产业的高级化提供动力。

第三节　要素流动与开放式竞争：提高人的边际价值

一、要素流动的不充分会带来要素堆积与要素回报降低，要通过经济开放提高要素的边际回报

在一个封闭的经济环境中，要素的边际价值有递减的规律，假如连

续等量地把某一种可变生产要素增加到其他一种或几种数量不变的生产要素上去，当这种可变要素的投入量连续增加并超过某个特定值时，增加该要素投入所带来的边际产量是递减的。因此，要素的非流动性意味着要素堆积，要素堆积则会导致要素边际生产力较低，边际报酬处在较低的水平。劳动力、资本、土地等生产要素堆积在某些领域，无法有效实现流动，导致极低的边际回报，所以工资、利润或地租都较低，从而使要素的所有者收入较低，最终形成内卷。

开放的经济体系意味着要素的流动，要素的流动意味着要素之间有更优化的组合、更多的选择。劳动力、资本、土地等生产要素的流动能使要素的所有者——人获得更加多样化的经济平台，不仅能使人获得更高的边际收益，也能使人的就业机会更加丰富，就业质量更高。这本身是人的发展的进步，也意味着人在经济选择中拥有更高的选择度。

二、选择的多样性是人的现代化的重要维度，要素流动意味着人有更多的选择

选择多样性本身就是人的现代化的重要特征之一，即使在同样的经济收入之下，更多的选择也意味着人的更大程度的解放和自由发展，意味着更高的发展水平。封闭式社会的逻辑是求缺、自省、求诸于己，存天理、灭人欲，通过对人的个性发展的抑制来追求社会的由乱及治、太平盛世；而开放式社会的发展逻辑是竞争、个性化发展、合作性发展，在完善竞争与合作的游戏规则中实现社会的由乱及治。两种社会有不同的治理逻辑，儒家思想是封闭式社会最好的治理思想，实践证明中国几千年的封建社会实现了社会的繁衍和人的生存发展，尽管这种繁衍和发展接近于龟速，但已经是相对较好的社会状态了。可是这种治理文化并不适用于开放式社会，开放式社会重在塑造社会的多元化发展力和经济社会的包容力，为人的个性化发展、竞争性发展、合作性发展提供更多的渠道和平台，从而实现人的全面自由发展，而人的全面自由发展反过来又能推动经济社会更高质量的发

展。这是两种不同社会的发展逻辑与治理逻辑。现代社会经济的发展为人的发展创造了更多的可能性空间。

经济的多元化发展使我们不必凡事都"求诸于己"，而可以追求更广阔的发展空间。封闭的经济发展空间往往会带来更多的内部矛盾、不公与剥夺，开放则意味着人可以摆脱不合理的分配、跳出不佳的工作环境，从而让自己拥有更多的发展机会，并且能根据自己的特长来选择适合自己的职业和工作环境。

三、要素流动为什么不充分？

（一）人们对风险的厌恶

要素流动意味着再选择，再选择需要承担一定的风险，陌生的环境、陌生的工作性质、陌生的人际环境等，这些都构成一定的风险，但人的天性中具有风险厌恶的特性，这些风险可能会引发人们对安全性和稳定性的担忧，从而降低人们的满足感，因此人们会抗拒风险带来的负面影响。风险往往与损失联系在一起，当人们再选择时，比如从体制内走向体制外，人们会担忧未来社会保障的缺失，从而对未来降低信心，影响人的安全感；再比如，从现在所在的这个城市更换到另一个城市，人们可能会损失已经建立的人际关系，从而使人们更加厌恶风险。当人们面临的风险可能造成的负面影响超出自己的承受能力时，即使会有较高的期望收益，人们也会减少自己的再选择行为，因为不想承受很高的不确定性和损失，即使这种不确定性和损失的概率较低。

（二）要素流动存在各种成本和壁垒

要素流动成本过高。人才、土地、资本等要素在自由流动和平等交换方面存在较高的流动成本。比如，人才流动中的孩子择校成本、住房置换成本、社会保障的脱钩成本、人才跳槽中原单位卡档案的时间成本等，这些成本都会阻滞人才的流动。土地在我国尚属于公有产权，城市的商品房流动性较强，成本相对较低，但商品房小区普遍面积较大，小型房地产企业开发成本较高、风险较大，农村的集体用地的流转成本也较高，这一定程度上阻碍了土地的流转和规模化经营。资本在部分行业中的流动也面临较高的成本。此外，我国的总体融资利率水平高于其他中等收入国家，特别是民营经济的融资成本较高。

要素流动中存在各种壁垒。人口流动的壁垒包括：一些特大城市的户口限制成为这些城市和其他城市之间人口流动的巨大鸿沟；特大城市和中小城市的房价差异也使中小城市的中年人几乎很难在特大城市有购房能力，所以也很难再流动到特大城市；社会保障制度的巨大差异使体制内的人员几乎不会选择跨出体制内；公共服务的巨大差异使城市人口很难向农村地区流动。资本流动的壁垒包括：某些产业存在较高的进入壁垒，比如银行业、保险业等；外汇管制使资本流入到某些行业和资本流出到全球拓荒存在较高的壁垒。

要素流动的高成本和壁垒的共同原因是经济增长的非均衡性和对某些领域过多的行政管制，城乡差距、地区差距、行业差距的存在使要素在地区间、城乡间、行业间的双向流动比较困难。

（三）多种要素流动往往具有同向性，容易被"捆绑式"固化

多种要素流动往往具有同向性。比如，发达地区在教育、社会保障上的优势使资本和人才更加青睐城市和发达地区，而人口的流入又提升了发达地区房地产的投资价值，资本也会流入到发达地区，这就造成了要素向发达地区的"捆绑式"流动，并且很难再向其他地区流动，进而固化。

社会保障体系是现代国家均衡发展的极其重要的工具，若能建立无差别或差别较小的地区社会保障体系，那么落后地区由于拥有较低的生活成本而更具吸引力。当居民享受全国统一的生育补贴、养老保障、医疗保障、失业保障时，他们更乐意在成本更低的地区生活，这样会使人口"倒流"进入欠发达地区，带动落后地区的经济循环。因此，社会保障天然具有弥合社会地区差距和城乡差距的重要功能。但若社会保障在地区间、行业间、城乡间存在巨大差距，则只会促使人们更快地脱离落后地区。

四、破除要素流动的障碍

（一）劳动力的充分流动：加强劳动保护、社会保障建设，缩小城乡差距和地区差距

为什么大家对体制内就业岗位很期待？为什么体制内和体制外的劳动力缺乏流动性？原因是体制内和体制外劳动保护与社会保障存在巨大鸿沟。保护劳动者其实是在保护家庭，如果劳动者没有稳定的经济后盾与国家的社会保障作支撑，劳动力的流动就必然是不充分的。劳动者害怕失业，因为家庭是人的合作性发展的最重要平台，对家庭的重视使大家往往会厌恶风险，所以体制内就业岗位自然具有很强的吸引力。从社会发展趋势来看，经济发展程度越高，人均 GDP 越高，人们对就业的稳定性和收入的稳定性就越看重。在收入水平和收入的稳定性之间，人们更看重收入的稳定性，同时更追求就业的稳定性。如果我们在一部分就业岗位中设置了稳定的就业待遇，并且有较好的收入水平和其他社会保障，而在另外一些就业岗位中设置了不稳定的就业岗位，并且社会保障不太好，二者显然会存在巨大的鸿沟，这个鸿沟就是阻滞劳动力流动的障碍，考编制、进体制内就成为大家的首选。那如何来解决劳动力流动的问题？取消体制内的编制和劳动保护显然不可取，那么加强体制外的劳动保护和社会保障就是必然的选择，当体制内和体制外的劳动保护和社会保障鸿沟消除或者部分消除，劳动力的流动就会加强。

城乡差距和地区差距是导致劳动力双向流动不畅的主要原因，城乡间和地区间的均衡发展能有效逆转目前单向流动的困局。中西部地区经济增长速度滞后于东部地区，农村地区经济增长滞后于城市地区，城乡之间的收入、就业机会、发展平台、公共服务质量等各方面都有巨大的差距，东部地区在收入、就业机会、发展平台等方面也存在较大的优势，所以劳动力呈现单向流动。

劳动力流动不充分会导致劳动力要素的堆积与内卷，一方面部分

县、乡镇体制内劳动者数量过多，财政负担较重，另一方面部分用人单位却面临劳动力短缺和人才不足的困境。而在一线、二线城市，人口过度流入和过快集聚给公共服务带来极大压力，这些都是内卷的表现。应该通过充分的劳动保护和社会保障消除劳动者对收入和保障的担忧，让劳动者在更广阔的领域寻找自己的人生价值。

(二) 适度增强土地流动性

土地不仅是重要的生产要素，也是其他要素的载体。农村土地流动的有限性导致农村生产要素和要素组合流动不足，进而导致农村生产要素向城市的单向流动，而农村要素流入不足，会导致发展力的不足。我国坚持农村集体土地制度，一方面是因为我国的社会主义性质，另一方面是农村土地承担了独特的"社会保障"功能。"耕者有其田"，土地不仅是最重要的生产资料，更是担负着农民生活压舱石和保障的功能，这个制度的根本目的是实现"保障农民的生存立命之本"。但是从经济发展的角度来看，我国人均 GDP 已经超过 1 万美元，土地给农民提供的社会保障功能在弱化，土地收益占农民总收益的比重也在下降，特别是中部、南部和东南部地区，人均耕地少，土地给农民提供的收入比重已经很低。相比于日益弱化的社保功能，土地的经济发展功能更加突出，因此可以在进一步完善农村社会保障体系、提升农民社会保障强度的同时，探索在坚持土地集体所有制的前提下促进土地流转的有效机制。土地要素的流动性被激活，可以带动资本、人才向农村的回流，增加要素集聚，不仅能促进农业规模化经营，还能全方面发展农村的制造业、服务业，为乡村振兴提供要素基础，为农民的发展提供动力。

(三) 增强资本流动性

促进资本的流动，要增强社会财富的"蓄水池"建设，增强国家、产业、企业的存富的能力，让资本在更广的领域、更广泛的产业和企业中拥有保值能力和增值能力；要破除资本流动的壁垒，尽量减少产业垄断和产业管制，为资本的流动创造更便利的条件。资本的流动性增强有赖于发展和完善金融市场体系，降低资本流动成本，金融市场的发展能够为资本流动提供更多的选择和更便利的交易方式。

要推进资本项目开放和人民币国际化，促进资本跨境流动。资本项目开放可以增加资本的流动性和灵活性，同时能够减少资本流动的风险和障碍。人民币国际化可以为国内资本流动提供更广阔的空间和更便利的渠道，同时能够提高资本的使用效率和国际竞争力。

要加强国际合作和交流，促进资本流动的国际化和全球化，国际合作和交流可以增加资本流动的透明度和稳定性，同时能够促进不同国家和地区之间的资本流动，实现资本的全球化和共享。

要加强资本监管和风险控制，保护投资者的合法权益。加强资本监管和风险控制是确保资本流动性的前提条件，只有充分保障投资者的利益和权益，才能实现资本更持续永久地流动，并能实现资本要素边际收益的最大化。

（四）经济多元化能使生产要素流动更充分

经济多元化可以强化要素的流动性。经济多元化是指通过发展多样化的产业和经济部门来实现国民经济的多元化发展，从而使劳动力、资本、土地等生产要素拥有更多的流向。经济多元化不仅包括产业的多元化，还包括经济组织形式的多元化等。经济多元化的发展能够带来更广泛的就业机会和更丰富的产品种类，提高国民经济对资本、劳动力、土地的容纳能力，使要素拥有更多的流动渠道。现代经济的发展使产业、职业、经济交易平台、经济模式等日趋多样化，经济多元化能极大地释放人的个性化发展，也为人的合作性发展、竞争性发展提供了宽广的领域，从而增强了要素的流动性和边际价值。

经济多元化是一个系统工程，需要在生产、消费、分配环节协同推进。在生产领域，创新和产业多样化是经济多元化的重要支撑；在消费领域，鼓励高质量消费和多元化消费，为经济多元化提供终端支撑；在分配领域，要降低社会分配差距、提升社会保障力度，从而提高中低收入群体消费能力。

第四节　"物的价值"和"人的价值"的跷跷板效应
——破解高稀缺性资源过度竞争的难题

人的现代化是人的价值不断提升的过程，"人"的价值的提升需要通过降低"物"的相对价值来实现。如果"人"被某些高价格的"物"所支配，无疑是对人的发展价值的否定。因此，我们要解决的问题是如何在人的现代化进程中，降低高稀缺性经济物品的稀缺性，从而摆脱高成本的竞争，真正实现人的价值提升。

一、优化个人效用曲线，改变社会对某些高稀缺资源的集体偏好

审美同质化是造成内卷的重要原因，多元化的审美能分散人们的竞争目标，减少竞争的激烈程度。同质化的审美偏好虽然有利于社会结构的稳定，人们有相同的理想和价值追求，更利于人们的交流，也更容易形成努力的氛围，但审美的单一化造成的负面影响是同质化竞争、资源稀缺性的强化、技术的固化及创新的停滞。

要降低稀缺物品的消费偏好，改变人的效用的审美和效用曲线是破解稀缺性难题的重要路径。社会保障体系降低了人与人之间发展的鸿沟，并改变了人对未来的预期，减少了对未来的不确定性和对生存问题的忧虑。以考公务员热和考研热为例，体制内的就业岗位成为高稀缺品，体制内较好的就业保障和社会保障是年轻人强烈追求这类岗位的主要原因。社会保障体系的完善可以优化人的效用函数，当人们获得安全感后，稀缺的权力、住房等对人的效用下降，而运动、文化等消费对人的效用提高，从而优化了人的效用函数，社会也因此摆脱了稀缺性的陷阱，改变了对稀缺品的恶性竞争。需求结构的优化进而导致供给结构的优化，使要素流入更多的高效率生产部门、高供给弹性生产部门，进而提高社会的生产效率，拓展经济的发展宽度，在促进经济增长的同时提

升发展质量。

　　要降低稀缺物品的消费偏好，均衡发展也是一条重要路径。人们为什么对特大城市的房产有着极大的偏好，能接受那么高的价格？土地的稀缺性是一方面原因，另一方面则是因为住房背后有一系列的公共服务和发展机会。学位的稀缺使学位房价格很高，人口向特大城市的单向流动使住房需求竞争更加激烈，而优质学位资源的可替代性较差，若能优化中小学教育资源的配置，师资力量和硬件条件尽可能均衡，则可以改变家长对学区房的极端偏好。如何改变人们对特大城市住房的偏好？地域均衡发展、城乡均衡发展、均衡的公共服务建设是摆脱过度偏好的基本对策。若能在欠发达地区有更好的公共服务、更好的社会保障、更多高质量的就业机会，则能改变人们对特大城市的偏好。建立全国统一的社会保障体系非常重要，可以打破人口单向流动的格局，提高中小城市的就业质量、公共服务水平和社会保障水平，让居民在中小城市有更高质量的就业机会、公共服务和社会保障，使中小城市住房能成为大城市住房的有效替代品，形成人口多层次、双向流动的态势，从而减少人们对特大城市住房的极端偏好。

　　要降低稀缺物品的消费偏好，提升消费层次、推动消费多元化也非常重要。消费发展可以优化人的效用函数，有利于社会群体形成更多元化的生活习惯和生活方式，从而改变社会对某种单一商品的偏爱。比如，运动型群体喜欢大自然、丰富的运动场地，这些群体对特大城市中心的偏好就不会那么强烈，因为中小城市或者郊区有更多且更廉价的运动场地。消费竞争力还体现在社会对稀缺资源的消费态度上，高质量消费体系追求健康、创新性、文化性的商品，而低质量的消费体系追求低效率、高稀缺性、低文化属性甚至非健康的商品。茅台就是一种稀缺资源，竞争性追捧使茅台获得了巨大的超额利润。如果社会把大量的收入投入对稀缺资源的竞争性消费，追捧这些稀缺品，由于稀缺资源的供给无法快速增长，而替代品几乎没有，这就导致这些稀缺资源的价格奇高，进而形成社会的一种分配效应：收入向稀缺资源倾斜，而不是向高效率低成本的产品与服务倾斜，也不是向有科技含量、文化含量的消费品倾斜，这样就会拉低全社会的生产效率，阻碍创新。茅台只是一种酒，只是一种产品，它本身并没有什么错，但值得反思的是，我们不应该把消费热点集中到一些稀缺产品上，而要引导主流消费瞄准替代性强的、大中型的消费品，而不是看似是某种身份象征的高稀缺品。

二、增加高稀缺资源的供给

增加高稀缺资源的供给是解决过度竞争的一个主要对策。寻找稀缺品的替代品是社会经济增长的基本路径，通过用更廉价、更高质量的商品替代稀缺品，从而实现社会生产效率的提升和商品价格的下降，扩大社会消费，实现经济增长。所以为什么要均衡发展呢？因为均衡发展能够有效减少稀缺资源的恶性竞争。

并不是所有的高稀缺资源都缺少供给弹性，我们可以通过开放、制度创新、生产更多的替代品来增加高稀缺资源的供给。以我国古代科举制度为例，隋唐之后的开科取士给社会底层的读书人的发展提供了一条路径，促进了社会阶层的流动和吏治的发展。但是科举制度在封建社会后期成为人的发展的桎梏且消极影响越发明显，原因就在于科举选人的数量太有限，并且科目太单一。吴敬梓和鲁迅都激烈地批评了科举制度对人的发展的束缚，科举制度本来是选拔人、培养人，是成为士大夫报国酬志的主要途径。但这个途径几乎是唯一的，在成就极少数人青云直上之时，却埋没和封印了大多数人的命运，这是问题的根源。科举及第是一种极度稀缺的资源，大家都在寒窗苦读竞争这一稀缺资源的时候，在某种程度上就变成了一种恶性竞争。少部分人的成功是以大多数人的失败为代价的，耗尽了大多数读书人十几年甚至几十年的宝贵年华。所以给我们的启示是，开放社会中，资源的可替代性和流动性使得我们不必再去追求某种唯一的东西而去内卷，耗尽人才资源。通过供给结构的改善，可以降低高稀缺资源的稀缺性。民国以后建立了现代国民教育制度，使人们受教育的机会大大增加，改革开放以后，随着我国义务教育的普及和高等教育、职业教育的扩张，人们有了更广泛、更多元的学习机会，大大增加了发展机会。当前，特大城市在积极拓展义务教育资源供给，上海和北京让义务教育阶段的老师在不同的学校之间流动，促进了教育资源的均衡配置，优秀教师不再被某些"名校"独占，也降低了学区资源的稀缺性。舒尔茨提出，教育对人力资本的积累及其产生的经济发展效益比较显著，尤其在物质资本非常充裕、边际收益较低的时候，教育投资的边际收益会相对更显著。因此，在社会经济结构优化和优质就业岗位不断增加的背景下，可以允许个人和社会力量对教育增加投入，扩大国内优质教育供给，是利国利民的大好事；在软硬件支撑足够、师资力量足够、教育质量有保证的前提下，扩大优质教育的供给规模，将使更多青少年享受到优质的教育。

以高质量就业机会的供给为例，对于高稀缺的体制内就业岗位，增加可替代性的岗位是减少过度竞争的重要方式。可以加强对体制外部门的就业保护，增强劳动者在这些就业岗位上的稳定性，也可以通过强化社会失业保障、养老保障和医疗保障，增强体制外就业群体的收入稳定性和可持续性，以减少劳动者对体制内就业岗位的过度竞争。体制内的就业岗位是稀缺资源，有良好的社会保障，是终身制的铁饭碗，有较高的社会地位。这种稀缺性导致就业竞争加剧，甚至影响到教育领域，使得学生为争夺这些稀缺资源而陷入过度竞争。虽然努力学习本身值得提倡，但当学习目的异化为争夺稀缺就业机会时，就容易演变为内卷式的恶性竞争。好在随着经济增长，我们越来越多的大企业成长起来，提供了更多创新性、高收入的岗位，即便总比例还是不高。经济发展的进程就是加大对稀缺资源的替代的过程。通过强化社会保障、加大劳动保护力度，让企业提供的就业岗位质量接近于体制内的企业，就能降低体制内就业岗位的稀缺性，减少年轻人就业的内卷。

三、打破垄断和特权：高质量制度供给能降低稀缺性

（一）抑制垄断和特权

垄断和特权是导致资源高稀缺性的一个重要原因，对某种资源的垄断经营会导致供给稀缺，垄断者会利用市场供给的唯一性减少供给数

量，提高价格，形成"稀缺性"掠夺，而特权往往又是形成垄断的权力支撑。特权本身会成为改变社会收益的杠杆，从而导致资源配置的扭曲。特权内资源可以获得超额收益，而特权外资源想同样获得的超额收益，则需要花费较高的成本获得特权，但超额收益和获得特权的成本抵消了，导致资源配置的扭曲：过多的资源流入特权设置领域，减少了资源向其他领域的配置。由于特权的高额收益，特权的存在会引发社会上的权力崇拜，带来特权的竞争，形成新的内卷。权力竞争本身并不会带来新增收益，并且成本较高，占用了大量的社会成本和要素资源。特权的存在会使社会资源更多地流入低效率但收入较高的具有垄断属性的行业，损害年轻人的创新能力，因为过度内卷的竞争环境抑制了技术创新，使竞争局限于简单的优胜劣汰，导致技术进步停滞；社会竞争的增值收益较低，不能使优者更优秀，也不能使落后者进步和提升；竞争成本高昂，有太多竞争主体参与竞争，而市场容量非常有限、无法扩张；竞争主体的市场地位严重不对等，强者拥有市场优势地位，如信息资源、权力资源、原材料的控制资源等，使竞争不公平。为什么垄断行业的求职竞争内卷激烈？因为垄断行业的壁垒保护使其能获得较高的收入，垄断提供的优质就业岗位是以牺牲更多的高质量就业岗位为代价的。因此，必须尽可能地打破垄断，一方面减少行业内就业竞争的内卷，另一方面促进市场竞争，通过良性竞争为行业创造更多的高质量就业岗位。

（二）降低社会收入差距，减少社会资源向稀缺资源的过度流入

分配本身就可以降低稀缺性。如果收入分配过度向富人倾斜，富人占有了过多的社会财富，那么富人过剩的财富会涌入特定资产领域，推高住房、股权等稀缺资源的价格。如果收入分配更多地流向低收入群体，则社会资金更多地会涌向大众消费品和创新型消费品，因为这些领域的产品供给弹性较大，且符合普通消费者需求。因此，缩小收入差距有助于减少富人对特定资源的过度投资和占有。

收入差距过大的经济体更容易产生资产泡沫，因为富人财富比重过高，需要寻求投资标的，当社会投资标的不够时，资产的泡沫便产生

了。资产泡沫会加剧社会财富向稀缺资源的集中，推高实体经济的融资成本，形成对实体经济的挤出效应，特别是创新型企业，会面临很高的初期融资成本，融资变得困难，企业运行成本提高，不利于创新经济的发展。

市场价值的泡沫是因为人们基于某种资产当前的高回报率而对未来的一种盲目乐观，以及过剩资本寻找投资标的而对高稀缺性资源的劣质竞争。以特大城市房产为例，所谓有好的学区，只是人们锚定了某个有光环的学校，然后优质教育资源向其集中，形成了一种稀缺的教育高地；某些特大城市的户口价值，其实是一种人为设置的区域差异，在教育和社会保障中享有特定的资源优势；人文环境好，只是因为前面的各种条件使高收入群体聚集和知识分子集聚；就业机会多，这恐怕是最大的一条价值了，但如果是完全流动的劳动力市场，减少垄断行业的福利优势和就业壁垒，异地并不影响人们的就业竞争力，只是存在就业流动的成本而已。大城市房产虽然有其独特的价值，但也有其缺点，通勤时间长，住宅密度高，公园少，人口拥挤，物价贵等。所以，如果能适度打破在升学和社会保障中的地区差异，就能减少人为造就的"稀缺性"，也必然会减少富人对"稀缺学位"的激烈竞争，特大城市的住房价值的泡沫就会小很多。

财富对物的稀缺性控制强化了"物的稀缺性"，物的稀缺性进一步提升了财富的估值，并反过来降低了人的发展价值，物的价值和人的价值恰好相反，人的价值的提高通过占有更多的物的价值来实现，如果物的价值竞争消耗了过多的人的资源，反而让人的价值降低了。

第五节　竞争高阶化的路径

人的现代化进程中，良性竞争关系能够促进个体和群体的成长进步，是人的发展的重要力量。规避竞争的低阶化、促进竞争的高阶化是实现人的现代化需要解决的重大课题。竞争的高阶化需要解决的问题是竞争目的高阶化、竞争规则高阶化、竞争领域高阶化。

一、人的现代化的难题：追逐良性竞争、规避低效率竞争

（一）从人类发展历史长河看，低效率竞争呈现减少趋势

人类社会自诞生起，就面临生存与发展的竞争，从个体来看，需要获取更好的就业机会和更高的收入；从企业来看，需要赢得更高的市场份额和更大的品牌影响力；从国家来看，需要赢得更多的出口市场和更高附加值且更具创新力的产业链，以获得更多的贸易利益。从静态角度来看，竞争必定会有胜者，会有输方，所以竞争是残酷的；但是从动态角度来看，竞争会呈现两种格局，一种是竞争双方付出的成本较小，并能带来总收益的递增，且伴随着创新和效率提升，另一种是竞争双方都付出了很大的成本，但并不能带来总收益的递增，也没有创新和效率的提升。前者是良性竞争，后者是恶性竞争。从更广的意义来看，社会的良性竞争拥有更丰富的含义，包括和谐、开放、稳定的文化，有序、健康的经济政治环境，社会群体共同发展的社会秩序。

在古代的竞争中，由于资源的匮乏和经济增长非常缓慢，残酷的零和博弈甚至负和博弈是竞争的主流。而在当今时代，社会的发展使良性竞争已经广泛存在于社会各个方面，良性竞争的比率已远远高于一千年之前乃至更久远的时代。当代社会的竞争格局已大为改观，在市场机制、法治、经济开放、要素流动、技术进步与创新、产业结构升级、社会保障机制等因素的共同作用下，竞争的成本已大大降低，竞争的积极效应也非常显著，竞争已成为经济发展和人的现代化的重要推动力。但低效率竞争依然广泛存在，成为人的现代化进程的阻碍之一。

人的现代化最核心的含义是人的解放和全面自由发展，要实现人的现代化，人就必须要从自然的支配中解放出来，从物的支配中解放出来，从特定人和群体的支配中解放出来，从特定市场组织的支配中解放出来。

第一，人要从自然的支配中解放出来。人类在长期的发展中面临自然的支配，天气、气候、自然资源、天灾等自然条件对人的生存与发展

有极大的影响，而今天，我们的生存发展已经摆脱对单一自然条件的依赖，从自然的支配中解放了出来；第二，人要从物的支配中解放出来，即明确人的主体地位，明确以人为本。在拜物教弥漫的时代，不是人对物的统治与支配，而是物对人的统治，人对某种物过度依赖，乃至被物束缚和奴役。近代以前，我们始终没有办法从粮食危机中解脱出来，无法从土地的稀缺性竞争中解脱出来，导致粮食和土地成为横亘在人面前的一道难题，人们为了粮食终身劳累，为了得到土地进行残酷的内卷式竞争，甚至不惜发生冲突和战争，人的全面自由发展受到严重的束缚。在今天我国的现实生活中，同样存在着人对物的依赖现象。诸如人对金钱等物质财富和交换关系的依赖，人成为物的奴隶，成为只为物而存在的人。第三，人要从对特定人和特定群体的依赖中解放出来。在人与人的经济关系上，存在对人的依赖、对人的统治、对人的奴役的问题。所谓对人的依赖，就是人对狭隘的"人情关系"和权力意志的依赖，人丧失其独立人格，成为依附性的人。第四，人要从某种特定依赖的市场组织中解放出来，即在生产、就业、消费等经济关系中，人要从某种特定的组织中解放出来。现在，劳动保护和劳动者的自由流动使人对特定市场组织的依赖度降低，人拥有更广泛的选择性，只有处理好人与社会、个体与类的关系，使这些组织成为服务人的市场机构，而非支配与统治人的机构，以人为本的"本"才能算是坚实，才能实现个人与社会和谐、个体与群体协调，社会才能成为个人生活和工作的大舞台而非牢笼，人方能成为人类社会生活之本。

（二）竞争高阶化是人类社会发展和人的现代化的重要支撑

如本章前文所述，内卷就是一种低效率竞争，低效率竞争对人的发展的阻碍体现在以下几个方面。第一，低效率竞争付出的成本远远大于给社会带来的收益，低效率竞争会使人付出很多时间成本和经济成本；第二，低效率竞争不能促进技术创新、不能促进社会效率的提升；第三，低效率竞争并不会使资源配置优化，没有人员的流动和生产要素的优化组合，人的边际产出很低；第四，低效率竞争没有带来稳定的社会竞争秩序，而是充满了潜规则和无序；第五，低效率竞争没有带来人的共同发展，而是导致人的发展的两极分化，使人的发展的差距拉大。

从人类发展历史来看，竞争在不断高级化，国家之间的竞争从远古时期的土地竞争到工业时期的资源竞争，再到后来的产品竞争、市场竞争和产业链竞争，再到现代的财富竞争和人才竞争；企业之间的竞争从成本竞争到技术竞争，再到企业价值竞争；人之间的竞争从争夺基本稀缺品的竞争到权力的竞争，再到成就的竞争。竞争的形式从对抗、战争，升级到包容力和长期的可持续发展能力。经济社会的发展使人摆脱基本生存需要的竞争，从而走向更加高阶的竞争，为人的发展创造了更广阔宏大的空间。由于人类资源的有限性，高阶竞争意味着人们进入了一个更高的发展平台和发展空间，而低阶的竞争则会造成资源的浪费和人力资源的内卷，阻碍人的发展。因此，应该让人从繁重的低阶竞争中解脱出来。如果一个社会具备解决人们基本生存问题的能力，应该通过合作实现对竞争的替代，从而使人的精力和社会资源走向更高阶的竞争。

二、竞争的进化及经济社会条件

竞争效率较低，并不代表该种竞争就没有存在的必要。人类历史上有太多的低效率竞争，但这些低效率的竞争却广泛存在，一是因为当时的社会发展并不足以支撑高效率的竞争，生产的制约使生产要素存在短缺，人们为了生存不得不面临残酷的低阶竞争，甚至战争；二是因为社会的竞争关系其实也是一种生产关系，从唯物辩证法的角度看，社会的竞争关系既取决于社会的生产力基础（经济基础和收入水平），也取决于其他的生产关系，包括社会的科学文化、意识形态等思想基础。

经济基础和收入水平是决定社会竞争关系的生产力基础。经济的市场化程度较高，经济的多元化就能支撑更多的良性竞争；反之，自然经济和落后的商品生产无法提供充足的生产要素，也无法提供充足的经济流动环境，低阶竞争就会较多。人均收入若较低，社会保障体系不健全，则围绕生理需要和安全性需要等低阶需求的竞争就会较多；若人均收入较高，能支撑较好的社会保障水平和福利经济水平，社会竞争自然会进阶到科学文化的竞争、自我实现的竞争。

科技创新是竞争进化的重要条件。科技提高了生产要素的边际产出，使生产要素的短缺问题得到了更好的解决，使知识成为一种要素，替代了传统的生产要素。近代以来，人们从粮食竞争的泥潭中走出来，有更多的人进入到工业部门和服务业部门，不用再应付无休止的农业生产和粮食竞争，从而使人的竞争更加高阶化。在这个过程中，我们要感谢生产技术的进步，机械化生产和规模经营大大提高了农业生产效率，种子技术革命和农药化肥的使用大大提高了单产，从而彻底解决了粮食问题。农业补贴使粮食成为准公共产品，提高了低收入群体的福利，极大地解放了人的消费力和生产力。创新是竞争力生成的最高阶的动力，对竞争的高阶化具有十分广泛且重要的意义，包括生产成本的递减、产品的差异化、新质生产力和新质生产关系的形成、经济的多元化、产业结构高度化等，创新是促使经济走向开放、提高要素供给弹性的重要力量，能在一定程度上克服资源稀缺性的约束，让原来不适合竞争的领域可以通过竞争来促进该领域的发展。

市场制度的完善是竞争进化的重要推动力。市场制度使生产要素得以流动，提高了生产要素的效率，破除了封闭，规范了竞争秩序，优化了激励约束机制。市场机制提供了一种开放、包容、多元的竞争环境，使市场遵循以效率为导向的竞争原则，鼓励创新和流动。因此，市场经济的发展和完善能促进竞争的进化。

国家机制是竞争进化的重要力量。国家机制能促进人的平等和共同发展，能匡正人的理想追求和社会正义，能规范社会竞争秩序，能优化社会分配结构。国家的经济增长机制、创新发展机制、收入分配制度、福利经济制度、财政转移支付机制、均衡发展机制、法治机制都是竞争走向公开、公正、包容、平等的重要保障条件。

三、推动竞争进入高价值领域

供给侧结构的升级和产业的拓展是推动竞争进入高价值竞争领域的基本动力。供给侧的新质生产力拓展了经济活动的版图，比如，新能源汽车的发展让汽车产业进入了新的竞争赛道，为社会创造了许多优质的企业、无数优质的就业岗位，新的产业让企业获得更多利润，让个人获得更多的收入，而市场价值的创造又促进了资本积累和技术创新，因此，供给侧产业的拓展为竞争不断进入新的高价值领域提供了基本动力。市场经济是推动供给侧结构升级和产业拓展的基本机制，市场经济的优胜劣汰机制和供求机制就是价值增值和促进经济增长的过程，这种增长本身就是竞争进入高价值领域的重要路径。所以毫无疑问，供给侧的升级和产业拓展要以市场机制为基础。

需求结构的升级和需求的拓展也是推动竞争进入高价值领域的重要力量。需求偏好的优化让人们放弃低价值领域的竞争，需求高阶化和需求多元化能使个人发展更富个性化，减少消费竞争，从而推动竞争高阶化。消费竞争的领域成为资源流入的领域，所以消费结构对经济增长具有引导作用，是经济增长的重要引擎。

哪些因素在影响人们的需求结构呢？收入水平、收入分配差距、审美水平和消费偏好、社会均衡发展程度、家庭结构、家庭社会保障水平等，都会影响到需求结构。要优化社会的需求结构，就要从提高人们的现实收入和预期收入、改善收入差距、加强审美培育、促进均衡发展、促进生育提高、提升社会保障水平、强化福利经济等方面着手。以福利经济为例，福利经济通过大幅度提升低收入群体的收入，使这些群体的劳动回报提高，这些群体会更加追求生活品质和可持续发展；福利经济的生育补贴会吸引更多的年轻人建立家庭、生儿育女，提高社会生育率和下一代的发展质量；福利经济还会消除人们对未来保障的担忧，使人们从"体制内就业竞争"中解脱出来，追求更加多样化的就业机会和敢于创业，引导社会竞争走向多元化、高阶化。

竞争领域的边界非常重要，在什么领域需要竞争，在什么领域不需要竞争，一定要审慎处理，要摒弃那些低端无效的竞争。低阶的竞争往往集中在高稀缺且供给弹性很低的物品上，比如权力，缺乏供给弹性的特大城市的中心城区的住房、学位，体制内的就业岗位等资源。如果稀缺品受到集体偏好，则稀缺品的价格上涨会强化价格上升的螺旋效应，因为这种商品或资源是大家都想得到的东西，所以就会引起激烈的价格竞争，对于那些供给严重缺乏弹性，竞争无助于降低稀缺性的生产和服务领域，竞争机制的设置要慎重。以荣誉竞争为例，要慎重设置具有竞争性的称号、级别、奖项、项目等的评选。称号、级别、奖项、项目等意味着对人的发展的认可，必要的评选具有激励、表彰、引导的作用。但如果称号、级别、奖项、项目等的评选太多，以至于人们疲于申报，并付出很多的时间去准备材料，还要努力去跑程序、拼关系，则这样的评选显然属于低效率竞争，因为这种奖项如果很多，竞争所带来的激励效应就会较低，所付出的成本远远大于给社会带来的收益，不仅不能促进效率的提高，反而会误导价值观。如果称号、级别、奖项、项目等的评选无法做到公平、公开与规范竞争，如果无法实现有效的正向激励，则不要设置这样的评选。

政府可以通过增加公共产品和公共服务"接管"低阶竞争，引导竞争进入到高阶领域。政府公共服务的增加可以使某些资源从高稀缺资源变为低稀缺资源，比如土地原来是百姓的安家立命之地，家庭联产承包责任制和宅基地制度阻止了资本对农村高稀缺的土地资源的竞争和控制，虽然牺牲了一定的农业生产效率，但限制了人们对农村土地这种高稀缺资源的竞争。再比如我们可以把竞争领域导向第二、第三产业，通过发展第二、第三产业来吸纳过剩劳动力，随着农村人口的减少，农民大量转移变成市民，土地的稀缺程度就降低了，从而解决了人地矛盾，减少了农村对土地的低效率竞争。

四、严格界定竞争适用的边界，在某些领域应以公共产品供给和政府分配机制替代低效率竞争

市场竞争和公共产品要保持好协同关系，在不适合市场竞争的领域，可通过公共产品解决供给问题，从而减少内卷式竞争。

以教育为例，不能把所有的经济行为都视为竞争服务，或者用竞争力来衡量一切经济活动和社会活动。过度市场化会扭曲教育的根本目的：教育不仅是培养有市场竞争力的劳动力，教育更重要的目的在于促进人的个性化发展，教育学生认识真理、培育人的审美能力、教化人们

如何善良。然而现实中的扭曲就在于我们把教育的功能仅仅列为培养有就业竞争力的个体，而忽视教育在合作与个性化发展方面的重要功能。部分高等教育可以市场化的原因是高等教育具有开放性，竞争能提高教师的流动性，甚至可以在全球范围内招募顶尖教育人才，增加民间资本的投入；高等教育还有很强的科研功能，竞争能使更多的社会资本进入到科研领域，高校可以聘请全球范围内的科学家，科研能带来很大的增值效应，并进一步促进高等教育的发展。义务教育不可以市场化的原因是，在应试教育的大环境背景下，市场化会加剧资本对稀缺教育资源的控制，而资本的流入并不会提升教育的质量，因为资本流入会强化中小学教育的"应试"导向，只会增加中小学学区竞争的强度，最后演变为学生更辛苦，老师更拼命，形成资本对教育资源的控制。所以，在义务教育阶段，公办教育为主的教育模式更有利于学生的健康成长，可以减少恶性竞争。医疗行业的竞争亦是如此，要明确医疗行业竞争的边界，目前我国的医疗体制已基本市场化，形成了医疗机构、药企、患者三方的市场主体关系，虽然在市场竞争中，部分医疗机构利润丰厚，部分医生收入很高，部分药企利润很高，形成了竞争机制下的两极分化。但比较好的是，我国的医疗保险制度并没有市场化，政府的医保管理部门在主持医疗保险资源和政府公共卫生投入资源的分配，政府医保基金依照"以收定支"的原则，控制了医疗成本的过快增长，使我国的医疗体制形成了"市场竞争 + 政府分配 + 政府公共服务"三层次协同的医疗体系。政府在主导医保基金分配、公共防疫服务的基础上，对基础药物进行集中采购，降低了基础药品的市场化程度，进一步增强了政府在资源配置中的作用，降低了医疗成本。未来我国医疗改革的方向，应该是加强对医疗机构的监管，对部分利润超高的医疗机构、医务工作者、药企，可以通过设置合理比例的"医疗特别所得税"，征收后的收入用于帮助低收入群体缴纳医保金，实现医疗体系内部的健康循环。

美国的医疗制度给我们提供了一个竞争过度的反面案例。美国的医疗保险制度过度市场化了，医疗保险被资本控制，成为药企和医生获取经济利益的竞争工具。美国医疗花费巨大，人均年医疗费用高达 1 万美元，且政府投入规模巨大，人均财政投入高达 5000 美元，但医疗效率不高，人均预期寿命甚至低于中国，问题的关键就在于过度市场化。过度市场化使保险公司、医疗机构、制药企业控制了尖端的医疗技术和医疗资源，形成一种稀缺性竞争，虽然这种稀缺性竞争推动了制药行业的科技创新，但顶级医生和医疗机构供给弹性很低，具有高度稀缺性，不断膨胀的医疗支出极大地抬高了医疗成本，使中低收入阶层不仅不能享受到高端医疗，而且要付出极高的医疗成本。反观中国的医疗制度，严格控制了医保资金的总花费，有效实现了医疗成本管控，照顾到了中低收入群体的医疗利益。

另一个值得探讨的案例是婚恋行为。随着婚姻和爱情的商品属性日益凸显，人们希望婚后生活有住房、有汽车，子女教育有很好保障，等等，这些期待说明市场价值已经深入婚姻生活中，爱情和婚姻关系的市场化程度越来越高。爱情和婚姻的市场化还会加剧对稀缺性资源的竞争。在农村地区，性别比例失衡导致女性资源稀缺，加剧了男生的择偶成本，形成了恶性循环。那么，如何才能减少婚恋关系中的市场竞争呢？政府的公共保障是基本对策。强化公共财政对生育的补助，降低结婚生子的经济压力，建立覆盖全社会的社会保障体系和经济福利体系，加强对低收入群体的收入支持，促进城乡之间的均衡发展和地区之间的均衡发展，等等。政府的公共财政支持是减少婚恋双方对未来不确定性的重要保障，也是降低婚恋市场化程度的有效策略。

市场机制是最重要的良性竞争机制，但并不是所有的领域都适用市场机制。市场也具有不完善性和功能缺陷，不能将市场视为万能的灵丹妙药，在某些领域，要设计更科学的竞争机制。如公共服务领域因其固有的公共属性和非竞争性特征，需要建立更科学的制度和管理机制。

五、改变人们的竞争观

我们对竞争的态度决定了竞争的对象与手段。如果我们大多数人都不屑于低阶的竞争，社会竞争就会转移到高阶领域；如果我们不屑于采用低劣的权术手段去获得竞争的胜利，大家的竞争模式就会更加良性。比如我们不屑于通过"走后门"来获得工程项目，不屑于牺牲自己的尊严或违纪违法来获得订单，则能让工程领域的竞争更加良性，有利于提高工程质量和促进创新。成王败寇的价值观是我们所反对的，如果只强调竞争的成败，而不强调竞争给社会带来的整体收益以及所付出的成本，这样的竞争观是不正确的。虽然就竞争的参与者而言，成败可能比其他更具现实意义，但是从全社会经济竞争机制的设计来看，竞争应当有利于社会经济总量的递增，有利于社会生产效率的提高，有利于优胜劣汰，有利于资源要素的优化组合。所以，人作为竞争的主体，其竞争观关系到社会竞争的格局与竞争形态。

什么在影响人的竞争观？人的竞争观的形成既有主观因素，也有客观因素。主观方面是人的价值观，比如，权力更重要，还是真理更重要？权力偏好的人追求"难得糊涂"，只要拥有权力或者得到权力的庇护就好；而坚持真理偏好的价值观追求的是"实事求是"，凡事要认真对待，追求是非曲直。两种价值观会导致人们不同的竞争观，前者更看重竞争的结果，后者更看重竞争的过程和手段。这种主观价值观的差异来自教化和社会传承。

竞争观还受制于客观现实，如果某种竞争观能给我们带来巨大的利益，解决我们的需求，并且百试不爽，人们就会偏好于这种价值观；如果某种需要在我们的需要层次中处在基础和优先的地位，但供给又比较短缺，就会诱发我们的追求，并形成竞争导向。比如古代的吃饭问题，现代大城市的住房问题等。古代社会丰年并不存在能否吃饱的问题，但其他时候吃饱会存在很大的不确定性，比如旱灾或者水灾使粮食产量在不同年份间的波动会很大，所以会有囤地和囤粮的竞争，当然抢劫也经常发生，所以古代的社会竞争会存在丛林法则。丛林法则还会促进人口的大规模增加，进一步激发人地矛盾。为什么人口会增加呢？因为人口多会增强家庭、家族和民族的生存竞争力，尤其在面临饥荒时，大家庭人口延续的概率会比小家庭更高，所以多子多福会成为主流价值观。粮食和土地的短缺使中国延续几千年的封建王朝都没有摆脱围绕土地的低阶竞争，甚至必须通过减少人口来从根本上缓解这一矛盾，所以战争才会经常发生。

面对安全感和生存需要缺失时，人们会陷入低阶的"安全需要"

和"生理需要"方面的竞争，追求文化、个性化发展、真理的竞争观是奢侈品。

竞争的主体应该平等，只有平等，才能保证竞争的公平性，才能确保游戏规则不被破坏；只有平等，竞争主体才能接受竞争结果，并接受资源配置的重组和优化。竞争的游戏规则设置要符合市场效率法则，以市场价格和成本作为主要的竞争依据，而不是潜规则或其他的非市场力量。所以竞争以什么样的游戏规则展开非常重要，我们在设计竞争机制时需要慎重决定，要推动竞争规则的公平，确保竞争的结果有利于优秀者，是更先进、更高效率的竞争主体的胜出。

竞争观的改变需要审美的进化。审美的改变也是竞争观改变的一个重要因素，如果审美进化，人们对于"美"的定义更加广泛且差异化，就不必去追逐某些特定的稀缺资源。以整容为例，人们从一开始不接受整容美女的高鼻子、尖下巴，到后来越来越多的女生加入整容行列，高鼻子、尖下巴成为一种流行，人们逐渐接受了整容美女，整容成为一种潮流，人们不再把整容女视为异类。整容技术的进步在一定程度上缓解了美丽资源的稀缺性，尤其是技术很好的整容。但美丽资源的稀缺性问题更应该从需求侧的审美来解决，人们应该追求个性美，个性美不是另类美，而是有自己的特长，比如才艺、运动，或者兴趣、学识。经过人的全面自由发展，使美丽资源的标准不再局限于大长腿、高鼻子，而让人们接受多元化的美，这种个性散发出来的美更有独特价值。

六、推动经济的多元化

经济发展的多元化非常重要，是经济高阶化的重要前提，也是促进人的发展的重要基础。经济发展多元化的动力包括需求侧需求的多元化、消费的扩张，供给侧对产业发展管制的宽松和产业包容度的提高，城市化及更加均衡的发展。

现代经济发展为什么能减少恶性竞争？因为现代经济的多样性使产品生产更加丰富，政府财政更加强大，人员流动更加畅通，生产更加高效，为高阶竞争的发展提供了物质基础，人们可以为经济发展的非市场价值拓展创造更多的空间。

如果经济结构不够多元，要素的流动就不具备外部条件。只有经济发展多元化，要素才具有流动的经济基础。内卷之所以广泛存在，是因为我们并没有走出内卷的外部空间和条件，所以，如果仅仅从内部去摆脱内卷，会很难实现；相反，当外部经济发展多元化后，外部才能吸纳过剩的生产要素，要素流动才具有足够的外部条件，所以经济多元化是解决内卷的重要条件。

技术创新和新兴产业的发展为竞争的高阶化提供了外部条件，新产品、新服务、新技术、新原料等的创新使经济更加多元化，新的产业、新的企业、新的职业使经济具有更多元的结构和形态，从而能为要素的流动创造更强大的经济生态，进一步增强要素的流动性，减少低效率竞争，提升要素的边际生产力。因此，要鼓励创新和新兴产业的发展，产业发展是创新和新兴产业崛起的直接条件，提升消费率、促进消费发展是创新和新兴产业发展的重要手段，要从生产和消费两端为创新和经济多元化提供动力。

经济的开放和经济的多元化是互为条件、互相促进的，所以保持经济的开放性非常重要，以要素的流动促进经济的多元化，再反过来促进要素的充分流动。

七、完善社会保障机制，提升社会保障强度，助推竞争的高阶化，降低"人"对某些低效率竞争的偏好

社会保障的发展会优化人们的价值观。人们对生存的担忧会加剧对高稀缺性商品的偏好，因为高稀缺性商品是市场的宠儿，稀缺性高使其更容易从市场中变现，也更具保值升值潜力。在对未来收入不确定性的担忧下，人们会选择购买大城市的住房、竞争体制内的就业机会、囤积茅台酒等。社会保障的发展有助于缓解人们对金钱的焦虑，使社会的结构不再像过去是金字塔式的结构，而是橄榄型的结构，更多的中产阶层可以找到成就感。收入和财富的普遍增加使人的独立性提高，可以拥有更多自由发展的空间。社会保障机制本质是一种互助合作机制，当人们

拥有更好的社会保障以后，会更加关注更高阶的发展性竞争，追求个性化发展和自我价值的实现，因而社会保障机制可以通过减少生存性竞争，实现竞争的高阶化，在更高程度上实现人的更自由全面的发展。

完善的社会保障可以降低劳动力流动的成本，从而促进人力资源的优化配置。全国一体化的社会保障制度可以更全面地覆盖更广的群体、力度更大，使劳动者更容易流动，因为劳动者没有后顾之忧，也不必担心因为跳槽而降低社会保障。住房保障制度的完善和深化为劳动者在大城市和小城市之间的流动减少了购房压力。全国统筹的养老保障体系可以促进劳动者在不同地域间的流动，从而提高劳动者的自主性，减少内卷，促进要素的优化配置。如果能够建立更加健全、更高强度的农民社会保障体系，土地就不再是农民生存与发展的必要条件，农村土地的社会保障功能就可以退出，我们就可以容许土地更大范围地流转，从而实现农业的规模化经营和集约化经营，大大提高我国的农业生产效率和农业竞争力，提高农民的收入。

社会不可能完全从低阶竞争中摆脱出来，但社会可以无限减少低阶竞争，提升高阶竞争的比重。社会保障的完善为人的全面自由发展插上了翅膀，除了人的生存束缚，使人可以更从容地、更主动地去追求自己的发展。

八、推动竞争的公平与公开

竞争的结果应当有利于优秀者，应该是更先进、更高效率的竞争主体的胜出。公平公开的竞争为参与者提供了平等的舞台，还促进了创新、效率，有助于构建和谐共存的竞争生态。公平公开的竞争能激发正向动力，使每个参与者都清楚规则，了解评价标准，从而能够专注于提升自身的正向实力，而非通过不正当手段谋取利益。这种正向的激励机制促使竞争者之间形成良性互动，相互学习、相互激励，共同推动整个行业或领域向前发展。

不公平、不透明的竞争往往伴随着欺诈、垄断、权力寻租等不正当行为，这些行为严重破坏了市场秩序，阻碍了资源的有效配置。而公平与公开的竞争，通过明确规则、加强监管，有效遏制了这些不正当行为，维护了市场的公平竞争秩序，为所有参与者创造了一个公正、透明的竞争环境。公平与公开的竞争环境为创新提供了土壤，因为它确保了创新成果能够得到公正的认可与回报。这种正向反馈机制进一步激发了创新活力，推动了技术进步和产业升级，提升了整个社会的竞争力。

公平与公开的竞争环境有助于建立消费者对市场的信任。当消费者知道市场上的商品和服务是经过公平竞争脱颖而出的，他们就会更加愿意消费，从而推动市场需求的增长。这种需求增长又会进一步刺激供给端的创新与发展，形成良性循环，促进市场的繁荣与稳定。

公平与公开的竞争能矫正人们的价值观，助力尊重、勤劳、善良、合作、创新价值观的形成，人们通过正当手段追求成功与认可，减少了因不正当竞争而产生的矛盾与冲突。同时，这种竞争也促进了社会成员之间的相互尊重与理解，增强了社会的凝聚力与向心力。

九、促进国家竞争力生成动力的高阶化

高阶竞争既包括竞争领域的高阶化、竞争方式的高阶化，也包括竞争力生成动力的高阶化。

既然竞争是社会发展的动力，从国家和民族的角度看，竞争的高阶化就是要让国家和民族拥有更强大的外部竞争力，所以，能否形成强大的外部竞争力，是一个社会竞争能否走向高阶化的重要方面。国家和社会是由千千万万个企业、组织、个人共同构成的，如果个人和团队的竞争力都很强大，则国家的竞争力也很强大；如果个人和团队竞争的领域都是高价值领域，那国家在高价值领域也会有很强的竞争力；如果个人和团队竞争力的来源是科技、创新、文化和高效率的组织运转，则国家竞争力也会来自科技、创新、文化和高效率的组织运转。如果创新、效率、能力、素质、正能量是决定竞争胜负的关键，则竞争会对社会发展起促进作用；若阴谋、权力、特权、负能量是决定竞争胜负的关键，则竞争会对社会发展起抑制作用。不可能所有的竞争都是积极因素在决定胜负，但我们希望更多的竞争胜利是基于积极因素，从而能推动社会竞

争力的提高。

微观个体的竞争力和国家整体的竞争力有着密切的联系。现代社会的科技发展和产业多元化已经使个体的价值越来越重要，但在生产力水平非常低下的古代社会，个人的价值在集体面前不值一提。集体时刻都面临生存竞争的问题，稍有不慎，整个家族、整个部落、整个民族都会在家族竞争、部落竞争、民族竞争中被淘汰，甚至团灭。人的发展首先是群体利益，社会群体的战斗力、凝聚力和意志是个人发展的前提，我们将社会整体的竞争力置于个人竞争力之上。但从现代社会的发展趋势来看，社会整体竞争力越来越依赖微观个体的竞争力，无数个人和企业竞争力的强化才能构筑更加强大的国家和社会，现代经济文明和科技创新使微观个体在国家竞争力的形成中越来越重要，他们的创新能力和发展能力才是决定社会发展的最基础最具有决定性的因素。习近平同志讲："江山就是人民，人民就是江山。"国家的长治久安和繁荣富强根植于最广大人民的发展，而最广大人民的竞争力也决定了国家的整体竞争力。通过人的全面自由发展，构筑更加强大的个体，充分挖掘每一个个体的发展力、竞争力，汇聚成中华民族的竞争力，让良性竞争成为社会竞争的主流形态，推动竞争高阶化，最终也能促成国家和民族竞争力的强大。

正如我们前面所阐述的，推动竞争进入高价值领域、推动经济的多元化、促进竞争的进化、推动公开公平公正的竞争、发挥竞争在促进创新中的激励作用，等等，都是促进国家竞争力生成的重要基础。

第八章

从经济的"非均衡增长"走向人的"均衡发展"

市场经济发展有着"非均衡增长"的属性，因为市场的竞争性决定了增长的非均衡性，区域之间、产业之间、群体之间、个人之间都存在着分化与不平衡，承认非均衡性，就能充分发挥市场的竞争机制和淘汰机制，形成"增长极"，实现优势区域的资源集聚，抬升全社会的发展驱动力。但从人的现代化目标看，落后地区、低收入群体和弱势群体是现代化进程中的薄弱环节，经济政策也需要充分考虑这些地区和群体的利益诉求和关怀需要。现代化国家要更加注重包括低收入群体和弱势群体在内的所有群体的发展动能，以激活全社会的消费力、创造力和发展力。因此，经济的"非均衡增长"与人的"均衡发展"并不矛盾，供给侧主要依靠"非均衡增长"，而需求侧主要依靠"均衡发展"，最终实现非均衡与均衡的统一。

第一节 人口规模巨大的现代化呼唤人的"均衡发展"

一、人的现代化是十四亿中国人的"共同"现代化

（一）中国式现代化是一种"共同现代化"

人口规模巨大的现代化是我国现代化的基本特征，我们提出中国式

现代化不让一个人掉队，就是要照顾弱势群体，实现最广大普通群众的富裕和发展。共同富裕既要国家整体富裕，也要全体人民的共同富裕，国家整体富裕是共同富裕的基础，如果没有国家的整体富裕，而去追求经济的均等化，只能是共同贫穷。如果没有国家长期的经济增长、人均GDP 的跃升，没有资本和财富的积累，社会就没有足够的物质基础进行投资和推动均衡化发展，共同富裕也就无法实现，经济良性循环就无法建立；但若只有收入和财富的增加，没有"共同"的发展，则失去了经济发展的长远动力，也偏离了经济发展的根本目的。既要"富裕"，又要"共同"，两个方面齐头并进，社会才能步入良性发展的轨道，形成整体协调发展的局面，实现高质量发展。

人的均衡发展是实现"富裕"走向"共同富裕"的有效机制。通过社会的均衡发展机制，缩小不同群体之间的发展差距，实现城乡之间、地区之间、行业之间的均衡发展。均衡发展并不是要追求绝对的均等化发展，而是让不同群体都有发展机会、都能释放发展潜力、都能享受国家发展成果、都能融入国家现代化的浪潮，并尽可能缩小不同群体之间的发展差距。

（二）中国式现代化是国家现代化与个体现代化的统一

共同富裕的价值追求要求我们在国富的同时，实现民富。一方面，没有国富，国家发展就没有经济基础，国家没有竞争力，个人发展也就没有基础，何谈民富？只有实现国富，民富才有基础，国家才有财政能力大规模地进行公共投资，大规模地建立现代福利经济制度。另一方面，若没有民富，社会只是少部分精英发展，则无法释放全社会的发展潜力。只有民众富裕了，普通大众才有更强的发展动力，若民众不富，社会的投资能力和消费能力受到抑制，国家的长期发展动能就会不足。如果民众不富，个人为了生存而挣扎，何谈高质量发展？国富和民富共同推进，就是要在国家富裕的基础上使居民有更多的收入提升和财富积累，要让居民有更多的获得感和成就感。国富意味着有更高的人均 GDP、更良性的财政收支和国际收支、更雄厚的股权财富和房产财富等；民富则意味着中低收入阶层的可支配收入更高，中低收入阶层拥有更多的财富、更好的社会保障、更稳定且持续增长的收入、更好的未来预期收入等。国富要求国家能实现长期持续的经济增长、债务结构良好和国际收支良好，而民富则要求国家收入分配更多地向中低收入倾斜，财政支出更多地倾向于社会保障和公共服务。

人的均衡发展机制是实现国富与民富的基本机制。均衡发展机制就是要利用国家雄厚的财政力量，通过公共服务和公共投资的杠杆作用，带动农村、中西部地区、低收入群体的发展，让低收入群体能够得到更多的就业机会、更好的社会保障、更好的生活环境、更优质的公共服务、更高的经济竞争力、更高的生活水平，从而实现低收入群体的富裕。

（三）人的均衡发展是实现人的物质现代化与精神现代化的统一

物质富裕并不等于精神富裕，只有物质富裕和精神富裕都实现了，人才能实现全面自由的发展。物质富裕是精神富裕的基础，而精神富裕也能促进共同富裕。物质富裕只是收入和财富的维度，而人的发展有更丰富的含义。经济发展给普通人带来的好处是收入的提升，但普通人能否从工作中得到充分的发展呢？他们能否像高收入群体一样从工作中得到成就感呢？不一定，因为很多员工的相对收入不高，工作并不稳定，工作性质也不具有创新性。那如何让普通个体更好地发展？一定需要工作之外的东西，兴趣、爱好、运动、休闲等个性化发展，当然也包括家庭和朋友的支持。因此我们必须给普通人提供更多的工作之外发展的条件，不仅需要收入的提高，也需要有充足的个人可支配时间；不仅需要财富的积累，也需要个人发展能力的积累。所以，物质富裕并不必然能实现人的充分发展，但是人的全面自由发展的物质基础。

均衡发展能实现人的发展从物质的富裕走向精神的富裕，给予普通群体更多的发展机会和发展空间。均衡发展更加关注普通群众就业质量的提升、发展机会的多样化、社会保障的高水平化、公共教育及医疗服务的高质量化等，通过均衡发展，社会能够更多地关注普通群众的获得感、成就感和幸福感，从而实现物质共同富裕和精神共同富裕的统一。

二、人的均衡发展能挖掘最广大人民群众的价值和发展潜能

（一）均衡发展就是要挖掘普通群众的发展价值和发展潜能

马克思认为人的全面自由发展是每一个人的全面自由发展。马克思认为："历史什么事情也没有做，它'并不拥有任何无穷尽的丰富性'，它'并没有在任何战斗中作战'，创造这一切、拥有这一切并为这一切而斗争的，不是'历史'，而正是人，现实的、活生生的人。"① 人是历史的主体，所以社会历史就是人的发展史。人的主体性是人在创造自己历史的活动中所表现出来的能动性、创造性和自主性。马克思关于人的主体性的论述，其实就是强调每一个人的全面发展，而每一个人的发展，其实就是要挖掘最广大人民群众的价值和发展潜能。

马克思把人的能力的全面发展看作人的全面发展的核心。他曾指出："任何人的职责、使命、任务就是全面地发展自己的一切能力。"恩格斯也认为，每个人都有权利全面发展自己的才能，这种全面发展的人是通晓整个生产系统的人，只有每个人先达到全面发展，最终才能实现全体社会成员的全面发展。人的能力的发展是人的全面发展的重要内容。人的能力是多方面的，包括自然能力和社会能力、潜力和现实能力、体力和智力等，只有这些能力都得到充分的发展，才是真正的全面发展。

均衡发展就是要让每一个普通人的价值得到释放，普通人可能不是社会的精英，但是他们有劳动价值、消费价值、家庭价值、传承价值、个性化价值等，这些价值可能没有科学家、企业家拥有的社会价值辉煌，但无数普通群众释放的价值正是现代社会高质量发展的基本特征。

---

① 《马克思恩格斯全集》第二卷，人民出版社 1995 年版，第 118 页。

（二）通过均衡发展构筑强大的个人发展动能，推动社会发展动能转换

经济增长要避免几个倾向：过度依赖自然资源，过度依赖廉价的劳动力，过度依赖某个产业，过度依赖国际市场。经济学说中有著名的"资源诅咒"假说。资源的诅咒是指那些自然资源丰裕的国家经历资源发展陷阱的现象，在经历了资源型产业快速发展后，国家富裕起来，但当资源型产业衰落后，国家重新陷入贫困。这一现象的根本原因是资源型国家在资源开发和利用的过程中，过度追求自然禀赋给予的天然的利润，缺少创新动力，缺少人力资本积累，缺少可参与国际分工体系的制造业。资源本来是经济腾飞的助推器，但在这种情况下反而成了经济增长的桎梏。那么劳动力资源丰裕的国家是不是也存在类似现象呢？经济学里有所谓的中等收入陷阱，中等收入陷阱是指一个国家由于凭借某种优势（自然资源、人口等），实现了经济的快速发展，使人均收入达到了一定水准，但长期停留在该水准的情况。比如拉丁美洲的墨西哥、巴西和阿根廷，东南亚的菲律宾，近几十年来长期处于中等收入的经济体行列（根据最为广泛采用的世界银行的定义，人均国民总收入约为10000~12000美元，按2011年购买力平价计算），而无法进入高收入经济体行列。鲜有中等收入的经济体成功地跻身为高收入国家，这些国家往往陷入了经济增长的停滞期，既无法在人力成本方面与低收入国家竞争，又无法在尖端技术研制方面与富裕国家竞争。一个经济体从中等收入向高收入迈进的过程中，既不能重复又难以摆脱以往由低收入进入中等收入的发展模式，很容易出现经济增长的停滞和徘徊，人均国民收入难以突破10000美元。进入这个时期，经济快速发展积累的矛盾集中爆发，原有的增长机制和发展模式已经无法有效应对由此形成的系统性风险，经济增长容易出现大幅波动或陷入停滞，大部分国家长期在中等收入阶段徘徊，迟迟不能进入高收入国家行列。资源诅咒和中等收入陷阱告诉我们，资源廉价、丰裕并不一定会带来高效率的经济体系，要素价格高、要素短缺反而会诱发创新和技术进步。

均衡发展一定会提高劳动力的工资水平，倒逼企业从以廉价劳动力

为基础的竞争力中升级，实现产业升级和增长动能的转换。从中等收入国家升级为高收入国家，最关键的是能不能实现增长方式的转变，从以丰裕的廉价劳动力资源为模式的经济转变为以科技、创新、人力资本积累为驱动力的经济增长模式。丰裕的廉价劳动力为主的增长模式为经济腾飞带来了外向型的制造业，这些制造业能否集聚、升级成为中高端制造业，是一个国家迈入高收入国家行列的关键。技术和指数驱动的增长模式必然要求舍弃以劳动力价格为竞争优势的旧的增长模式。因此，对待劳动密集型产业以及劳动力保护的问题，我们大可不必担心工资上涨给我们带来的压力，那些创新型国家都是高工资、高福利，所以高工资、高福利不是坏事，是经济升级的必然结果。工资很低、保留大量的劳动密集型产业的国家肯定不是高收入国家。所以，在经济增长过程中，我们要遵循这样一个价值观：工资上涨是我们追求的目标，不要把工资看成负担，而应当把它看成结果，应该通过科技、创新、高效率的制造业，以及具有强大吸引力的国内大循环市场的壮大来对冲劳动力成本上升给国民经济带来的压力。

三、人口规模巨大的现代化关键在中低收入群体，均衡发展的要旨在于推动中低收入群体的现代化

（一）中低收入群体的现代化是人的现代化的主体力量

市场经济条件下，在相对收入视角下，社会中的中低收入群体是多数，因为相对的高收入就业岗位毕竟是有限的，那么如何才能让中低收入群体实现更好的发展？显然其收入无法与高收入群体相比，赚很多钱的永远是少数，社会按比例看总会有一部分群体处于相对低收入水平，那么问题来了，既然这些人赚不了大钱，他们在工作、生活中怎样才能获得更多的幸福和快乐？这是实现人的发展绕不开的话题，即如何在赚钱不多的情况下赋予人更多的激情？笔者认为，需要有亲情、爱情，需要追求兴趣、天性的释放和个性化的发展，需要在自身的发展中找到更多的成就感，这样才能有带来激情，这就是人的个性化发展的价值。

均衡发展的实质在于为中低收入群体创造更多的发展空间、发展条件，培养其发展能力，只有这样，中低收入群体才不会因为其收入低于富人，在发展上受到抑制。具体到均衡发展的政策，就是要为中低收入群体创造更加均衡的区域发展环境；为中低收入群体的个性化发展创造更多的个人可支配时间；为农村和边远山区人民提供更多样化的发展机会；发展大众文化，为中低收入群体提供更丰富的精神食粮；创造多样化的生活方式，为他们的个性化发展提供包容性。

（二）均衡发展机制是中低收入群体实现现代化的重要机制

均衡发展可以为落后地区人的发展提供全面支持，从而能使落后地区的群众就地现代化。均衡发展能创造更多的技术型岗位，这些岗位对落后地区的居民有极其重要的意义，可以促进落后地区收入的提升；均衡发展能提高落后地区的社会保障强度，增加落后地区对抗贫困的能力；均衡发展能促进落后地区经济的自我循环，创造更多高质量的就业岗位，增加落后地区人民就业选择的自由度；均衡发展能减少留守儿童问题，有效应对单身率过高、生育率下降等社会问题。

均衡发展强调保护普通劳动者的权益，可以让中低收入群体提高就业质量。促进中低收入群体的发展需要保证中低收入群体的休息时间，这样才能实现人的全面发展，避免人的过度职业化的危害。少部分人加班加点是社会需要的，但如果"996"的人占比很高，并且下班后还有各种职场上的应酬，就会导致社会的过度职业化。过度职业化会导致个性化发展和家庭合作性发展的缺失，低生育率就是日本、韩国在经济发展中"人"的过度职业化的后果，这样的民族随着时间的推移会被经济增长所反噬。

均衡发展能弱化"财富"在人的竞争中的影响力，从而增强中低收入群体自我发展的能力。为什么中低收入群体热衷于"搞钱"？因为他们陷入了一种"非均衡竞争"，非均衡的极化效应使中低收入群体不得不加入大城市的竞争，房子、医疗、孩子教育、孩子找工作等竞争都会受到财富的影响，财富多是很大的优势。但若社会的发展更加均衡，人们就没有必要一定要加入富人竞争的游戏，他们可以在中小城市和农村工作生活，因为在这些地方，人的发展会形成良性循环。因此，均衡发展其实是对财富竞争价值的"弱化"，从而可以使人从过度追求金钱的螺旋中解脱出来，追求人本身的幸福和快乐。

均衡发展是对弱势群体的保护与支持。人类社会发展的动力一方面在于优胜劣汰和竞争，另一方面在于人类对弱者的同情和保护，这样才有文化的多样性和文明的传承性。那么怎样实现对弱势群体的保护？均衡发展其实就是在保护和支持弱势群体的发展。弱势群体同样在创造着价值，他们有消费、有社会群落、有文化、有精神追求，绝大多数都有家庭和工作。更重要的是他们是人口规模巨大的现代化中的一分子，离开了他们的现代化，就是不完整的现代化，均衡发展是弱势群体现代化的有效促进机制。

第二节　实现经济的"非均衡增长"与人的"均衡发展"的统一

一、市场经济条件下非均衡增长具有客观性

缪尔达尔是非均衡增长思想的主要代表人物。缪尔达尔认为，在经济发展过程中，区域差异是不断扩大的。当发达区域与不发达区域进行自由贸易时，发达区域由于增加了工业品的输出，其工业生产进一步发展，劳动力就从生产率较低的农业部门转移到工业部门，对技术工人的需求增加，教育随之得到改进，文化进一步发展，因而发达区域表现为一种上升的正反馈运动；而不发达区域的情况恰好相反，在自由贸易情况下，不发达区域输入大量工业品之后，本区域工业生产由于缺乏竞争力而逐渐衰落，于是产生一系列不良效应：对技术工人的需要减少，就业不但不能向生产效率高的工业部门转移，反而不得不逆向转到生产效率低的农业部门，城市经济得不到发展，收入水平得不到提高，甚至每况愈下。

　　缪尔达尔进一步指出，在循环和累积因果作用过程中，从发达区域与不发达区域、核心区与边缘区的相互作用中看，存在着两种不同的效应：扩散效应和回波效应。扩散效应由从发达区域到不发达区域的投资活动流动构成，发达的核心区为了保持自身的发展，不断从不发达的边缘区采购原材料、燃料和产品，输出资本技术和设备，帮助他们发展经济，这有助于区域差异的缩小；回波效应是由为了在发达区域获得更高的报酬而流出的不发达区域的劳动力和资本构成，发达的核心区凭借自己的支配地位，从不发达的边缘区吸入要素和资源壮大自己，这将引起不发达区域的衰落，使区域差距扩大。在经济发展过程中，回波效应往往大于扩散效应，尤其是在经济发展的初期，随着经济的深化，扩散效应的作用才会日益增强。因此，如果没有政府干预，区域差异将不断扩大。

　　非均衡增长本质上是市场竞争带来的分化效应，区域经济的竞争和要素流动必然会使区域分化。缪尔达尔的非均衡增长思想主要是指地区间的非均衡，其实在城乡之间、产业之间、不同群体之间都存在广泛的非均衡现象。市场经济一定会带来分化效应，这是市场竞争机制的必然结果，而网络经济、平台经济、高新技术的发展加剧了经济发展的非均衡性。新经济形态使创新更加集中在大城市，大城市的创新集聚效应更加突出，而中小城市的创新面临更加弱势的局面，由于信息经济和网络经济的发展，平台在网络流量、信息集成、数据获取等方面的优势让平台型企业拥有更多的技术性支配地位，平台型企业及其附属企业在市场中获得回报远比传统型企业容易，这些企业成为造富的机器，同时使所在的大城市获得更多的发展机会。网络经济对传统商业形成巨大冲击，新型商业模式使销售和生产的集中化趋势更加明显，很多地区和工作群体无法适应网络经济的需求，而面临被淘汰的命运。网络经济还催生了一大批富裕的网红，这些群体的赚钱能力与落后地区的人民存在极大的差距。

　　非均衡增长是以商品竞争力为导向的经济发展模式，要素的集聚形成增长极，增长极内部要素越集聚、密度越高，越有利于商品成本的降低。商品竞争力导向在工业化时期非常重要，给国家经济增长带来了很大的贡献，非均衡重点地区的超前发展可以促进更紧密的合作性发展，促进要素的优化组合，带来要素的集聚效应，降低空间合作成本、沟通成本和物流成本等，同时使竞争的学习效应更突出，促进技术的扩散和人才的流动。非均衡增长还使落后国家能够通过非均衡发展使超前发展地区迅速提升竞争力并参与国际竞争。对于后发国家而言，非均衡发展是一条捷径。

非均衡发展是市场经济发展的一种必然结果，市场经济一定会产生非均衡，就一定有收入差距，问题的关键是如何控制好这种收入差距典型的收缩式发展特征，不要变成过度的非均衡与严重的两极分化。从市场经济来看，两极分化是市场经济追求效率的结果，具有内在的客观性，但从人的发展的角度看，扩大的两极分化需要政府力量进行适度的矫正。

二、"非均衡"为经济增长提供了动力，但在一定程度上会对人的发展形成抑制

非均衡增长能推动城市化和人口集聚，能使人的消费更多地趋向于高效率的工业品，从而推动社会生产效率的提高。非均衡增长能推动大城市基础设施的大规模建设和城市公寓住房的大规模开发，人口集聚带来现代服务业生产效率的大规模提升，这些都有利于社会生产效率和产业竞争力的提高。非均衡增长过程中，一部分富人群体快速积累资本，有利于促进投资，降低利率，增强国际竞争力。但严重的"非均衡"会使中低收入群体的发展大大受限，尽管中低收入群体较低的收入能降低劳动成本，但显然并不符合人的发展目标，特别是到了高质量发展阶段，人的创造性和创新性远远高于低劳动成本带来的价值。收入差距过大不利于长期经济的可持续发展、消费力的提升和消费结构的优化，其中，消费力取决于收入水平和边际消费倾向，消费主要依靠中低收入群体等普通劳动者，若中低收入群体的收入不能大幅度提高，国家的整体消费能力就会受限，消费结构升级也会迟滞；从另外一个角度看，低收入群体的低收入会影响其对自身的投资，自身的发展会面临障碍，而下

一代的发展也会因为收入低而受到影响。

过度依赖少数区域和少数城市的增长会导致内卷式竞争的加剧，过度城市化和区域间的极不均衡发展会导致资源的浪费和生活质量的下降。人的高质量发展的一个重要前提是人的生存空间的拓展，而过度城市化使稀缺的特大城市空间资源竞争加剧，房价奇高，通勤时间拉长、公共资源极度稀缺等会加重人的生存成本，人的全面发展空间狭小，不能满足人的发展需求。以人为本的发展模式强调人的生存质量优先于经济增长；而过度依赖少数区域和少数城市的增长模式会导致消费结构升级迟滞，特别是体育运动、休闲文化等新兴的消费方式发展受限，不利于消费结构的升级。过高的城市化会抑制人的自主发展，拥挤的城市使人的发展没有足够的空间，无法充分与自然接触，无法让人的天性在自然中充分释放。狭窄的住房也会造成人的拥挤，使人与人之间缺乏距离，缺少自我空间，从而缺少个性化的自我。

非均衡增长会带来人的发展成本的提高。因为非均衡发展会使科技、人才、资金、金融要素高度集中在某些发达地区，而土地、公共服务、消费设施的高度稀缺会导致恶性竞争，发达地区土地供给紧张、住房供给紧张、学位供给紧张、公共服务供给紧张以及其他的公共资源供给紧张，会导致恶性竞争的加剧。

超大城市虽然拥有强劲的发展动力，但对人的发展而言，存在高昂的生活成本，昂贵的房价就是典型体现。超大城市利用金融权力、行政权力和科技权力，对其他地区财富形成虹吸效应，同时，超大城市对人的个性化发展形成抑制，并低生育率问题。超大城市对人的发展最大的制约是运动不足，人均运动设施的缺乏和通勤时间的增加使超大城市面临严重的运动不足问题。此外，资源向大城市的过度集中浪费了社会有限的资源。超大城市利用其地域优势猎取投资、财富、人才和人力，导致利率提升、优质人才的浪费性使用以及人力资源的低效配置。过度城市化还会导致相对较高的利率。住房贷款、大规模的基础设施建设和基础设施维护，以及大城市病带来的人力密集型服务业（如长时间通勤和低附加值服务），都会显著提高人的发展成本提高。

过快的城市化使年轻人面临巨大的个性化发展压力。超大城市在科技领域的巨大进步使其能提供更多高质量的就业岗位，但超大城市中仍然有相当一部分人的发展程度并不高，收入偏低、就业不稳定、社会保障较差、生活条件差，很多的就业岗位并不是高质量的。很多就业岗位的名义收入甚至低于中等城市的平均收入水平，其中大部分是年轻人，但却要面对比中等城市高很多的房价和生活成本。年轻人潮水般地涌入特大城市，名义上获得了特大城市的工作机会，却无法享受到特大城市匹配的生活品质，甚至还要面对巨大的生活压力，结婚率低、生育率低便成为必然，婚姻和孩子成为奢侈品。

三、严重的"非均衡"使落后地区的发展缺乏足够的动力

要素流失使落后地区发展缺乏动力。非均衡发展使要素流动的单向化非常明显，农村地区向城市流动，中小城市向大城市流动，西部地区向东部地区流动。以劳动力为例，区域经济增长的差异会导致就业者的逆向选择，即就业者宁可选择发达地区的低质量就业岗位，也不愿意选择落后地区的高质量就业岗位。发达地区的要素流入欠发达地区的意愿很低，很多欠发达地区缺少发达地区的要素组合和生活条件，相当多的地区陷入严重的要素流出困境。落后地区的发展呈现经济困难、消费不足、产业发展式微的局面，很多地区呈现典型的经济收缩特征。

严重的地区分化会使经济增长更偏好投资。发达地区拥有强大的财政能力和融资能力，能够将这些优势转化为投资，而落后地区由于财政能力不足，社会福利支出有限，居民收入增长缓慢，导致消费能力不足。消费在经济结构中的比重很低，又进一步导致落后地区经济无法形成良性的循环。

落后地区发展的滞后会导致低收入群体比重过大，使社会消费结构升级缓慢。消费结构升级缓慢又会延缓高端消费产业的发展，使得消费品集中在必需品领域。必需品的消费通常依赖于传统产业，导致竞争趋向低端化，创新需求不足，生产效率提升缓慢，附加值低。这会使社会陷入"结构升级困境"：消费结构影响产业结构，产业结构制约技术结

构，技术结构最终会影响人的发展空间。

四、严重的"非均衡"会带来社会内卷和社会效率的损耗

人均 GDP 的提升对经济社会高质量发展有极其重要的意义，但人均 GDP 并不与人的发展完全正相关。在发展程度更高的社会，同样的 GDP 能支持更多的人实现其价值，而在发展程度较低的社会，即使 GDP 达到较高的水平，能够实现高质量发展的群体依然有限。如前文所述，经济发展的目的并不是唯 GDP 论，应该有比 GDP 更丰富的内涵，高质量的经济发展能促进人的全面自由发展，而低质量的经济发展对人的发展推动作用有限。对个人而言，收入提升可以增加其在社会中的生存与发展机会，但收入增长并不是最终目的；对于整个社会而言，收入提升亦不是最终目的。只有把人的发展作为社会发展的目的，社会才有可持续的动力。

严重的非均衡不仅会导致收入的失衡，更会引发内卷和社会效率的损耗。这种非均衡表现为人口对发达地区资源的过度竞争，引致就业成本和生活成本高涨。学区、住房、户口等资源的过度竞争并不能促进社会生产效率的提高，只会增加损失和竞争成本，加剧内卷。与此同时，落后地区面临人口流失、公共服务不足的困境，人们更加希望从不发达地区转移到发达地区，从而形成内卷式竞争的恶性循环。

严重的非均衡还导致发达地区人口过度集聚，消费成本提高。高水平的消费是人的发展的重要基础，但是在经济高速发展的背景下，消费发展滞后于经济增长，一方面，受制于人口密度过高，消费并不能完全满足人的实际需求偏好，比如超大城市游泳场地的缺乏使游泳爱好者缺乏消费的场地，足球场地的缺乏使足球爱好者缺乏运动场地；另一方面，过长的通勤时间使消费趋于快餐化，难以满足人们的精神诉求，人的个性化发展需要闲暇时间、自由支配的空间以及良好的社交环境，但这些会受制于过度城市化。

非均衡发展的"内卷效应"的一个集中体现是生育率的下降。特大城市和偏远农村的生育率都在降低：特大城市面临较高的生育和养育

成本，人们害怕生育影响工作机会和事业发展，导致了较低的生育率；而偏远农村由于生活条件和发展机会的相对恶化，结婚率偏低，导致了较低的生育率。因此，从人的发展的角度看，严重的非均衡不利于低成本发展和高效率发展。

五、增长的"非均衡"需要人的"均衡发展"来进行补充和适度矫正

非均衡增长更关注人均 GDP 的提升，而均衡发展更关注人的发展的全面收益，比如，时间收益、兴趣收益、健康收益、发展机会收益、成就感收益等。二者可以相辅相成，实现经济增长与人的发展的统一。

非均衡机制是符合市场机制的增长机制，它通过竞争的分化效应激励优胜者，从而加速资源向优胜者的集中，最终实现资源的优化配置。因此，非均衡增长能解决人均 GDP 提高和竞争力提高的问题，但并不能解决人的全面自由发展的问题，比如，在就业数量拓展之后，怎样提高就业岗位的稳定性和保障性，从而提高就业质量？如何让落后地区得到高质量的社会保障？如何让人们的消费更注重审美而非炫耀？高科技需要社会强大的直接融资能力，这样才能给长周期的高科技发展创造良好的市场环境，如何才能给创新型企业提供低利率的融资？等等。这些都需要政府的均衡发展机制来对"非均衡"进行补充和适度矫正。对劳动者劳动时间的约束和劳动权益的保护可以提高就业的稳定性和保障性；建立全国统一的保障体系能对落后地区的居民提供较高质量的社会保障；税收机制和转移支付能减少炫耀性消费；限制过度的基础设施建设可以降低基建对社会资金的过度占有，从而降低高科技企业的融资成本；等等。

高质量的经济发展不仅要关注收入水平和竞争力的提升，也要关注人的全面发展，把收入的增长、竞争力的提升、人的全面发展统一起来，以非均衡增长实现经济效率和竞争力的提升，以均衡发展实现人的发展水平的提升，最终在经济高质量发展中实现人的现代化。

第三节 人的现代化目标下的均衡发展机制

一、社会各阶层的共同现代化

富人和中低收入群体都需要现代化。尽管富人和中低收入群体存在收入和财富的差距，但收入和财富并不是人的发展的全部，人需要更高层次的自我价值的实现，不能以收入和财富作为衡量人的发展价值的唯一标准。人的现代化是包含了更多维度的全面的现代化，从这个意义上讲，富人的现代化和穷人的现代化是没有差别的。富人是社会发展的重要中坚力量，富人的财富是社会资本的主要来源，富人中的企业家是经济中生产要素的组织者，要保护富人的发展。社会需要有涵养财富的能力，高质量的经济发展一定需要有载富能力，有包容富人发展、支持富人发展的土壤，同时应该有对财富吸引的能力。因为人的发展是无止境的，尽管富人在自我价值实现中有较好的物质基础，但富人仍然有发展的空间，比如更好的工作方式、休闲方式和财富管理模式等，需要满足富人群体的发展需要。否则，不仅不能吸纳富人，反而会导致社会财富的流失。因此，一定要提升经济的载富能力，给予富人更多的投资渠道、更多的消费空间。中低收入群体更需要现代化，他们是经济发展中的大多数群体，他们虽然没有富人所拥有的物质基础，但他们应该拥有更多高质量的就业机会，享受更高质量的社会保障，接受更优质的公共服务，拥有更低廉的物价水平、更从容的家庭生活和更富个性化的发展空间。富人和中低收入群体都需要现代化，这是中国式现代化的价值追求，也是人口规模巨大的现代化的难点。

社会各阶层的共同现代化要摒弃拜金主义的价值观。以人为本的发展价值观倡导群体共同发展的理念，不能因为富人和中低收入群体收入和财富的差距而将社会群体的现代化割裂。中低收入群体尽管收入低于富人，但通过自身的努力和个性化的追求，通过兴趣爱好、人文素养、知识积累、技术创新、社会保障等路径，同样可以实现现代化。要杜绝权力至上、金钱至上的价值观，一部分人把"权"和"利"作为终极追求，对"权"和"利"的终极追求超过了"人的全面自由发展"。也有一部分人认为在金钱游戏中博弈人生，是生命的最高境界，其实这些都是大错特错的。当然，"拜权主义"和"拜金主义"的盛行也可能源自权力和金钱在人的发展竞争中的重要作用。因此，要减少社会的垄断、特权、寻租等对资源配置和社会分配的支配作用，降低普通老百姓生存和发展的"收入依赖"和"特权依赖"。

社会各阶层的共同现代化要坚持多元化的发展理念。经济结构的多元化包括产业多元化、消费结构的多元化、个人发展机会的多样化、个人选择的多样化。多元化发展本身就是一种均衡发展机制，是经济发展的目标之一，这个目标与提高 GDP 的目标有一致性，但并不完全一致。人均 GDP 的增长可以为经济多元化提供物质基础，通过丰富经济形态，扩大产业种类，开辟更多的就业渠道，使人的发展多样化、差异化。但同样水平的人均 GDP 会呈现不同的结构化特征，即经济结构、人的消费、发展机会、个人选择等衡量指标会存在显著的差距。因此，在经济增长中一定要维持经济发展的多样化生态。

二、公共财政的福利经济制度

国家财政支出在均衡发展中具有重要意义。国家财政支出要体现人口规模与国家财政的匹配性，即国家应该在国家财政支出的地方分配中以人口数量作为最基本依据，在教育支出、社会保障支出、国家转移支出、社会建设支出中各地的比例，要充分考虑到各地的人口规模，并以此作为分配财政支出的一个重要依据。要提高财政支出中人口项目的占比，提高社会保障、人的发展在财政资金中的占比。

建立全国统筹的养老保障、失业保障、医疗保障和生育保障等社会保障体系，是非常重要的均衡发展机制。由于落后地区生活成本低，较好的社会保障能使居民享受更优质的生活，有利于促使人口向落后地区回流，从而有利于人口的双向流动。当前，我国的养老保障、失业保障、医疗保障等已经建立起来，但应提高保障强度和财政投入规模，生育补贴还没有全面建立起来，但非常迫切。特大城市最大的功能是产业集聚，最大的问题是生活成本高昂，特大城市的生育率低于中小城市，补贴可以应对高养育成本；而中小城市和农村地区的生育补贴可以提高家庭的收入水平和支付能力，特别是中低收入群体的收入能力，从而促进均衡发展。生育补贴会更有利于欠发达地区，因为生育补贴占发达地区居民收入的比例会较低，但在欠发达地区，同样的生育补贴占收入的比重会相对较高。因此，生育补贴有利于均衡发展。

福利经济制度的一个重要方面是劳动保护与人的发展。高质量的就业岗位一方面靠产业发展。在市场竞争条件下，收入水平较高，意味着劳动者边际报酬高，拥有更高的生产力和社会贡献度，因此，完全竞争条件下，收入越高，意味着劳动者的贡献越大，提高收入也就意味着提高劳动者的社会价值，也就意味着就业岗位的质量越高。另一方面靠政府对劳动者的保护。如果一个岗位有良好的社会保障，有合理的假期和休息时间，且比较稳定，即使收入水平不高，就业质量也会比较高；反之，如果一个就业岗位收入很高，但不稳定，且经常加班，即使收入较高，也不被认为是高质量就业岗位。所以，合理的劳动保护和社会保障体系支持是就业质量提高的重要因素。对体制外的劳动者可以通过加强劳动保护，提升社会保障强度来提高就业质量。有人担心加强劳动保护和提升社会保障强度会降低经济竞争力，其实这大可不必，因为劳动成本的提高会被社会综合经济竞争力的提升所抵消。所以，在高质量发展阶段，我们更应该关心就业制度对劳动者福利的提升作用，为人的现代化提供更多的高质量的就业岗位。

三、收入调节机制

市场经济条件下不可避免地存在收入差距，因为市场分配是多种要素按贡献共同参与分配，而人们占有的要素不均衡，收入必然会不均。资本、劳动力、知识、技术、土地等要素的所有者从要素中获得的回报差别很大，因此一定会存在分配的差距。从这个意义上看，这种收入差距合法并且合理。但在经济发展进入新阶段后，收入差距也存在不合理的一面，突出表现在收入和财富在不同群体间的严重失衡，悬殊的两极分化并不符合社会共同富裕的价值观。另外，要素所有者获得了超出贡献的分配，这些分配包括资本所有者利用信息优势、特别行政许可、市场垄断或半垄断等超市场的权力获得了超额利润；劳动力进入某些特许行业，比如证券、大银行等金融机构，具有垄断地位的国有企业或具有信息优势的互联网企业能获得很高的工资收入；土地所有者凭借在特大城市中占有的稀缺地段和房产获得很高的收入；等等。对于合法但不合理的收入差距，我们应该采取税收的手段，进行合理的调节，比如针对特定行业的垄断税、针对高收入群体的财产税和个人所得税等。

较大的收入差距意味着富人的收入在社会总收入中占比较高，富人的收入来源主要是非劳动要素报酬，而中低收入阶层的收入来源主要是劳动收入。2021 年，美国人均可支配收入占人均 GDP 的比重约为 70%，而在我国，人均可支配收入占人均 GDP 的比重约为 45%，居民收入提高的空间较大。GDP 的去向包括三个方面：政府收入、企业收入和个人收入。政府收入是公共收入，企业收入主要表现为利润，利润一般流向高收入阶层，而个人收入主要表现为中低收入阶层的收入。居民收入占总收入比重低，说明 GDP 中财政收入和企业利润收入占比高，这两大收入中的一部分表现为公共收入（包括国有企业收入），而另一部分则因为高收入阶层占据了较多的收入，所以提高居民收入就能降低收入不均等的程度。

由于富人的收入主要用来投资，而穷人的收入主要用来消费，因此收入的严重不均从长期看会导致消费相对低迷和投资相对过剩。从消费来看，穷人的消费倾向较高，而富人的消费倾向很低，因此基尼系数高会使社会整体消费倾向低。与发达国家相比，我国消费对经济增长的相对贡献仍然偏弱，从收入与消费的关系来看，收入是消费的决定因素，中低收入阶层收入少还会使他们对未来缺乏信心，这也会使储蓄倾向增高、消费倾向降低。

收入的均衡使社会的消费质量更高，能改善社会的消费结构。低收入阶层的收入结构普遍单一，以基本的生活必需品为主，而中高收入阶层的消费结构会倾向于健康、旅游、科技、娱乐等消费形式。培养更多的中产阶层，能使整个社会的高端消费品市场需求容量扩大，从而为经济增长创造更大的需求空间。社会均衡发展能使更多的低收入阶层迈入中等收入阶层，从而为社会消费结构转型提供条件，为经济结构升级创造更好的发展空间。

收入调节机制包括税收机制和收入转移机制。税收机制中，个人所得税在我国税收来源中的比重逐步增大，但个人所得税税基应该提高，重点征税对象应是高收入群体。财产税的开征十分必要，在市场条件下，财产税是调节两极分化的有效税种，是实现均衡发展、避免社会过度分化的重要制度。我国的富人对税收的贡献度总体偏低，主要是还没有推广财产税，只有开征财产税，才能从根本上完成对富人的激励和约束。征收财产税是国际社会通行的做法，也是实现国际接轨的需要，财产税是增加富人对税收的贡献的重要税种，能有效调节收入差距。收入转移机制中最重要的是社会保障机制。提高公共财政中转移支付的比例，重点是扩大社会保障的支出规模，全面完善失业保障、养老保障、医疗保障、生育保障等社会保障体系，把社会保障支出规模提高到财政总支出的15%以上，这将极大地提高中低收入群体收入的预期水平，并撬动落后地区的消费和产业发展。社会保障支出增加，其实质是建立以人口数量为基础的财政分配体系，反映了"不让一个人掉队"的中国式现代化的理念和均衡发展的理念。因此，社会保障体系的完善和保障强度的提高是收入调节机制中最重要的环节。

四、经济多元化发展机制

均衡发展的重要前提是为更多的人提供更多的机会与平台。改革开放以来，经济发展使不同的职业、不同的成功路径为人的个性化发展提供了基础，这是经济高质量发展的重要特征。多元化的经济形态为人的发展提供更丰富的路径，为更多的人成就人生创造了条件，多样化的经济能够让更多的人成长为个性鲜明、特长各异的个体，即使那些学历不高的群体，也能有一定的发展空间，也能找到差异化的发展路径。人的充分发展还会促进均衡发展。人的发展的多样化、高质量化能促进地区间的均衡发展和城乡间的均衡发展，职业更加多元会使农村地区和中西部地区有更多的就业机会，生活方式的多样化会增强农村地区和中西部地区对人的吸引力，人的发展的高质量化会使人更加追求运动型、自然型的生活方式，同样会增强农村地区和中西部地区对人才的吸引力，从而会强化社会的均衡发展。

多元化的经济为人的发展提供更多合作性的机会，为经济竞争提供更多的平台，从而使更多的群体拥有更好的发展价值。经济单一化只会导向精英社会，而精英社会一定是两极分化的社会，均衡发展也就无从谈起。多元化社会使大众不必再去仰望少数的精英群体，因为更多的个体会成为不同的"精英"，多元化发展为社会的均衡发展创造了条件，更多的个体会融入人的现代化大潮。经济结构的多元化有利于构筑更广阔的人的发展渠道，人的全面自由发展反过来又能促进经济结构的多元化。经济多元化可以表现为产业多元化、收入多元化、财富多元化、就业多元化等，经济高质量发展的一个重要特征就是经济结构的多元化。

反垄断与反特权对经济发展的多元化非常重要。垄断和特权会形成低效率的竞争、低效率的资源配置，并造成经济结构的单一化。特权显然不利于人的发展，因为它只有利于少数人的发展而不利于多数人的发展，特权的存在使人的努力的动机可能是追求特权本身，但特权的稀缺性使得很多人为特权付出了巨大的努力，最终只有少数人得到特权，从而带来内卷式竞争，并使大多数人的努力没有实现价值。垄断和特权会使某种资源如户口、许可证、住房、学区等成为稀缺资源，由于这种稀缺资源的特殊地位，人们可能会争相竞逐该种资源，并通过杠杆引导更多资源加入竞争行列，形成对该种资源的过度竞争，导致财富和资源过度集中于拥有特权或垄断地位的区域、产业或某种物品，造成富人对穷人的挤兑。破除垄断和特权可以改变权力对资源配置的不合理干预，促进公平竞争，并使经济结构多元化。

开放流动的市场机制、降低融资成本、推动技术创新等都会促进经济的多元化。市场机制的完善能促进生产要素的流动和优化组合，捕捉市场需求，催生新兴产业；融资成本降低可以减少经济多元化发展的成本，提高新兴产业发展的收益；技术创新可以催生更多的经济形态和就业方式，比如短视频 App 的技术创新让无数的主播走向前台，成为重要的就业形式和发展方式，为人的发展拓展了巨大的空间。

五、地区均衡发展机制

地区均衡发展并不是地区均等发展，也不是以某些地区的式微来换取另一地区的繁荣，而是促进区域之间的协调发展、联动发展和要素的双向流动。地区均衡发展能增加落后地区的就业机会，有利于就业选择的本地化，并有利于落后地区的发展。均衡发展最重要的意义是促进人的流动和要素的流动，而非均衡发展则会阻止社会人员的流动和要素流动，特别是双向流动。缺乏流动意味着封闭，没有流动意味着要素生产率的降低、社会合作性发展平台的减少、竞争性发展的缺失。均衡发展其实是符合经济开放理念的，而非均衡发展可能会导致经济的部分封闭，或经济流动的迟滞。落后地区的财富流入能够引导要素向落后地区的流动，尽管落后地区在人才引入上的劣势使生产端呈现式微态势，但财富流入可以激活消费端，培育落后地区的消费市场，进而启动这些地区的市场，促进要素向落后地区的流动。

均衡发展能够使落后地区的就业机会增多，从而有利于就业选择的本地化。就业流动性强显然有利于要素优化配置，但就业流动性最关键的是就业的双向流动，即农村、小城市、大城市、特大城市之间的多向流动，而不是单向的流动，单向流动会使劳动者的选择机会变少。

地区均衡发展要改变发达地区和特大城市对资本、人才、人口的极端占有情况，这种极端占有存在严重的资源浪费和低水平利用现象。要赋予落后地区居民更大的发展空间。农村地区土地资源丰富，贴近自然，可以在农村地区建立功能发展区，赋予灵活的土地使用原则，依靠自然和土地资源建立运动型、自然型、文化型的发展区，吸引城市人口、资金的回流。建立灵活的发展机制，丰富投资方式和生活方式，增强农村地区和中西部地区的纳富能力，引导部分富人回流到小城市和农村。

很多人到了四五十岁，如果再选择去特大城市工作，会面临很高的流动成本。大城市的住房价格贵，夫妻另一方的就业问题难以解决，甚至可能导致两地分居。即使住房问题、配偶就业和子女教育问题都解决了，也要付出高昂的成本。因此，推动就业机会的本地化能够为人们提供更多的就业选择。

建立全国统一的高质量社会保障体系是促进落后地区发展的非常重要的支持机制。非均衡发展使社会更加固化，发达地区的人群不愿意流动到落后地区，因为缺少工作机会，也不适应欠发达地区单调的生活方式；欠发达地区的人群也无力流动到发达地区，因为需要面临高昂的物价，要素缺乏回流到落后地区的动力。社会保障是促进要素回流的重要动力，社会保障体系将为落后地区提供强大的收入和预期收入支撑，落后地区物价很低，社会保障的转移支付会给群众带来性价比极高的支持，从而能让群众回流到落后地区。

六、建立保护和支持个人长期可持续发展的国家支持机制

国家要支持劳动者获得正常的劳动保护。高质量就业岗位的创造，不仅要靠产业发展和企业发展，还要依靠制度保护。由于竞争的存在，只有少部分国家和地区拥有高端产业链和高端产品，虽然经济的增长和技术的创新使高端产业链的规模在不断扩大，但高端产业和技术密集型产业在全社会经济中的比重仍然较小，大量的就业岗位集中在基础服务型行业和传统产业。那么，如何提升这些就业岗位的就业质量？传统产业也可以通过劳动制度变革来实现岗位就业质量的提升，如通过制度安排强化劳动者拥有的休息权、流动权、企业社会保险金等。当然，产业结构和工业结构有其历史属性，在工业化时期，国家提升经济竞争力的诉求和参与世界经济分工的诉求非常重要，所以要充分利用其资源禀赋和比较优势，获得参与全球分工的机会，并强化自身竞争力，此时就业质量受制于经济发展阶段的约束，对劳动者的保护不会太严格。但在经济高质量发展阶段，应充分重视对劳动者的保护，高质量的劳动保护对保护劳动者的全面发展权益非常重要，对高质量就业岗位的引导和培育

有积极作用。

在人的均衡发展的理念之下,要重视对弱者的保护,我们每个人在某种程度上都是弱者,只有通过国家提供的平台支持和系统保护,个体才能转变为强者。从经济意义上看,国家的劳动保护制度、强制储蓄与保险制度、社会保障体系以及收入再分配机制,构成了个体发展的重要平台。这些平台建设的主体是国家,所以国家经济平台的构建在个人发展中占有非常重要的地位,可以降低人的个性化发展的风险成本、减少合作发展的交易成本、减轻竞争性代价。

要建立个人破产制度。更具包容力的经济能为人的发展提供更多的弹性,因为个人的发展有成功也有失败。包容失败、允许失败、敢于失败,同时也要有能力将人从失败中拯救出来。近年来,民营企业和个体商业活动发展十分迅速,但由于个人财力的薄弱,许多个体在市场竞争中陷入经济困境,处于实际破产的状况非常多。如果没有破产机制,这些个体将很难从失败的阴影中走出来,从而加剧社会非均衡发展的程度。市场经济本质上是法治经济,应贯彻主体平等的原则,任何个人和企业只要进入市场,其权益就应当受到平等保护。当个体或企业符合破产条件时,应按照破产法的规定平等对待,以避免个人一辈子的命运成为经济竞争失败的牺牲品。在债务人丧失支付能力的情况下,通过破产制度科学退出市场,符合人的发展和社会均衡发展的原则。

第九章

高质量的社会保障体系、
福利经济与人的现代化

　　社会保障、福利经济对人的现代化的促进作用是意义非凡的、无法替代的。社会保障是国家利用行政、法律的力量将大众资金归集形成基金，并统筹使用基金，形成风险共担、共济共富的社会合作性保障体系。福利经济是对社会保障体系的深化，强调国家利用公共财政资源，通过对社会保障体系的支持，构建更为强大的个人和家庭收入公共支持机制。

　　社会保障、福利经济是对所有人、所有家庭的一种长期投资，是促进人的生命周期内收入稳定和收入平滑的全社会合作机制，是改善中低收入家庭收入结构、保障其收入稳定的重要支柱。虽然福利经济会增加公共财政的负担，对企业劳动成本带来冲击，某些国家也深受"福利病"的拖累，但并不影响社会保障体系和福利经济体系在人的现代化进程中无可替代的价值。我们只是需要注意如何科学系统地建立可持续的社会保障体系和福利经济体系，而不应当怀疑在现代化进程中高水平社会保障体系和福利经济体系的重要性。可以这么说，如果一个国家不建立起高水平的社会保障体系和福利经济体系，人的现代化就无法高水平实现。

第一节 高质量的社会保障与福利经济体系是构筑个人可持续发展能力的重要依托

一、社会保障支出是对人的全面自由发展的长期投资

高质量的社会保障是人的全面自由发展的重要支持机制。在市场经济条件下，只要存在竞争机制和淘汰机制，收入总会存在差距，一个社会会有相当一部分人面临市场收入不足的困境。因此，良好的社会保障必不可少。社会保障是现代社会政府提供的重要公共产品，是人的发展最伟大的工程和重要的政府性合作机制，使人在真正意义上实现了自主发展的一次超越，是社会合作性发展机制对人的自主性发展机制的推动。社会保障体系是社会经济合作性发展最具代表性的体系。人的发展中的一个重大课题是怎样应对发展的不确定性和各种风险，比如疾病、事故、失业、养老等问题。政府主导的合作机制是应对不确定性的重要手段，比如宏观经济调控机制可以减少经济周期和其他不确定事件对经济的冲击，而高质量的社会保障机制可以帮助个人应对生命周期内的各种风险。高质量的社会保障体系使人减少了"后顾之忧"，甚至消除了"后顾之忧"，人们真正从生存的焦虑中解脱出来，而能够追求更具意义、更能体现人的发展价值的理想；高质量的社会保障体系能让人增强对社会和国家的信赖感，人们对未来的预期从不确定到确定，从生存的忧患到生存无虞；高质量的社会保障体系让人的发展实现了一次飞跃，为人的个性化发展和竞争性发展铺就了一条康庄大道。

社会保障是低收入群体实现可持续发展的有效扶贫机制。相当一部分低收入群体是由于残疾、病痛或其他原因失去劳动能力，或者因为各种原因失去工作，或者因为单亲家庭有很沉重的抚养负担。但这部分群体是社会大家庭中的一个重要组成部分，每一个低收入者的背后都有一个家庭，家庭里面可能有父母、爱人、儿女，这部分群体的收入低不仅

会影响其自身的发展，还会对家庭的其他成员构成负担。高质量的社会保障体系能使这部分群体勇敢地面对社会、融入社会，并能给其家庭成员的发展提供支持，特别是对下一代成长的支持，因为社会保障体系不仅能发展当代人，还能培养下一代的消费审美、价值观以及消费能力。低收入群体的发展质量是全部社会群体发展的短板，如果把这个短板拉长了，我们整个社会的发展水平将高出很多。中国式现代化是每一个人的现代化，社会保障体系是"不让一个人掉队"的有效保障机制。

二、社会保障能使人获得更多的安全感和独立性，从而改变人的效用曲线结构，进而优化人的消费结构

社会保障体系能帮助个人建立终身财富管理体系。高质量的社会保障是每个人"与生俱来"的社会财富，因为从出生那天起，每个人就拥有了预期财富，成为"富人"。对个人而言，社会保障本身就是一笔财富，即使是最穷的群体，也不再是赤贫，而是有一笔没有风险且伴随终身的财富。社会保障体系使我们每个人都可能成为"准富人"。如果没有社会保障体系，即使是富豪，未来的财富状况也存在不确定性，因为"天有不测风云，人有旦夕祸福"，每个人都可能面临人生的风险。国家的社会保障体系和公共财政的社会福利支持体系是每个人的依靠。有了养老保障、失业保障和医疗保障，每个人都成了"富人"，人的经济价值也因此得到极大提升。

社会保障体系让个人获得了社会支持，增强了安全感和独立性，因此，社会保障体系的完善可以优化人的效用函数。如果我们把消费品划分为两类，一类是给人带来安全感的消费品，比如住房、社会地位、权力等；另一类是给人带来发展的消费品，比如高科技产品、体育运动、文化艺术消费等。二者之间具有一定的替代性，但在不同的情景下，人们的效用曲线是不一样的。当人们获得安全感后，原本稀缺的权力、住房等满足人的安全感需要的物品对人的效用就会下降，而体育运动、文化等发展性消费对人的效用则会上升，从而优化人的效用函数。这种变化会促使社会减少对稀缺性住房、权力、社会地位的竞争，转而更倾向

于发展性消费。因此，社会保障体系会大大改善人的消费结构，并推动人的消费偏向发展性消费，人的高质量发展。特别是对于低收入群体而言，在高质量社会保障体系的支持下，他们可以把有限的消费更多地用于发展性消费，这将极大地改善他们的发展状况。

三、社会保障可以减少内卷，使人可以更好地专注于自主发展和良性竞争

社会保障具有均衡发展的属性，而均衡发展有利于减少社会对稀缺资源的过度竞争，从而减少内卷。如果落后地区的人们同样也可以享受优质的社会保障，人们就不必为了谋取更高的收入和社会地位而疲于应对各种区域迁移的内卷式竞争，也不必承担高昂的房价、教育成本和交通成本，例如，当前普遍存在的高学历群体从事"低技术"岗位的现象，正是这种内卷的体现。大量迁移到大城市的人口难以在居住和工作的城市扎根，关键原因在于无法获得同市民一样的社会保障支持。如果能构建起全国统一、完善的社会保障体系，人们在城乡和地域之间的流动将呈现双向流动，而不是单向流动，从而有利于全社会的均衡发展，并减少内卷。

社会保障的强化能减少人们对生存问题的担忧，进而促进他们追求更具个性化的发展，避免过度的金钱崇拜。在单一的拜金主义价值观下，总有一半的人被判断为"无成就者"，因为相对富有的人和相对贫穷的人群永远是对半开，这会导致一部分群体的失落。但若加入多元化的评价标准，比如一技之长、学历高、体魄健康、运动能力强、进取的人生态度等，则可以让更多的人被定义为"有成就者"。多元化的价值观能使更多的人有成就感，提升社会认同感。当人们不再为生存问题担忧时，对金钱的崇拜就会减弱，并有可能形成更宽泛的价值追求，从而更好地实现个性化发展。

社会保障有利于发展性消费的形成。发展性消费品具有高效率属性，属于技术密集型和高供给弹性的生产部门，能够推动社会的创新发展和产业高阶化，拓展经济的发展宽度，从而提高一个国家的经济发展质量和数量，避免经济陷于低端产业而升级缓慢，在促进经济增长的同

时提升发展质量。

四、社会保障是提升就业质量的重要路径

高质量的就业岗位的供给主要有三种途径：第一种是优质的企业和经济高质量增长带来的高质量就业岗位。高技术企业、大企业提供的就业岗位收入高、技术含量高。这些企业创造了很高的附加值，技术创新能力强，技术集成度高，投资规模巨大，生产效率高，劳动的边际生产率也很高，所以能够提供高收入就业岗位。第二种是政府和国有单位提供的就业岗位。这些岗位有较高的技术含量、收入稳定，即所谓的体制内工作岗位。如金融机构、国企、事业单位、公务员等。这些岗位一方面对从业者的素质要求较高，是高学历群体竞争的目标，另一方面有严格的劳动保护和社会保障体系的支持。第三种途径是提高私营部门的就业质量，由于这部分岗位的不稳定性突出，收入不稳定，技术差异明显，我们把它定义为"体制外"的就业岗位。对于体制外的民营企业、中小企业、农民工群体，是否可以通过制度安排来提升就业质量呢？答案是肯定的。如果给予这些岗位更严格的劳动保护和更高质量的社会保障支持，加强劳动权益的保护，增加政府对养老、失业、医疗等领域的财政投入，体制外的岗位也可以变成"准体制内"的岗位，从而提升就业质量。

反对加强体制外就业群体社会保障和劳动保护的一个主要理由是担心劳动力成本上升会削弱产业和企业的竞争力。但依赖低劳动成本的发展模式会使工业结构升级和产业结构升级迟滞，不利于人的全面发展。这种模式会驱使企业通过不人性的手段继续维持低劳动成本。首先，人均 GDP 提升后，廉价劳动力成本是通过延长劳动者工作时间实现的。企业为了规避工资的上涨，通过延长劳动时间来降低单位时间的劳动成本，而闲暇时间的缩短显然会侵蚀劳动者的全面发展。其次，人均 GDP 提升后，廉价劳动力成本是建立在社会保障强度不够的基础上。企业无法完全控制工资市场的上升，但可以通过降低社会保障金的缴纳额或者变相缴纳来减少劳动力成本支出，这同样也极其不利于人的全面发展。最后，人均 GDP 提升后，企业为了降低劳动力成本，可能采取不规范

用工方式，如大量使用临时工、短期合约工等。企业在劳动力市场中处于强势地位，随意解雇、低工资低福利降低了企业的用工成本。

　　加强社会保障体系建设和加强劳动保护会改变企业过度依赖低劳动成本的倾向。虽然低劳动成本为我国的经济腾飞作出了重大贡献，但是当经济增长进入高质量阶段后，如前文所述，经济的竞争力应该有更丰富的内涵。低劳动成本会使传统产业技术固化、技术创新弱化，导致产业发展陷入低附加值陷阱，并形成要素堆积和过度竞争，迟滞产业结构升级。产业结构升级会存在三种动力：一是技术创新的推动，二是成本压力，如劳动力、货币等要素成本上升，倒逼产业从低附加值产业退出，从而涌入高端产业；三是需求牵引，需求结构的升级会引致高端产业的发展。低劳动成本会使经济体陷入"比较优势陷阱"，既不利于企业创新，也不利于产业结构升级，更不利于劳动者自身的全面发展。

　　很多学者批评福利经济制度，认为社会保障体系会滋生懒汉。然而，我们不必过度担心这一问题。以体制内群体为例，这些群体就业比较稳定，收入较高，但是懒汉不多见，大家都很进取，因为人总在追求更高的自我价值。因此，在保障完善后，绝大部分人并不会自我放纵，而是追求更高的精神价值。但有一点是肯定的，就是加班时间会减少，因为人们会把更多的时间用于个性化发展和全面发展，而这正是我们所追求的价值观。

第二节　高质量的社会保障和福利经济体系是改善收入分配结构、促进高质量消费的重要机制

一、高质量的社会保障和福利经济体系是改善收入分配结构的基本手段

（一）社会保障和福利经济体系是二次分配的主要实施机制

市场经济的发展释放了人的发展价值，优化了人力资源配置，最大

化地发挥了个人的专长，在不断提高个人工作效率和边际价值的同时，不断提高个人的收入水平。经济增长和市场机制无疑是人们收入提高的最大动力，但市场机制具有天然的两极分化特征。初次分配是按要素分配的方式，由于劳动者能力的差异，以及资本、土地、知识等要素占有的不均，互联网和数字经济的发展正在加速社会收入分配的分化。部分企业和网络红人占据了极大的信息流量和数字资源，使社会个体的收入存在巨大的差异。近年来，我国基尼系数持续高位运行，且有进一步抬高的趋势。二次分配强调收入的公平性和经济发展的普惠性，迫切需要在二次分配领域调节两极分化。社会保障体系作为二次分配的主要实施机制，是改善收入分配结构的基本手段。

（二）社会保障和福利经济体系能提高劳动收入在社会分配中的比重

社会保障强度提高能改变劳动者在市场谈判中的弱势地位，使经济发展的利益更多向劳动者倾斜。近年来，我国劳动收入占全社会收入的比重持续走低，原因是劳动时间的延长和大量新生劳动力进入市场使劳动者的市场谈判地位与资方不对称。社会保障强度的提高能改变弱势群体在劳动力市场中的弱势地位，如果有完善且覆盖所有群体的失业、养老、医疗、生育等保障制度，劳动者会减少后顾之忧，在劳动力市场就不会"为五斗米折腰"，从而获得更强的市场谈判地位，有利于劳动者收入分配的提升。

社会保障的主要受益对象是普通劳动者。养老、医疗、失业保障最直接的受益者是广大的普通劳动者。尽管高收入群体也能享受社会保障，但社会保障收入占其收入比重很低，对其总收入的影响很小，而社会保障收入占普通劳动者收入的比重较高，对其收入的影响较大。因此，社会保障强度提高能显著提升劳动者的整体收入水平。

（三）社会保障和福利经济体系是现代社会居民财富储存的重要形式

财富可以满足人们对安全感的需求，如果财富对安全感的满足程度降低，人们追求财富的动力就不会那么强烈，这有利于端正大家对金钱和财富的态度，遏制拜金主义，促使个人追求更具价值的发展道路。那么，如何提高居民的财富积累呢？社会保障就是居民财富积累的一种重要形式。

发达国家普遍实施强制社会保险制度，大多数发达国家强制社会保险占个人收入的比重甚至超过 10%。强制社会保险使政府推动的社会保障体系成为最大的社会储蓄池，成为全社会的共同财富，也使每个个体成为"准富人"。而我国的强制社会保险制度还没有完全建立，覆盖群体主要限于体制内人员，市场部门上缴的强制社会保险比例很低。这导致我国社会保障的家底依然薄弱，根据 2022 年的数据粗略计算，我国养老金的总规模约为 12 万亿，占 GDP 的 13%，与发达国家的差距非常大，比如加拿大和英国的养老金储备占 GDP 的比重超过 100%，美国的养老金规模更大，是 GDP 的 171%。在养老金总量储备不足的情况下，推出个人养老金制度，鼓励人们把更多资金用于未来的养老储蓄和投资是非常必要的。

我国普通老百姓的财富积累缓慢，已成为居民发展的重要制约因素。以农民为例，土地是农村最重要的生产要素，也是农民的一种间接财富。但随着我国人均 GDP 的不断提高，土地对农民的财富价值在不断地降低。我国黄河以南地区人均耕地只有 1.5 亩左右，长江以南地区人均耕地更少。过去，土地是农民安身立命之本，家庭联产承包责任制在解决温饱的问题上作出了巨大的贡献。21 世纪以后，随着种植收入占农民总收入比重的降低，土地的增收功能弱化，但土地还承担着社会保障的功能，农民工回到农村后还能依靠土地养老。2020 年全面建成小康社会以后，随着农民收入的进一步提高，土地创造的收益占总收入的比重进一步降低，按照亩均效益 500 元计算，1.5 亩土地给农民带来的平均纯收益只有 750 元，这个收入无法支撑农民的收入增长，也无法支撑其长期财富积累。如果能在农村建立高质量的社会保障体系，养老、失业、医疗、生育等社会保障将是农民一笔巨大的财富，为其提供稳定的收入来源。

按照我国的人口结构变化趋势，我们拥有人口红利的时间不多了，迫切需要建立覆盖全国、政府财政支持、个人和企业强制储蓄的高质量社会保障体系，为每个人和每个家庭积累一笔来自社会保障的财富。

（四）社会保障和福利经济体系是共同富裕的重要实现形式

共同富裕的难点仍然是低收入群体。对于低收入群体收入的提高，社会保障是可以信赖的制度。从目前来看，经济增长与市场体系的发展已经使绝大多数人都能获得就业，并且有一定的收入，我国的低收入群体主要包括失业群体、老年人、残疾人、患病家庭、多孩家庭、单亲家庭，这部分群体恰恰是社会保障体系可以覆盖的对象。要实现共同富裕，必须为这些低收入群体建立长期的制度化的支持体系，而这个体系就是高质量的社会保障体系。在人的发展中，国家承担的功能越来越强大。社会保障机制、公共教育机制、公共医疗机制等国家强大的体制使全国形成一个整体，对人的发展起了巨大的托举作用。从这个意义上讲，我们所有国民都是"体制内"的人，无所谓体制内体制外。社会保障能促进不同群体、区域和行业间的均衡发展，从而推动社会实现共同富裕。

如何促进社会财富的积累？收入增加是基本方向，除此之外，现有财富的保值增值和吸引国外财富的流入非常重要。要利用财富的增值效应，而社会保障强度的提高有利于财富增值，社会保障本身就是一笔巨大的财富。

以老年保障为例，高质量的养老保障包括：建立全国统一的养老保障体系，拥有较大规模的养老基金规模，覆盖所有老年人，并提供较高的养老金水平，特别是要提高农村地区的养老金水平。养老覆盖群体是老年人实现共同富裕的关键，只有老年人富了，社会才能真正地实现共同富裕，因为老年人是需要社会付出巨大资源、收入、社会力量去支持的群体。如果一个社会能对失去劳动能力的老年人提供充分的支持，那这个社会一定是重视人的发展的社会。因此，提高全社会的养老保障水平，特别是农村地区老年人的保障水平，对实现全社会的共同富裕有极其重大的意义。养老保障基金是全社会的共同财富。目前，我国养老基金总规模仅有 6 万亿人民币，而美国养老保障基金的规模高达 37 万亿美元。要扩大我国养老基金的规模，还需要全社会付出更多的努力，并在政策机制设计中，依靠公共财政和国有资本提供更强大的支持。

二、社会保障和福利经济能提升消费率，提升人的生活品质

（一）社会保障和福利经济能大幅度改善居民的收入稳定性和收入预期，增强居民的消费意愿

消费意愿受很多因素的影响，其中两个主要因素是收入的稳定性和收入预期。社会保障体系是居民收入提升和预期收入提升的重要依托，高质量的社会保障体系能使居民收入更稳定，并且能提升居民对未来收入的预期。社会消费发展主要依靠谁？是高收入阶层，还是中低收入群体？答案是中低收入群体。中低收入阶层是最具消费潜力的群体。普通人民群众发展的一个重要维度是消费，社会保障能极大地提高中低收入群体的消费意愿，并拉动社会的消费需求。一个和谐的社会应该是有一部分人努力地工作，且在工作中成就了一番事业，但并不是所有人都能成为企业家、科学家、艺术家，或者某个职业的专家，很多人都是普通人，这些普通人的消费价值需要挖掘，他们通过消费实现自身的发展，并实现审美的代际传承，发展文化，为社会提供需求动力，一样也具有价值。

我国消费不足的主要原因在于居民收入不足，收入和财富的质量是人的发展质量的体现，我们有时关注了收入和财富的数量，却忽视了收入和财富的质量。收入的质量体现在收入的稳定性、可保障性以及收入增长的可持续性，这是收入质量的重要方面。某人即使收入数量不高，但预期很稳定，有很好的制度保障，并且收入增长可持续性好，那么这样的收入质量仍然较高。而要提高低收入群体消费能力的一个重要途径就是加强社会保障，提高他们的可支配收入。因此，完善的高层次社会保障体系是现代社会提高消费率、促进经济总量平衡的必然路径。社会保障体系为人的发展提供了确定的收入来源和稳定

的收入流，确保落后地区和低收入群体不会被边缘化，保证了市场经济竞争中的失败者能够获得收入来源，并再次积蓄竞争力量。同时，社会保障体系还为低收入群体的下一代发展提供了较好的经济条件和发展支撑。

社会保障和福利经济是低收入群体财富积累的基本来源。低收入群体很难从其他渠道积累足够的财富，而低收入群体的消费率通常接近于100%，甚至超过100%，低收入群体的收入和消费的落差使其无法形成财富的有效积累，社会保障体系是低收入群体形成财富积累的可靠方法。社会保障虽然不是一种可以交易的市场化财富，但任何一个群体在接受全民覆盖的社会保障体系时，就已经形成了一笔可以产生稳定现金流的无形财富，从而大幅提升了人的经济价值，并增强人的消费能力和发展能力。

（二）社会保障和福利经济能优化人的生命周期消费规划，从而提高消费倾向

按照生命周期消费理论，人的一生分为三个阶段：青年时期、中年时期和老年时期。前两个阶段是工作时期，老年时期是非工作时期。按照生命周期消费理论，理性的消费者总是期望自己的一生能够比较安定地生活，使一生的收入与消费相等。社会保障体系能够帮助个人摊匀终身收入水平，在收入较高的时候多交社会保险，而在收入较低的时候能享受到社会保障体系带来的福利，失业的时候、患病的时候、老年的时候，都能享受到社会保障的支持。因此，消费者预防性的个人储蓄和个人投资会减少，而把更多的收入用在高质量消费中，从而提高边际消费倾向。如果没有社会保障体系的支持，个人在青年时期因为收入较低，对未来预期不明朗，加上结婚、住房的压力，年轻人消费倾向会受到压制；而中年时期虽然收入提高，但育儿、养老的压力使中年人的消费倾向也不高；老年群体更由于没有足够的收入保障而会奉行更加节俭的生活。如果有社会保障体系的支持，无论是青年人、中年人、老年人，消费倾向都会提高，全社会整体的消费倾向就会提高。

三、社会保障和福利经济支出率的提升会拖垮经济的竞争力吗？社会保障和福利经济是否会让国家患上"福利病"？

社会保障支出占公共财政支出比重的增加显然会增加财政支出的负担，由于社会保障支出更多的是"人头费"，并且国家财政没有直接回报，因此被认为是纯支出，而投资通常会形成资本，并且会伴随财政收入的增加，所以我们会认为福利开支不如投资支出对经济的贡献大，人们甚至担心福利开支增加会使国家患上"福利病"。其实，从现阶段来看，社会保障加重国家财政负担的担心并没有必要。

首先，我国社会保障和福利支出的总体水平较低，2021年，中国社会保障和福利支出占财政支出的比率仅为13.7%，占GDP的比重仅为2.96%，远远低于发达国家20%左右的社会保障支出规模，我国在社会保障上的支出还有很大的扩张空间。我国现阶段仍然处在人口红利阶段，但这个阶段很快将过去，我们应该抓住有利时机，在总体赤字水平不高的前提下，利用相对较充裕的财力建立高质量、高水平的社会保障体系。经过改革开放后40多年的经济增长，我国经济已形成了可观的资本积累，利息率已经相当低，低利息率为国家的高负债率提供了经济基础，为国家进入福利经济体系提供了物质条件。

其次，人力资本较之物质资本具有更高质量的价值。经过多年的基础设施建设，我国的基建水平已经处在世界发展前列，很多基建已经趋于饱和，物质资本的积累已经相当可观，可以适当降低基建支出占国民经济的比重，减轻投资的财政负担。我们可以通过财政功能的转型来提升全社会的社会保障支出水平，进而提高对中低收入家庭的人力资本投资。中低收入家庭成员，尤其是青少年，通过社会保障获得的人力资本价值不可估量，远远高于国家在社会保障上的公共支出。14亿高素质的人力资本，是我们社会最大的经济价值。

最后，社会保障和福利支出对我国终端消费的扩张效应非常突出，能极大地提振总需求。近年来，很多行业生产端的竞争内卷严重，原因在于我们消费端需求的相对不足导致生产端竞争的加剧，我们把人力、资源、要素堆积在生产端，而在消费端的发展严重滞后，形成经济循环的堵点。生产端的企业为了有限的市场需求去拼成本、拼价格、抢地盘，但并不能解开经济循环的枷锁。如果我们通过社会保障提高中低收入群体的收入水平和预期收入，这部分群体的消费规模将大幅度提升，消费发展将形成乘数效应，极大地扩张市场需求规模，生产端的竞争将更加良性。中低收入群体的收入水平和预期收入还能刺激消费者消费结构的改善，催生更多高端消费品和服务的需求，带动生产端的产业升级，从而提升经济发展水平。

第三节　高质量社会保障体系的构建与我国财政税收制度的转型

一、构建以人的发展为价值取向的公共财政体系

（一）政府公共财政绩效的核心是为人的发展开拓更大的发展空间

公共财政是国家推动人的发展的重要力量，国家代表全社会整体的公共意志，其政策的立足点是"为人民服务"。习近平总书记强调："人民对美好生活的向往，就是我们的奋斗目标。"所以公共财政应该以人的发展为导向，服从和服务于人的全面自由发展、合作性发展。

在中国式现代化进程中，人的发展具有更广泛的含义，人的发展需要更广阔的空间。政府是全社会最大的合作性组织，政府从过去社会的管理者和秩序的维护者转型为公共产品和服务的提供者，政府的服务价值在不断提升。按照市场与政府的边界理论，经济增长、资源配置、经济效率的实现主要依靠市场机制，而政府主要承担经济调节、公共管理和公共服务的职责，发挥社会整体利益导向的功能。由于人的发展对政府的诉求越来越多，政府要在多方面开拓人的更大的发展空间。公共财

政支出是政府支持人的发展的基本手段，所以衡量公共财政绩效的核心应该是为人的发展开辟更大的发展空间。

国家通过社会保障对人的投资是现代化进程中不可或缺的。人的发展具有外溢性和传承性。人的发展具有外溢性，高素质的个体所具备才能、知识、素质会外溢到周围的群体，人的发展的传承性是指父母更好的发展会对子女形成极大的正面引导效应。因此，对低收入群体的社会保障不仅对低收入群体自身有正面的支持作用，也会对他们的子女有重要的带动作用。在二者的共同作用下，一代又一代健康、优秀的儿女在良好的家庭环境和社会环境中成长起来。家庭的均衡发展、社会的均衡发展能为更多的青少年提供优质的成长环境，而中低收入群体家庭经济状况的改善尤其需要社会保障体系的强力支撑。所以，对人的投资具有很强的连锁收益，对人的投资永远是最好的投资。

综上所述，公共财政对人的发展的支出是最有效的支出，应该把人的发展作为公共财政支出的首要任务。

（二）人的发展目标下社会保障的任务越来越繁重，社会保障的价值日益凸显

社会保障体系、社会福利制度是社会最大的合作性功能。在社会高质量发展背景下，医疗保障、失业保障、养老保障、生育保障的任务越来越重，价值也日益突出。强力的社会保障需要政府财政投入更大规模的支出。以生育补贴为例，OECD 国家鼓励生育相关的家庭社会福利支出占 GDP 比重为 2% ~3%，占公共财政支出的比重为 6% ~9%，占社会保障支出的比重为 10% ~20%。少子化是人均 GDP 提升后的普遍特征，应对少子化和人口结构老龄化的重要手段便是国家的生育保障政策。生育保障减轻了育儿的成本，减轻了母亲在发展中面临的社会压力，同时促进了人口结构的合理化。

在人均 GDP 不断提升后，人的发展面临更加复杂的形势，社会的两极分化态势加剧、非均衡发展加剧、人的竞争压力加剧、低收入群体生活压力加大，社会保障是解决这些问题的有效机制。政府是最大的合作性组织，政府公共财政通过社会保障支出能极大地缓解这些问题。我

们可以把政府的社会保障机制视为二次分配机制、扶贫机制、社会均衡发展机制、宏观经济平衡机制、生育率提升机制等，几乎没有其他任何政策机制能像社会保障机制一样，发挥如此巨大的经济效应和社会效应。

（三）在人的发展目标下，社会保障是政府需要提供的重要公共物品

在财政力量日益强大的今天，国家的公共物品供给具有很大的选择余地，哪些公共物品应该是国家重点提供的呢？哪些物品应该确定为公共物品？

政府优先供给的公共物品应该满足四个条件：一是应该对人的发展具有重要的支撑意义；二是具有非排他性和非竞争性；三是对社会成员具有普惠性；四是该物品的公共供给与私人供给相比能极大地降低成本。如果一种资源对人的生存发展有很重要的意义，供给弹性很低，替代品供给几乎没有，那么这种物品就应该被确定为公共物品。从这一理念出发，教育、基础设施、国防等都是典型的公共物品，而社会保障是在经济发展新阶段政府最应重点供给的公共物品，为什么呢？第一，社会保障对人的发展意义重大；第二，社会保障具有非排他性和非竞争性；第三，社会保障具有普惠性；第四，政府统筹的社会保障比私人保险拥有更大的成本优势，并具有均衡发展效应。基于以上四个原因，社会保障是政府需要提供的重要公共物品。

在人的发展导向下，社会保障机制是对市场机制的重要补充与配合。企业和产品都要遵循市场的优胜劣汰机制，但人之间根本不存在所谓的淘汰机制，即使是失去劳动能力的残疾人，也应该得到照顾和关爱，社会应该鼓励他们在自己的路径中，展现人的价值，这是人和其他事物的根本的区别。人的发展导向要求我们不能以优胜劣汰的方式对待人，而是要在竞争失败后继续支持人的可持续发展。一个有效的经济机制必须有优胜劣汰机制，但一个有效的人的发展机制一定是市场机制和政府社会保障机制的组合。没有市场机制，经济的效率无法提升，竞争力无法提高；而没有政府提供的社会保障，则无法有效对冲市场机制的副作用。人的发展必然要求政府通过社会保障这一公共产品实现所有人

的共同发展和可持续发展。

二、优化税制结构，为社会保障体系提供强大的财政支持

税收是宏观经济平衡的调节器，也是调节社会收入差距的重要工具。

（一）充分发挥税收调节经济平衡的功能

若有效需求不足长期存在，利用好税收工具能调节社会总需求和总供给的平衡问题。如果税收只是用来保障政府公共服务和公共建设，那按照我们小政府、大社会的理念，税收越低越好。税收越低，企业的负担越低，越有利于产业竞争力的提升和企业盈利率的提升，并可以进一步激活企业的投资率，所以从这个意义上讲，税率越低越好。但是随着现代社会的发展，税收在宏观经济平衡中的调节作用越来越突出。合理的税收能将高收入群体的收入转移到低收入群体中，由于高收入群体的边际消费倾向很低，低收入群体的边际消费倾向很高，这种转移可以提高社会消费率；反之，如果税率很低，社会的消费率就提升不了。政府稳定的税收可以为社会保障提供稳定的收入支持，社会保障支出多，低收入群体的收入就能提升，社会消费率就能提高，而消费率提高有利于提高市场容量，改善产业需求条件。

（二）充分发挥税收对收入差距的调节功能

从市场经济的角度来看，两极分化是市场经济追求效率的结果，具有其内在的客观性。然而，从人的发展角度看，扩大的两极分化需要政府力量进行适度的调节。股市和房市的财富效应正在加速财富集中，富人对稀缺股权、房产的占有形成了财富的集中效应；高科技的发展使科技型富豪群体迅速增加；各种垄断的存在增强了某些行业的造富能力；平台经济则形成了极强的虹吸效应。平台经济凭借极低的信息获取成本、趋于零的边际使用成本、强大的规模经济和网络共享效应，极大地扩展了单一平台的服务范围。作为基于双边市场结构的虚拟交易场所，

平台企业利用算法、规模经济、网络效应等技术特征，通过对供求关系数据的独占控制，很容易形成新型垄断格局。技术创新更容易在平台经济中呈现加速集聚的态势，进一步加剧了强者更强、弱者更弱的分化效应。网络经济的发展使市场的两极分化加大，收入分配的分化效应也显著扩大，这使国家的收入分配调节机制变得更加重要。以上种种原因使财富向富人的集中，但富人对社会的贡献并未与之对称。因此，有必要提高对富人的边际税率。

（三）优化税制，提高直接税比重

个人所得税在我国税收来源中的比重逐步增大，但个人所得税的税基应该提高，重点征税对象应是高收入群体。财产税的开征十分必要，在市场条件下，财产税是调节两极分化的有效税种，是实现均衡发展、避免社会过度分化的重要制度。我国的富人对税收的贡献度总体偏低，主要是因为还没有推广财产税，只有开征财产税，才能从根本上完成对富人的激励和约束。征收财产税是国际社会通行的做法，也是实现国际接轨的需要。

当然，提高税率和扩大对富人的税收不宜影响到经济的竞争力，富人也是我们社会中人的发展的重要群体。现代经济体系中，国家税率既不宜太高，也不宜太低。税率过高，会加重企业负担，损害产业竞争力；税率过低，则收入调节功能无法实现。必须设置好最佳税率，把握好税率的度，并优化税制。合理的税率和良好的税制能使社会消费率和投资率处在理想的水平，并能促进经济的平衡增长。

三、扩大社会保障和福利支出规模，建立高质量的社会保障体系

（一）扩大社会保障的财政支出规模，发挥社会保障对"人"的发展的长期投资功能

市场条件下，市场机制对人的发展的贡献主要表现为收入的提升

和消费的满足。市场机制能很好地提升收入和消费水平，如果收入和消费能满足人的所有发展诉求，则以市场机制为基础的资源配置机制和经济增长机制就能够满足人的发展需要。但事实并非如此，尽管收入的提升是人的发展的最大支撑，但收入与人的发展并不完全一致：首先，收入的提升存在"瓶颈"，因为个人的收入往往取决于企业和单位的效益，高收入岗位总是有限的；其次，收入的提升并不能解决人的发展的所有问题，物价水平、工作环境、生活环境、休息时间等都在制约着收入提升带来的积极效应；最后，某些经济增长和收入的提升，往往对人的发展有副作用，比如较长的劳动时间、特大城市人口高密度导致的物价高企等。大多数人遵从市场机制去选择自己的人生路径，争取获得市场认可，竞争更高的收入，从而实现成功的人生和高品质的生活。然而，在市场经济的竞争机制下，并不是所有的人都能在市场竞争中获得高薪岗位，也并不是所有的人都能从工作和事业中找到足够的成就感。此时就需要为人的发展开辟第二条道路，即国家对个人发展的支持。

扩大社会保障的财政支出规模，就是要加强国家对个人发展的长期投资。国家经济增长积累的财政收入已经有一定的基础，让每一个人共享国家经济发展成果，是国家发展惠及最广大群众的客观要求。市场经济与人的发展既有一致性，也有不一致性，这导致市场发展与人的发展之间出现落差，需要其他机制来促进人的发展，尤其是通过公共财政提供"人"的发展所需的公共产品，为人的可持续发展提供长期投资。社会保障体系建设是现代国家惠及广大人民最有效、最直接、最实惠、最稳定、最持续、最普遍的惠民制度。如果我们能建立起高水平的社会保障体系，每个人都将有一份稳定的预期收入，这相当于为每个人提供了一颗定心丸。即使是刚出生的婴儿，社会保障也好比是一份与生俱来的礼物，因为，每个人都有一份预期非常稳定的社会保障。有了这样的保障，每个人可以更从容地追求自己的理想，更优雅地享受生活，更主动地去面对竞争和选择。

（二）扩大社会保障的财政支出规模，发挥社会保障促进"共同富裕"的功能

我国公共财政支出中，公共投资占比较高，政府在人的发展领域承担着突出的作用。比如，在教育领域，现代国家对教育的投资越来越多，既包括教学设施等硬件支出，也包括教师工资福利、教师科研支出和学生营养费用等支出，而后者是主要支出方向。教育支出极大地提高了国民素质和社会的长期发展能力，是对人的极其重要的投资；在科研领域，支出包括对企业的科研补贴和对科研人员的项目支持，这些支出能直接促进人的发展，并提高了科技发展水平。此外，公共财政对基础设施建设的投入有利于降低社会流通成本，实现贸易便利化和生活便利化，也是对人的长期发展的投资。基础设施的大规模发展改善了落后地区的生产生活设施，促进落后地区融入全国经济一体化大环境，推动了均衡发展和共同富裕。但是随着政府对基础设施的大规模投资逐渐趋于饱和，要警惕基础设施的过剩和重复建设，因为这会导致社会财富的极大浪费。

共同富裕的实现，"富裕"的基础是通过经济增长提升人均 GDP，但是"共同"的目标则需要政府发挥在收入分配中的调控作用。社会保障支出是促进共同富裕的有效手段。在新的发展阶段，公共财政的主要功能应逐渐从公共投资、公共管理转向公共服务，而社会保障体系是最大的公共服务体系。失业保障、养老保障、医疗保障、生育保障的全面建立要求财政的大规模投入。发达国家社会保障支出普遍占财政总收入的20%以上，社会保障强度与 GDP 呈正相关关系，人均 GDP 越高，社保支出占 GDP 中的比重应该更高，我国财政对社会保障的投入还有巨大的提升空间。

共同富裕的一个重要前提是经济的均衡发展。社会保障支出增加，其实质是建立以人口数量为基础的财政分配体系，这体现了人人平等的思想和均衡发展的理念。在市场经济条件下，区域竞争导致地区间发展差距，这是市场竞争的客观结果，也是区域经济发展的重要动力。但在全国范围内，中央财政应该通过调剂机制，建立促进均衡

发展的机制，适当缩小地区差距，而社会保障支出是中央财政调节地区发展差距的重要机制。如果能建立起强大的养老保障、医疗保障、失业保障、生育保障、社会救助体系，落后地区的群众将会从国家发展中享受更有力的支持。由于落后地区物价和收入水平更低，社会保障对落后地区的收入提振效应会更加显著，是促进落后地区经济发展的重要支持力量。

（三）建立全国统筹的高水平、全覆盖、多层次的社会保障体系

要举全国之力，构建全国统筹的社会保障体系。在人口红利期，我们有能力去构建财政补贴的生育补贴机制和社会救助机制，同时推动建立个人账户和社会统筹相结合的养老保障、医疗保障、失业保障体系，加大财政投入强度，引导社会资金更多参与。一旦人口红利期消失，社会各项负担加重，社会保障运行成本将大幅攀升，如果届时再想增加养老基金积累，社会将面临更多的困难。

我们总担心福利社会制度的建设会加重财政负担，还担心社会保障体系要求企业投入更多的资金进入强制性社会保险积累，从而增加企业运行成本，削弱产业竞争力。虽然供给端的产业竞争力可能受到一定影响，但需求端的消费竞争力、社会福利竞争力、人口竞争力将得到弥补。所以，不必过度担心社会保障体系会损害经济竞争力。此外，我们还担心社会保障体系会滋生"懒汉"，虽然这是社会保障体系建设的副作用，但这个副作用是可控的。社会保障体系的最大贡献在于提高了全社会的现代化程度，使更多的家庭能创造更优质的家庭教育，从而促进下一代的全面发展，培养更多高素质的人才。

建设高水平的社会保障体系，需要提高社会保障支出占 GDP 之比、财政性社会保障支出占财政支出之比、劳动报酬占初次分配之比、社会保障转移性收入占居民收入之比这四个比重。同时，要建设全覆盖的社会保障体系，不断扩大社会保障覆盖面，实现法定人员全覆盖，并尽可能缩小不同群体社会保障水平的过大差距，包括城乡差距、行业差距、地区差距。此外，还需建设多层次的社会保障体系，发挥政府在社会保障中的主导作用，积极引导居民加大对社会保障基金个人积累的投入，

构建涵盖生育、医疗、失业、养老、社会救助等多维度的社会保障功能体系，并发挥商业保险的补充作用，使广大人民共享现代化发展的成果。

高质量的社会保障体系必将对人的发展产生巨大的推动作用，将是人的发展的巨大飞跃。

参 考 文 献

[1] 马克思，恩格斯．马克思恩格斯选集 [M]．北京：人民出版社，1995．

[2] 中共中央，国务院．中共中央　国务院关于新时代加快完善社会主义市场经济体制的意见 [M]．北京：人民出版社，2020．

[3] 中共中央文献研究室．习近平谈治国理政 [M]．北京：外文出版社，2014．

[4] 中共中央文献研究室．习近平关于社会主义经济建设论述摘编 [M]．北京：中央文献出版社，2017．

[5] 习近平．扎实推动共同富裕 [J]．求是，2021 (20)：4 - 8．

[6] 中共中央文献研究室．改革开放三十年重要文献选编 [M]．北京：中央文献出版社，2008．

[7] 杰拉尔德·迈耶，约瑟夫·斯蒂格利茨．发展经济学前沿：未来展望 [M]．北京：中国财政经济出版社，2003．

[8] 黄宗智．华北的小农经济与社会变迁 [M]．桂林：广西师范大学出版社，2023．

[9] 黄宗智．长江三角洲的小农家庭与乡村发展 [M]．桂林：广西师范大学出版社，2023．

[10] 王小鲁．市场经济与共同富裕 [M]．北京：中译出版社，2022．

[11] 常修泽．人本型结构论——中国经济结构转型新思维 [M]．合肥：安徽人民出版社，2015．

[12] 许崇正．人的发展经济学 [M]．北京：光明日报出版社，

2022.

[13] 许崇正. 人的发展经济学教程——后现代主义经济学 [M]. 北京：科学出版社，2016.

[14] 理查德·莱亚德. 幸福的社会 [M]. 杭州：浙江人民出版社，2015.

[15] 迈克尔·波特. 国家竞争优势（上、下）[M]. 北京：中信出版社，2012.

[16] 杜玉华. 新动力、新道路、新形态：中国改革开放的世界意义 [J]. 马克思主义与现实，2019（1）：42-49.

[17] 王小鲁，樊纲. 中国地区差距的变动趋势和影响因素 [J]. 经济研究，2004（1）：33-44.

[18] 王小鲁，樊纲，刘鹏. 中国经济增长方式转换和增长可持续性 [J]. 经济研究，2009（1）：4-16.

[19] 高培勇. 从结构失衡到结构优化——建立现代税收制度的理论分析 [J]. 中国社会科学，2023（3）：4-25.

[20] 高晓林，周克浩. 中国式现代化新道路的建构及其世界意义 [J]. 厦门大学学报（哲学社会科学版），2022（2）：109-117.

[21] 韩保江，邹一南. 中国小康社会建设40年：历程、经验与展望 [J]. 管理世界，2020（1）：25-36.

[22] 邢丽，陈龙. 积极财政政策：中国实践的新逻辑 [J]. 中国社会科学，2023（3）：57-77.

[23] 韩喜平，郝婧智. 人类文明形态变革与中国式现代化道路 [J]. 当代世界与社会主义，2021（4）：49-56.

[24] 洪银兴. 论中国式现代化的经济学维度 [J]. 管理世界，2022（4）：1-15.

[25] 胡鞍钢. 中国式现代化道路的特征和意义分析 [J]. 山东大学学报（哲学社会科学版），2022（1）：21-38.

[26] 吉尔伯特·罗兹曼. 中国的现代化 [M]. 南京：江苏人民出版社，2010.

[27] 蒋先进，肖飞. 孙中山思想与中山现代化 [M]. 昆明：云南

大学出版社，2010.

[28] 罗红杰. 中国式现代化的百年实践、超越逻辑及其世界意义 [J]. 经济学家，2021（12）：5-13.

[29] 王灵桂. 全面建成小康社会与中国式现代化新道路 [J]. 中国社会科学，2022（3）：77-96.

[30] 徐坤. 中国式现代化道路的科学内涵、基本特征与时代价值 [J]. 求索，2022（1）：40-49.

[31] 燕连福. 中国式现代化新道路的五个特征 [J]. 北京联合大学学报（人文社会科学版），2022（4）：12-15.

[32] 杨章文. 论中国式现代化道路的整体性逻辑 [J]. 探索，2022（1）：1-14.

[33] 周丹. 社会主义市场经济条件下的资本价值 [J]. 中国社会科学，2021（4）：128-145.

[34] 杨穗，赵小漫. 走向共同富裕：中国社会保障再分配的实践、成效与启示 [J]. 管理世界，2022（11）：43-56.

[35] 何文炯，潘旭华. 基于共同富裕的社会保障制度深化改革 [J]. 江淮论坛，2012（3）：133-140.

[36] 席恒，余澍. 共同富裕的实现逻辑与推进路径 [J]. 西北大学学报（哲学社会科学版），2022（2）：65-73.

[37] 张浩淼. 共同富裕视角下的社会救助 [J]. 中国社会保障，2021（9）：34-35.

[38] 陈成文. 论完善社会保险制度与实现新时代共同富裕 [J]. 社会科学家，2022（1）：34-41.

[39] 唐文浩，张震. 共同富裕导向下低收入人口帮扶的长效治理：理论逻辑与实践路径 [J]. 江苏社会科学，2022（1）：150-158.

[40] 郑功成. 加快构建高质量养老保障体系 [N]. 学习时报，2022-3-11（2）.

[41] 金红磊. 高质量社会保障体系推进共同富裕：多维一致性与实现路径 [J]. 社会主义研究，2022（1）：91-96.

[42] 尹吉东. 如何强化社会保障的互助共济功能 [N]. 中国劳动

保障报，2021 - 11 - 03（3）.

[43] 中华人民共和国民政部．中国民政统计年鉴 2021 [M]．北京：中国社会出版社，2021.

[44] 林闽钢．中国社会救助高质量发展研究 [J]．苏州大学学报（哲学社会科学版），2021（4）：25 - 31.

[45] 蔡萌，岳希明．我国居民收入不平等的主要原因：市场还是政府政策？[J]．财经研究，2016（4）：4 - 14.

[46] 马建堂，赵昌文．更加自觉地用新发展格局理论指导新发展阶段经济工作 [J]．管理世界，2020（11）：1 - 6.

[47] 裴长洪，刘洪愧．构建新发展格局科学内涵研究 [J]．中国工业经济，2021（6）：5 - 22.

[48] 乔晓楠．中国共产党统筹双循环推进工业化的逻辑与经验 [J]．学习与探索，2021（10）：97 - 105.

[49] 乔晓楠，王奕．理解新发展格局：双循环的政治经济学视角 [J]．改革与战略，2021（3）：19 - 32.

[50] 乔晓楠，李欣，蒲佩芝．共同富裕与重塑中国经济循环——政治经济学的理论逻辑与经验证据 [J]．中国工业经济，2023（5）：5 - 23.

[51] 汪昊，娄峰．中国财政再分配效应测算 [J]．经济研究，2017（1）：103 - 118.

[52] 王一鸣．百年大变局、高质量发展与构建新发展格局 [J]．管理世界，2020（12）：1 - 13.

[53] 李春玲．高等教育扩张与教育机会不平等——高校扩招的平等化效应考查 [J]．社会学研究，2010（3）：82 - 113.

[54] 徐朝阳，张斌．经济结构转型期的内需扩展：基于服务业供给抑制的视角 [J]．中国社会科学，2020（1）：64 - 83.

[55] 李实，罗楚亮．中国收入差距究竟有多大？——对修正样本结构偏差的尝试 [J]．经济研究，2011（4）：68 - 79.

[56] 李实，朱梦冰．中国经济转型 40 年中居民收入差距的变动 [J]．管理世界，2018（12）：19 - 28.

[57] 李实, 朱梦冰, 詹鹏. 中国社会保障制度的收入再分配效应 [J]. 社会保障评论, 2017 (4): 3 - 20.

[58] 徐佳, 崔静波. 低碳城市和企业绿色技术创新 [J]. 中国工业经济, 2020 (12): 178 - 196.

[59] 罗楚亮. 高收入人群缺失与收入差距低估 [J]. 经济学动态, 2019 (1): 15 - 27.

[60] 罗楚亮, 陈国强. 富豪榜与居民财产不平等估算修正 [J]. 经济学 (季刊), 2021 (1): 201 - 222.

[61] 罗楚亮, 李实, 岳希明. 中国居民收入差距变动分析 (2013—2018) [J]. 中国社会科学, 2021 (1): 33 - 54.

[62] 倪红日, 张亮. 基本公共服务均等化与财政管理体制改革研究 [J]. 管理世界, 2012 (9).

[63] 关利欣, 梁威. 中美消费发展升级历程比较及启示 [J]. 中国流通经济, 2019 (5): 13 - 21.

[64] 陈国进, 晁江锋, 武晓利, 等. 罕见灾难风险和中国宏观经济波动 [J]. 经济研究, 2014 (8): 54 - 66.

[65] 许宪春, 张钟文, 关会娟. 中国新经济: 作用、特征与挑战 [J]. 财贸经济, 2020 (1): 5 - 20.

[66] 谢迟, 龙燕妮, 叶胥. 网络零售业态发展的多维消费效应及优化策略研究——一个基于文献梳理的框架 [J]. 消费经济, 2020 (1): 90 - 96.

[67] 毛中根, 谢迟. 习近平关于消费经济的重要论述——现实依据、理论基础与主要内容 [J]. 消费经济, 2019 (3): 3 - 11.

[68] Huntington, S. P. "The Change to Change: Modernization, Development, and Politics" [J]. Comparative Politics, 1971, 3 (3): 283 - 322.

[69] KOLKO J. Broadband and Local Growth [J]. Journal of Urban Economics, 2012 (1): 100 - 113.

[70] Hashimzade, N., Khodavaisi, H. and Myles, G. "Tax Principles, Product Differentiation and the Nature of Competition" [J]. Interna-

tional Tax and Public Finance, 2005, 12: 695 – 712.

[71] Haufler, A. and Pflüger, M. "International Commodity Taxation under Monopolistic Competition" [J]. Journal of Public Economic Theory, 2004, 6 (3): 445 – 470.

[72] Keen, M. and Konrad, K. A. "The Theory of International Tax Competition and Coordination" [J]. Handbook of Public Economics, Elsevier, 2013 (5): 257 – 328.

[73] Lockwood, B. "Tax Competition and Tax Co-ordination under Destination and Origin Principles: A Synthesis" [J]. Journal of Pub-lic Economics, 2001, 81 (2): 279 – 319.

[74] Albrizio, S. , T. Kozluk, and V. Zipperer. Environmental Policies and Productivity Growth: Evidence across Industries and Firms [J]. Journal of Environmental Economics and Management, 2017, 81 (1): 209 – 226.

[75] Andersen, D. C. Accounting for Loss of Variety and Factor Real-locations in the Welfare Cost of Regulations [J]. Journal of Environmental Economics and Management, 2018, 88: 69 – 94.

[76] Frederick S. , Loewenstein, G. and O'Donoghue, T. Time Dis-counting and Time Preference: A Critical Review [J]. Journal of Economic Literature, 2002, 40 (6): 351 – 401.

[77] Agell, Jonas, Henry Ohlsson, and Peter Skogman Thoursie. "Growth Effects of Government Expenditure and Taxation in Rich Countries: A Comment. " [J]. European Economic Review, 2006, 50: 211 – 218. An Empiricist's Companion. Princeton, NJ: Princeton University Press.

[78] Blinder, Alan S. "How Many U. S. Jobs Might Be Off Shorable?" [J]. World Economics, 2009, 10 (2): 41 – 78.

[79] Bolt, Jutta, and Jan Luiten van Zanden. "The Maddison Project: Collaborative Research on Historical National Accounts. " [J]. The Economic History Review, 2014, 67 (3): 627 – 651.

[80] Hafstead M. A. C. , and R. C. Williams III. Unemployment and

Environmental Regulation in General Equilibrium [J]. Journal of Public Economics, 2018, 160 (4): 50 – 65.

[81] Duncan, Greg J., Kathleen M. Ziol – Guest, and Ariel Kalil. "Early – Childhood Poverty and Adult Attainment, Behavior, and Health." [J]. Child Development, 2010, 81: 306 – 325.

[82] Easterly, William. The Elusive Quest for Growth. Cambridge [M]. MA: MIT Press, 2001.

[83] Eggleston, Karen N., and Victor R. Fuchs. "The New Demographic Transition: Most Gains in Life Expectancy Now Realized Late in Life." [J]. Journal of Economic Perspectives, 2012, 26 (3): 137 – 156.

[84] Flanagan, Robert J. "Unemployment as a Hiring Problem." [J]. OECD Economic Studies, 1988, 11 (autumn): 123 – 154.

[85] Folster, Stefan, and Magnus Henrekson. "Growth Effects of Government Expenditure and Taxation in Rich Countries." [J]. European Economic Review, 2001, 45: 1501 – 1520.

[86] Gadanne, Lucie, and Monica Singhal. "Decentralization in Developing Economies." [J]. Annual Review of Economics, 2014, 6: 581 – 604.

[87] Gemmell, Norman, and Joey Au. "Do Smaller Governments Raise the Level or Growth of Output? A Review of Recent Evidence." [J]. Review of Economics, 2013, 64: 85 – 116.

[88] Greenwood, Robin, and David Scharfstein. "The Growth of Finance." [J]. Journal of Economic Perspectives, 2013, 27 (2): 3 – 28.

[89] Hausmann, Ricardo, Lant Pritchett, and Dani Rodrik. "Growth Accelerations." [J]. Journal of Economic Growth, 2005, 10: 303 – 329.

[90] Lynch, Julia. "The Age – Orientation of Social Policy Regimes in OECD Countries" [J]. Journal of Social Policy, 2001, 30: 411 – 436.

[91] Layard, Richard, Guy Mayraz, and Stephen J. Nickell. "The Marginal Utility of Income." [J]. Journal of Public Economics, 2008, 92: 1846 – 1857.

[92] Kleinbard, Edward. "An American Dual Income Tax: Nordic Precedents. " [J]. Northwestern Journal of Law and Social Policy, 2010, 5: 39 – 86.

[93] Kneller, Richard, Michael Bleaney, and Norman Gemmell. "Fiscal Policy and Growth: Evidence from OECD Countries. " [J]. Journal of Public Economics, 1999, 74: 171 – 190.

[94] Karras, Georgios. "Taxes and Growth: Testing the Neoclassical and Endogenous Growth Models. " [J]. Contemporary Economic Policy, 1999, 17: 177 – 188.

[95] McLanahan, Sara. "Life without Father: What Happens to the Children?" [J]. Center for Research on Child Wellbeing, Princeton University, 2001.

[96] Myles, Gareth. "Taxation and Economic Growth. " [J]. Fiscal Studies, 2000, 21 (1): 141 – 168.

[97] Reinhardt, Uwe E. "Health Care for the Aging Baby Boom: Lessons from Abroad. " [J]. Journal of Economic Perspectives, 2000, 14 (2): 71 – 84.

[98] Saez, Emmanuel, Joel Slemrod, and Seth Giertz. "The Elasticity of Taxable Income with Respect to Marginal Tax Rates: A Critieal Review. " [J]. Journal of Economic Literature, 2012, 50 (1): 3 – 50.

[99] Tanzi, Vito, and Ludger Schuknecht. Public Spending in the 20th Century: A Global Perspective Cambridge. [M]. UK: Cambridge University Press, 2000.

[100] Wang, Chen, Koen Caminada, and Kees Goudswaard. "The Redistributive Effect of Social Transfer Programmes and Taxes: A Decomposition across Countries. " [J]. International Social Security Review, 2012, 65 (3): 27 – 48.

[101] Weber, Caroline E. "Toward Obtaining a Consistent Estimate of the Elasticity of Taxable Income Using Difference – in – Differences. " [J]. Journal of Public Economics, 2014, 117: 90 – 103.